Werner Faulstich

GRUNDWISSEN ÖFFENTLICHKEITSARBEIT

Kritische Einführung
in Problemfelder der Public Relations

Bardowick 1992
Wissenschaftler – Verlag

CIP-Kurztitelaufnahme der Deutschen Bibliothek

Faulstich, Werner:
Grundwissen Öffentlichkeitsarbeit : kritische Einführung in
Problemfelder der Public Relations / Werner Faulstich. -
Bardowick : Wissenschaftler-Verl., 1992
(IfAM-Arbeitsberichte ; 6)

ISBN 3-89153-021-8

NE: Institut für Angewandte Medienforschung <Lüneburg>: IfAM-Arbeitsberichte

© Wissenschaftler-Verlag Werner Faulstich, Bardowick
Satz und Layout: Carsten Winter
Titelseite: Lars Theuerkauff, München

Vorbemerkungen

"Grundwissen" meint hier nicht eine Zusammenstellung gesicherter Erkenntnisse, Methoden, Frageperspektiven, die von der Mehrheit der PR-Theoretiker und -Praktiker geteilt wird und gleichsam einen allgemeinen Grundkonsens zum Ausdruck bringt. Heute charakterisiert sich Öffentlichkeitsarbeit, als ein Gegenstandsbereich wissenschaftlicher Forschung und Lehre, vielmehr gerade dadurch, daß das PR-Wissen bislang noch nicht systematisiert und verwissenschaftlicht ist. "Öffentlichkeitsarbeit" markiert immer noch weniger einen wissenschaftlichen Bereich als vielmehr eine Berufsposition, die zudem auch noch nicht durchprofessionalisiert ist wie etwa die Bereiche "Journalismus" und "Werbung". PR-Wissen ist deshalb noch zumeist isoliertes Praxiswissen. Der Prozeß der Verwissenschaftlichung dieses neuen Berufsfeldes hat inzwischen, nach langjährigen Vorläufen in den USA, in der Bundesrepublik Deutschland gerade erst begonnen.

Wenn in dieser frühen Entwicklungsphase gleichwohl eine Einführung vorgelegt wird, soll "Grundwissen" zweierlei bezeichnen: erstens den Versuch, einen theoretischen Rahmen zu liefern, in den bisherige Einsichten sinnvoll eingeordnet werden können und der es erlaubt, Leerstellen oder weiße Flecken zu markieren sowie neue Frageperspektiven zu entwickeln, - ein Konzept also, dessen Eignung als Fundament zur Diskussion gestellt wird. Zweitens geht es pragmatisch um Grundwissen als Mindestwissen über den derzeitigen Stand der Reflexionen: abrufbar und abprüfbar, also um eine begrenzte inhaltliche Bestandsaufnahme unter Berücksichtigung verbreiteter Mißverständnisse, Vorurteile und Fehleinschätzungen von "Öffentlichkeitsarbeit", die im akademischen Feld die Weiterentwicklung der PR-Forschung und PR-Praxis derzeit besonders zu behindern scheinen. Der exemplarische Charakter dieses "Mindestwissens" muß also bewußt bleiben.

Erwachsen ist das Buch aus mehrjährigen Vorlesungen und Seminaren des Verfassers an der Universität Lüneburg. Dort wird im Rahmen des Studiengangs Angewandte Kulturwissenschaften auch das berufsfeldorientierende Fach "Medien und Öffentlichkeitsarbeit" angeboten, das derzeit (1992) von über 900 Studierenden belegt ist. Diese Überlastquote macht die Festlegung von "Grundwissen", speziell für Studienanfänger, unabdingbar - ein Überlebenszwang, der freilich auch seine heilsame Komponente hat: nämlich in der Notwendigkeit, sich im Wirrwarr gegenwärtiger Positionen festzulegen; im Streit zwischen ernsthaften Wissenschaftlern, geschwätzigen oder geschäftstüchtigen Scharlatanen sowie einer Vielzahl erfahrener Praktiker kritisch Position zu beziehen; in der steigenden Flut der zumeist elend teuren Spezialliteratur eine selektierende Bewertung vorzunehmen. Die Ansprüche dabei können, gemäß dem derzeitigen Umbruch von Praxis zu Wissenschaft, nur sehr bescheiden sein.

Inhalt

Vorbemerkungen

1.	Gesamtauffassungen: Ansätze und Defizite	7
1.1.	Pragmatische Definitionen	7
1.2.	PR-Theorien	13
2.	Öffentlichkeitsarbeit als System-Umwelt-Interaktion	24
2.1.	System nach innen und nach außen	24
2.2.	Öffentlichkeit begrifflich und historisch: von der Industrie- zur Informationsgesellschaft	29
2.3.	Teilöffentlichkeit, Medienöffentlichkeit, medienbestimmte Teilöffentlichkeit	42
3.	Interaktion in Gesellschaft	50
3.1.	Kritik am Corporate Identity-Konzept	51
3.2.	Zur Bedeutung des Wertewandels für PR	60
3.3.	Imagegestaltung als Zentralkategorie	68
4.	Medien und Methoden	75
4.1.	Printmedien	78
4.2.	Elektronische Medien	88
4.3.	Methoden, Strategien	93
5.	Handlungsrollen der Public Relations	99
5.1.	PR-Gestalter als universelle Aufgabe	103
5.2.	PR-Berater und die Praxis professioneller Projektplanung	107
5.3.	PR-Wissenschaftler, PR-Wissenschaft als Fach	116
6.	Öffentlichkeitsarbeit und Sinn	118
6.1.	Öffentlichkeitsarbeit kommerzieller Unternehmen (Beispiele)	121
6.2.	Sponsoring als Interaktionsform	131
6.3.	Öffentlichkeitsarbeit von non-profit-Unternehmen (Beispiele)	148
6.4.	Zum Verhältnis von Ethik und PR	160
	Literaturverzeichnis	165

1. GESAMTAUFFASSUNGEN: ANSÄTZE UND DEFIZITE

Aus zwei Gründen dürfte hier eine besondere Einführung unverzichtbar sein: Erstens scheint es nicht möglich, Grundwissen der Öffentlichkeitsarbeit gewissermaßen theorielos oder konzeptlos vorzustellen. Das heißt: Die Notwendigkeit eines neuen theoretischen Strukturierungsvorschlags muß zunächst einmal plausibel gemacht werden. Zweitens dürfte, als Folge der kaum noch überschaubaren Fülle von PR-Büchern, ein gewisses Vorverständnis von Öffentlichkeitsarbeit verbreitet sein, das es kritisch zu reflektieren gilt.

Beides soll mit dem ersten Kapitel versucht werden. Die in der Diskussion bislang vorgelegten grundsätzlichen Ansätze zum Verständnis von Öffentlichkeitsarbeit werden zusammengefaßt und deren Defizite aufgezeigt. Es geht also um die bisherigen Antworten auf die Frage: Was heißt überhaupt "Öffentlichkeitsarbeit"? Meine These dazu lautet, daß sie allesamt nicht weiterhelfen, daß ihre Kenntnis aber zur Konturierung von Aspekten und Problemen des komplexen Gegenstands- und Fragenbereichs genutzt werden kann und zugleich den Hintergrund für einen neuen Lösungsvorschlag bietet.

Im folgenden werden zwei prinzipiell unterschiedliche Antwortgruppen nacheinander behandelt: pragmatische Definitionen und komplexe Theorien.

1.1. Pragmatische Definitionen

Auf der Ebene von Definitionen, die beinahe hundert Prozent der PR-Beiträge charakterisieren, herrscht das Bemühen vor, "Öffentlichkeitsarbeit" von dem Verdacht zu reinigen, nur eine besonders widerliche oder auch besonders wirksame Form der Werbung zu sein: parteiliche Überredung oder zumindest einseitige, tendenziöse Information; Öffentlichkeitsarbeit oder Public Relations (PR) sei "Etikettenschwindel". Definitionen von "Öffentlichkeitsarbeit" meinen deshalb überwiegend eine defensive Abgrenzung. Dabei wurden bislang mindestens neun verschiedene Alternativbegriffe ins Spiel gebracht: Werbung, Marketing, Public Promotions, Manipulation, Publicity, Propaganda, Agitation, Public Affairs, Human Relations.

Der Begriff "Öffentlichkeitsarbeit" ist die deutsche Übersetzung von "Public Relations" und wird heute in aller Regel, vielleicht unglücklicherweise, mit dem englischen Begriff gleichgesetzt. Die Konnotationen der beiden Worte unterscheiden sich natürlich erheblich voneinander: "Relations" scheint beispielsweise sehr viel umfassender zu sein als "Arbeit", suggeriert auch eher Zweiseitigkeit und Feedback, also Kommunikation, im Gegensatz zum schwerfälligeren Aktivismus von "Öffentlichkeitsarbeit" im Sinne mühsamen Bearbeitens bzw. Bearbeitet-Werdens. Aber in den expliziten Definitionen werden die sprachlich-konnotativen Unterschiede durch ähnliche bis identische Bedeutungsgebungen aufgehoben. Rex Harlow hat 1976 nicht weniger als 427 Definitionen von "Public Relations" zusammengestellt (andere Autoren verweisen auf über 2.000 Definitionen) und folgende Synthese versucht: "Public Relations ist eine unterscheidbare Management-Funktion, die dazu beiträgt, wechselseitige Kommunikationsverbindungen, Verstehen, Akzeptanz und Kooperation zwischen einer Organisation und ihren Öffentlichkeiten herzustellen und aufrechtzuerhalten. Sie bezieht die Handhabung von Problemen und Streitpunkten ein. Sie unterstützt das Management bei dem Bemühen, über die öffentliche Meinung informiert zu sein und auf sie zu reagieren. Sie definiert und unterstreicht die Verantwortung des Managements in seinen Aufgaben gegenüber dem öffentlichen Interesse. Sie unterstützt das Management dabei, mit dem Wandel Schritt zu halten und ihn wirksam zu nutzen. Sie dient als Frühwarnsystem, um Trends vorauszusehen. Und sie verwendet Forschung sowie ehrliche und ethisch vertretbare Kommunikationstechniken als ihre Hauptinstrumente."[1] Grunig und Hunt definierten 1984 einfacher: "Public Relations ist die Gestaltung der Kommunikation ("the management of communication") zwischen einer Organisation und ihren Öffentlichkeiten."[2] Die jüngste Definition dieser Art wurde von Long und Hazelton 1987 vorgelegt und gilt als analytisch anspruchsvollere Beschreibung: "Public Relations ist eine Kommunikationsfunktion des Managements, mittels derer Organisationen sich anpassen, ändern oder ihre Umwelt verändern, um die jeweiligen Ziele der Organisation zu erreichen."[3]

---

1   Rex Harlow: Building a Public Relations Definition. In: Public Relations Review, 2. Jg. (1976), 36; diese und die folgenden Definitionen zitiert nach Benno Signitzer: Public Relations-Forschung im Überblick. Systematisierungsversuche auf der Basis neuerer amerikanischer Studien. In: Publizistik, 33. Jg. (1988), H. 1, 92-116, hier 96. Die Übersetzung stammt vom Verf.
2   James E. Grunig and Todd Hunt: Managing Public Relations. New York 1984, 6 (Übersetzung WF).
3   Larry W. Long u.a.: Public Relations: A Theoretical and Practical Approach. In: Public Relations Review, 13. Jg. (1987), H. 2, 3-13, hier 6 (Übersetzung WF).

In Deutschland war lange die Formel von Albert Oeckl aus dem Jahr 1964 maßgeblich: Öffentlichkeitsarbeit = Information + Anpassung + Integration. Oeckl definierte natürlich differenzierter: Öffentlichkeitsarbeit sei "das bewußte, geplante und dauernde Bemühen, gegenseitiges Verständnis und Vertrauen in der Öffentlichkeit aufzubauen und zu pflegen".[4] Darin sind bestimmte Prinzipien ethisch-moralischer Art enthalten, die Gerhard L. Laube einmal wie folgt als fünf Grundprinzipien zusammenfaßte:[5]

- das Prinzip der übereinstimmenden Interessen: Unternehmungen sollen ihre spezifischen Interessen mit den öffentlichen Interessen ausgleichen.

- das Prinzip der Wahrheit: Worte und Taten einer Unternehmung sollen übereinstimmen, wodurch seitens der Öffentlichkeit Vertrauen entsteht.

- das Prinzip der Offenheit: Damit kommt gerade dem Eingeständnis von Fehlern und Irrtümern in Unternehmungen eine große Bedeutung zu; Informationsvorenthalt würde in der Öffentlichkeit Mißtrauen wecken.

- das Prinzip der Sachlichkeit: Es geht darum, sich auf die Interessenlage der jeweiligen Teilöffentlichkeit einzustellen und auch eigene Interessen möglichst unemotional zu formulieren, um einen objektivierten Informationsaustausch zu ermöglichen.

- schließlich das Prinzip der Selbsterziehung: Das meint Selbstkritik ebenso wie die These "PR begin at home", also Öffentlichkeitsarbeit nach innen, innerhalb der eigenen Unternehmung.

Die Deutsche Public Relations Gesellschaft (DPRG) als Standesorganisation definiert heute: "Public Relations ist Öffentlichkeitsarbeit: Public Relations, kurz PR, ist die Pflege und Förderung der Beziehungen eines Unternehmens, einer Organisation oder Institution zur Öffentlichkeit, sie ist eine unternehmerische Aufgabe. Zweck dieser Information ist, Aufmerksamkeit und Interesse zu wecken, Sympathie und Vertrauen zu gewinnen. PR soll Entscheidungsprozesse in und zwischen Institutionen beeinflussen, sie dient der Konfliktbewältigung und dem Interessenausgleich und unterstützt damit das Bemühen um Konsens."[6] Daraus läßt sich unschwer ersehen, daß hierzulande noch die additive Harlow-Definition vorherrscht.

Um den bisherigen Erkenntnisstand dieser vortheoretischen Definitionen und ihre Begrenztheiten zu veranschaulichen, seien zentrale Thesen und ihre legiti-

---

4 Albert Oeckl: PR in Deutschland. Ihre Entwicklung, ihr gegenwärtiger Stand und ihre Aussichten in der Zukunft. Hamburg 1967, 15.
5 Gerhard L. Laube: Betriebsgrößenspezifische Aspekte der Public Relations. Frankfurt/Main - Bern 1986, 44ff.
6 Handbuch für Öffentlichkeitsarbeit (Loseblattsammlung), hrsg. v. Günther Schulze-Fürstenow, Neuwied, V, 51.

matorische Abgrenzungsintention kurz rekonstruiert. Die wichtigste und umstrittenste Abgrenzung betrifft die Werbung. Die Argumentation verläuft etwa wie folgt: Begreife man Werbung als die Aktivität einer Werbeabteilung, so werde der Unterschied zwischen PR und Werbung sofort deutlich, denn viele Unternehmungen und Organisationen, die PR betreiben, haben gar keine Werbeabteilung. Ähnliches gelte auch für die Auffassung von Werbung als Produktwerbung. Es empfehle sich freilich, Werbung breiter zu fassen, denn neben der Wirtschaftswerbung gibt es auch politische Werbung, die Werbung der Kirchen, der Gewerkschaften, der Universitäten, der Verbände bis hin zur Werbung von Kindergärten und Bürgerinitiativen; Werbung muß sich nicht immer nur auf Produkte und Güter beziehen, sondern kann auch Dienstleistungen und Ideologien meinen. Doch auch noch in diesem allgemeineren Sinn - heißt es - bestehen zwischen Öffentlichkeitsarbeit und Werbung mindestens die folgenden drei markanten Unterschiede:
1. PR beziehe sich immer auf die ganze Unternehmung, Werbung dagegen stets nur auf die Produkte oder Dienstleistungen oder Ideologien. Dies ist ein Unterschied in der Bezugsgröße. Daraus folge, daß auch Unterschiede im Einsatz der jeweiligen Mittel bestehen: Absatzwerbung oder Mitgliederwerbung usf. meint die klassischen Instrumente wie Anzeigen, Fernsehspots, Plakate usf., PR dagegen bedient sich vielgestaltiger noch besonderer Methoden und Mittel der Kontaktpflege.
2. PR sei stets mittel- oder langfristig konzipiert, Werbung dagegen fast immer nur kurzfristig. Dies ist ein Unterschied in der Wirkdauer, der natürlich aus der unterschiedlichen Bezugsgröße und der unterschiedlichen Wirkungsrichtung erwächst. Daraus folge auch, daß der Werbeerfolg relativ leicht gemessen werden kann (Pretest, Posttest, Umsatz- und Absatzveränderungen, Veränderungen der Mitgliederzahlen u.ä.), nicht unbedingt aber der PR-Erfolg (bestenfalls mit Polaritätenprofilen über lange Zeitintervalle oder mit Tiefeninterviews).
3. Der vielleicht wichtigste Unterschied bestehe in der Wirkungsrichtung: Werbung sei primär stets eine Einbahnstraße, von der Unternehmung nach draußen; das gilt prinzipiell auch dann, wenn Markt- und Meinungs- und Wirkungsforschung genutzt werden. PR dagegen impliziere wesenhaft das Feedback ("two-way-traffic"), den Dialog. Die Information, die von drinnen nach draußen geht, hat gegenüber der Information von draußen nach drinnen keine Dominanz inne wie bei der Werbung, sondern beide sind gleichrangig - gemäß der unterstellten relativen Gleichrangigkeit der eigenen und der öffentlichen Interessen.

Man streitet sich zum Teil noch darüber, ob es weitere Unterschiede gibt. Beispielsweise wird oft behauptet: Werbung wolle Produkte oder Dienstleistungen verkaufen, PR dagegen Vorstellungsbilder in der Öffentlichkeit verändern - aber bei vielen Unternehmungen (z.b. den Kirchen, Parteien etc.) besteht darin ja gerade keine Differenz. Oder es wird behauptet: Werbung richte sich an Zielgruppen, PR dagegen an die gesamte Öffentlichkeit einer Unternehmung - aber natürlich richtet sich auch PR nur an Teilöffentlichkeiten und damit an konkrete Zielgruppen. Oder es wird behauptet: Werbung ziele auf Markttransparenz, PR dagegen auf Gesinnungstransparenz - aber erneut wäre das bei nichtkommerziellen Unternehmungen ja häufig dasselbe. Oder es wird behauptet: Werbung sei eine Funktion einer einzelnen Abteilung, PR dagegen liege in der Kompetenz der Unternehmensführung - aber dies trifft weder auf Werbung im allgemeineren Sinn noch auf nichtkommerzielle Unternehmungen zu. Solche und andere Argumente scheinen noch fragwürdiger als die genannten drei Kernthesen.

Auch bei jedem der anderen Begriffe, von denen "Öffentlichkeitsarbeit" unterschieden zu werden pflegt, wird qua definitionem ein Negativum vom PR-Begriff gleichsam abgewehrt.[7]
- "Öffentlichkeitsarbeit" sei keine "Manipulation", wie sie etwa teilweise bei unterschwelliger Werbung, selektiver Information und psychologischem Marketing verwendet wird; deshalb fällt auch Product Placement, eine neue Form der Schleichwerbung, aus dem Kreis der PR-Methoden heraus.
- "Öffentlichkeitsarbeit" sei auch nicht identisch mit "Publicity", die Konnotationen hat zu unsachlichem Engagement, übertriebener Emotionalität, Rummel, spektakulären Show-Effekten und billigen Gags, um kurzzeitig einen Platz in einer begrenzten Öffentlichkeit zu besetzen.
- "Öffentlichkeitsarbeit" unterscheide sich auch von "Propaganda" und von "Agitation", die auf Scheinöffentlichkeiten in totalitären Systemen verweisen; beide wollen überreden, überwältigen, sind einseitig, teils polemisch und bieten ein ideologisch verzerrtes Bild der Wirklichkeit.
- Und "Öffentlichkeitsarbeit" will auch nicht mit "Public Affairs" oder "Human Relations" gleichgesetzt werden, zwei im angelsächsischen Bereich verbreitete Begriffe. Da geht es beim ersten lediglich um die Übernahme einer

---

7   Siehe als wenige Beispiele für viele solcher Versuche etwa Harry Nitsch: Dynamische Public Relations. Stuttgart 1975, 174-179; Detlev Balfanz: Öffentlichkeitsarbeit öffentlicher Betriebe. Regensburg 1983, 1-13; Elisabeth Binder: Die Entstehung unternehmerischer Public Relations in der Bundesrepublik Deutschland. Münster 1983, 12-32; oder auch die einschlägigen Stichwortartikel im Lexikon der Public Relations von Pflaum/Pieper, Landsberg/Lech 1989.

gewissen sozialen Verantwortung nach außen hin (die beispielsweise in Spenden an karitative Verbände u.ä. zum Ausdruck kommt), beim zweiten speziell um die Pflege menschlicher Beziehungen innerhalb einer Unternehmung, im Sinne eines guten Betriebsklimas (also partiell Öffentlichkeitsarbeit "nach innen"). Beides bezeichnet nur je einen (allerdings wichtigen) Teilbereich dessen, was "Public Relations" insgesamt meint.

Es kennzeichnet den begrenzten Wert solcher Definitionen, daß sie nicht nur nicht konsensfähig sind, sondern auch ihr Ziel der Aufwertung von "Öffentlichkeitsarbeit" bislang weder in der allgemeinen Öffentlichkeit noch im wissenschaftlich-akademischen Feld erreicht haben. Das Dilemma scheint unüberwindbar: Die impliziten ethisch-moralischen Grundprinzipien werden von den PR-Machern als unverzichtbar ausgegeben und von den Menschen, zumal angesichts gesellschaftlicher PR-Praxis, einfach nicht geglaubt. Die gängigen Definitionen werden durch ihren defensiven Charakter bzw. den zugrundeliegenden Widerspruch (oder auch durch die Vagheit und Abstraktheit mancher Formeln) arbiträr - man kann sie glauben oder auch nicht. Besonders eindrucksvoll wird die Untauglichkeit dieses Ansatzes - eher unfreiwillig - durch Christa Hategan belegt, die versucht, aus einer nominalistischen Analyse des Begriffs "Öffentlichkeitsarbeit", wie er von 168 bundesdeutschen und amerikanischen PR-Praktikern definiert wird, wissenschaftsorientiert pragmatische Berufsbildungskonzepte abzuleiten, denen Theoriefunktionen einfach unterstellt werden.[8] Aus wissenschaftlicher Sicht bieten vortheoretische Definitionen aber auch dann nur begrenzte Verständnisangebote, wenn sie wie hier als konventionalisierte Begriffsauffassungen konzipiert werden. Dabei wird die Frage, was PR ist, schlicht verwechselt mit der Frage, was eine größere Zahl von PR-Machern nach Meinung einer Interviewerin glaubt, was PR sei.

Endgültig, wenngleich vorsichtig formuliert, wurde das Urteil über die "farbenreiche Landschaft der Definitionen von Public Relations / Öffentlichkeitsarbeit" von Franz Ronneberger und Manfred Rühl gesprochen. Sie verdeutlichen auf dem Hintergrund einer angedeuteten Typologie von PR-Definitionen (teleologisch, moralisch, wirkungsmäßig, universalbegrifflich, berufsethisch etc.) die weitgehende Unverbindlichkeit, Beliebigkeit, Geschichts- und Umweltabhängigkeit, Unvereinbarkeit, begriffslogisch falsche Vermischung unterschiedlicher Elemente etc. der Definitionen und bilanzieren: All diese Definitionen "verfehlen ihre Funktion im Erkenntnisprozeß"

---

8   Christa Hategan: Berufsfeld Öffentlichkeitsarbeit. Eingrenzung für die Aus- und Weiterbildung. Hamburg 1991.

und sind eher "Erkenntnishindernis". "Ob PR-Definitionen Sinn machen, das ist eine Frage der gesellschaftlichen Übereinkunft" - die aber hier gerade noch nicht vorhanden ist. Das gilt auch und speziell für "Superdefinitionen" wie die genannten von Harlow und der DPRG, denen "ein Selektions- und Akkumulationsverfahren vorausgeht, dessen Verfahrensregeln unbekannt bleiben".[9] Hinzuzufügen wäre als gravierendes Defizit ausnahmslos aller Definitionen von Öffentlichkeitsarbeit, daß der jeweils zugrundegelegte Begriff von "Öffentlichkeit" bzw. "public" fast gar nicht reflektiert wird. Und auch auf die historische Entwicklung ihrer je unterschiedlichen Bedeutung wird praktisch nicht abgehoben: So wie etwa "Werbung" früher einmal "Reklame" hieß, so wie "Publicity" früher einen eher ökonomischen als politischen Stellenwert hatte, so wie "Propaganda" einmal durchaus positiv begriffen wurde, nämlich als Propaganda zum Guten, - so meinte natürlich auch "Öffentlichkeit" früher etwas ganz anderes als heute. Das betrifft nicht nur den Sprachgebrauch, sondern durchaus die Sache selbst, d.h. so unterscheidet sich heutige "Öffentlichkeit" von der "Öffentlichkeit" zu anderen Zeiten.

Demnach erweisen sich vortheoretische Definitionen mindestens aus den folgenden Gründen als untauglich und als Sackgasse:
- weil sie überwiegend defensiv strukturiert sind und damit disfunktional;
- weil sie inhaltlich arbiträr sind und deshalb nicht konsensfähig;
- weil sie wissenschaftstheoretisch nicht logisch oder begründbar erscheinen.

Auch das unterstützt die Forderung von Ronneberger und Rühl, an deren Stelle die komplexe Theorie zu setzen, aus der die definitorische Gegenstandsbestimmung dann erst abzuleiten wäre. Damit wird bei der Frage: Was heißt Öffentlichkeitsarbeit? eine zweite, völlig andere Antwortgruppe angesprochen.

1.2. PR-Theorien

Komplexe Theorien der Public Relations wurden zunächst in den USA vorgelegt und sind bis heute nicht bzw. nicht explizit oder nur unzureichend in der Bundesrepublik Deutschland rezipiert. Als ein typisches Beispiel dafür soll - erstens - der Diskussionsstand vorgestellt werden, der die Theorie von Public Relations als Feld angewandter Kommunikation ("instance of applied commu-

---

9   Franz Ronneberger und Manfred Rühl: Theorie der Public Relations. Ein Entwurf. Opladen 1992, 24ff.

nication") begreift.[10] In der Bundesrepublik Deutschland gab es bislang kaum entsprechende Publikationen, mit Ausnahme verschiedener Beiträge von Franz Ronneberger, der - zweitens - eine Theorie von Public Relations primär aus sozial- und publizistikwissenschaftlicher Sicht entwirft. Ronneberger hat jedoch inzwischen, gemeinsam mit Manfred Rühl, auch eine explizite "Theorie der Public Relations" vorgelegt. Sie unterscheidet sich so deutlich von seinen bisherigen Beiträgen, daß sie - drittens - gesondert behandelt werden soll.

Das kommunikationsorientierte Feld von PR-Theorien (erstens), wie es etwa auf einem Symposium 1987 in den USA entfaltet wurde, besteht aus einer Vielzahl unterschiedlicher, einander ergänzender, teils aber auch widersprechender Theoreme, die auf verschiedenen Ebenen formuliert werden: vor allem als Metatheorien und als Theorien.

Metatheoretisch werden, in Anlehnung an die bereits 1975 erschienene Arbeit von Leonard Hawes,[11] verschiedene Typen von PR-Theorien im Vergleich diskutiert, wobei Modelle entwickelt werden, wie es beispielsweise James E. Grunig tut.[12] Grunig hinterfragt hier zahlreiche PR-Theorien, die größtenteils aus Theorien anderer Bereiche entlehnt wurden, auf ihre zugrundeliegenden Voraussetzungen und ermittelt dabei zwei konträre Weltsichten: einmal "eine asymetrische Weltsicht", die davon ausgeht, daß ein Unternehmen oder eine Organisation den besseren Durchblick hat als die breite Öffentlichkeit. Diese Position sei verbunden mit elitärem Selbstverständnis, konservativer Grundhaltung, einer internen Abgeschlossenheit des Unternehmens nach außen hin, Traditionsorientiertheit und einer autokratischen Organisationsstruktur. Mit einer solchen Weltsicht als Voraussetzung muß eine PR-Theorie zwangsläufig ebenfalls asymetrisch argumentieren, d.h. sie wird die "one-way"-Information der Öffentlichkeit, die Notwendigkeit persuasiver Strategien oder die sorgfältige Steuerung und Selektion der Themen für Öffentlichkeitsarbeit propagieren. Ganz anders dagegen "die sym-

---

10 Die Beiträge zu einem entsprechenden Symposium, das 1987 an der Illinois State University stattfand, wurden unter diesem Signum im Vorwort als Sammelband zugänglich gemacht von Carl H. Botan und Vincent Hazleton, Jr. (Hrsg.): Public Relations Theory. Hillsdale/New Jersey 1989.
11 Leonard H. Hawes: Pragmatics of analoguing: Theory and model construction in communication. Reading 1975.
12 James E. Grunig: Symmetrical Presuppositions as a Framework for Public Relations Theory. In: Botan/Hazleton (Hrsg.), Public Relations Theory, 17-44. Benno Signitzer hat diesen Ansatz in seinem Überblick bereits vorgestellt (Publizistik, 23. Jg., 1988, H. 1, 92-116, hier 100). Grunig greift dabei auf seinen früheren Beitrag aus dem Jahr 1976 zurück: Organisations and Public Relations: Testing a Communication Theory. In: Journalism Monographs, Minneapolis/Minn., Nov. 1976, No. 46.

metrische Kommunikation" als Weltsicht, die von der prinzipiellen Gleichrangigkeit der Kommunikationspartner ausgeht und eher auf Verständigung als auf Überredung aus ist. Diese Position sei gekennzeichnet durch eine holistische Perspektive, Einsicht in die Interdependenzen von Systemen und Interessen oder auch die prinzipielle Offenheit des Unternehmens gegenüber Einflüssen von außen. Mit diesen Voraussetzungen wird eine PR-Theorie zwangsläufig symmetrisch argumentieren, d.h. sie wird Werte und Ziele wie Gleichheit, Autonomie, Innovation, Verantwortung oder Konfliktlösung in den Vordergrund stellen.

Weitere metatheoretische Beiträge beziehen sich auf Persuasionstheorien, auf struktural-funktionale sowie andere Gesellschaftstheorien und werden jeweils mit Blick auf ihre Verwendbarkeit für die angestrebte spezielle PR-Theorie diskutiert. Auf der Ebene von PR-Theorien selbst werden sodann als neue PR-Theorie u.a. vorgeschlagen: eine Konvergenz von Organisations- und Rhetoriktheorie,[13] eine Erweiterung der Kommunikations- und Interaktionstheorie (Bonita Dostal Neff), oder auch eine PR-Theorie als angewandte Spieltheorie:[14] Die Spieltheorie - um auch hier exemplarisch zu verdeutlichen - basiert auf der Entscheidungstheorie, wie sie vor allem William P. Ehling entwickelt hat.[15] Public Relations erscheinen dabei als Vermittlungsaktivitäten zur Bewältigung von Konflikten zwischen organisierten Gruppen, die aus einem Inventar von Strategien und Handlungsmöglichkeiten jeweils die geeignetste auswählen müssen. Diese Entscheidungszwänge lassen sich effizienzorientiert berechnen, woraus PR-Handlungsmodelle abgeleitet werden können. Die Spieltheorie geht freilich noch einen Schritt weiter dadurch, daß sie die Einseitigkeit der Strategiewahl oder Entscheidung erweitert um die Reflexion möglicher Antwort- oder Gegenstrategien und -entscheidungen.[16] Public Relations werden

---

13 George Cheney und George N. Dionisopoulos: Public Relations? No, Relations with Publics: A Rhetorial-Organizational Approach to Contemporary Corporate Communications. In: Botan/Hazleton (Hrsg.), Public Relations Theory, 135-157.
14 Priscilla Murphy: Game Theory as Paradigm for the Public Relations Process. In: Botan/Hazleton (Hrsg.), Public Relations Theory, 173-192.
15 Entsprechende Vorschläge wurden bereits 1975 von ihm unterbreitet. Siehe dazu die jüngere Arbeit von William P. Ehling: Application of decision theory in the construction of a theory of public relations management. (I + II) In: Public Relations Research and Education, vol 1 (1984), no. 2, 25-38; vol 2 (1985), no. 1, 4-22.
16 Als Väter der Spieltheorie werden J. von Neumann & O. Morgenstern genannt: Theory of games and economic behavior. Princeton, NJ 1944. Die Spieltheorie wurde inzwischen von Sozialwissenschaftlern, Psychologen, Anthropologen, Wirtschaftswissenschaftlern, Politikwissenschaftlern, Physikern etc. zur Erklärung der vielfältigsten Phänomene her-

somit als Spiel zwischen dem PR-Praktiker und Personen in der Öffentlichkeit betrachtet, das gewissen Regeln folgen muß, wenn es erfolgreich sein soll. Dabei gilt es insbesondere, bei der Wahl der eigenen Strategien und Mittel die Interessen, Strategien und Präferenzen der anderen Seite möglichst einzukalkulieren. Die Spieltheorie unterscheidet in zwei Gruppen von Spielen: erstens die Null-Summen-Spiele, die stets mit einem Sieger und einem Verlierer endet. Für die PR beispielsweise der New York Times war die Publikation der Pentagon Papers ein Null-Summen-Spiel; alle anderen Zeitungen waren die Verlierer. Generell erscheinen Null-Summen-Spiele für Public Relations aber eher problematisch, weil man sich vergleichsweise häufig auch auf der Verliererseite findet. Ergiebiger und geradezu typisch für Public Relations heute sind die Nicht-Null-Summen-Spiele, in denen alle Mitspieler relative Gewinne und Verluste machen. Das Schlüsselwort hier laute: Kooperation. Was der PR-Praktiker durch Erfahrung, Instinkt und manchmal Glück erreiche, mache die Spieltheorie planbar, berechenbar, überprüfbar. Es lassen sich nämlich, so die These, klassische PR-Aufgaben nach Spieltypen unterscheiden: z.B. "Timing-Spiele" (Unterkategorie "Duell", mit Blick auf die Reporter: Wann informiert ein Chemieunternehmen die Öffentlichkeit über einen Unfall?) oder "Verhandlungsspiele" (Wann lohnt es sich für einen Reporter nicht, einen Skandal publik zu machen, weil er sich damit zukünftige Informationsquellen verstopft?), usw.

Der Diskussionsstand bei PR-Theorien in den USA, der sich erst punktuell auch in deutschen Beiträgen ausgewirkt hat, ist insgesamt gekennzeichnet durch ein vergleichsweise hohes Reflexionsniveau, das bislang aber noch nicht zu einer Integration der in großer Liberalität zugelassenen zahllosen disziplinspezifischen Konzepte und Theoreme geführt hat. Abgesehen vom Akzent auf "applied communication" ist hier noch nicht "die" Theorie erkennbar, die spezifisch und exklusiv für Öffentlichkeitsarbeit geltend gemacht werden könnte. Wie bei den pragmatischen Definitionen werden auch hier Kategorien wie Öffentlichkeit und ihre Geschichtlichkeit überwiegend ausgelassen. Es handelt sich zumeist immer noch um Versuche, andere Theorien auf "Öffentlichkeitsarbeit" einfach zu übertragen.

Der sozial-/publizistikwissenschaftliche Ansatz (zweitens), von Franz Ronneberger, berücksichtigt ebenfalls den kommunikativen Aspekt, speziell bezogen auf öffentliche Kommunikation, versteht sich aber exklusiver als

---

angezogen. Lediglich in den Kommunikationswissenschaften wurde sie bislang kaum genutzt.

"sozialwissenschaftlich".[17] Wollte man versuchen, Ronnebergers Ansatz auf den Punkt zu bringen, so könnte man sagen: Wir bedürfen wesenhaft und zwingend der Öffentlichkeitsarbeit, weil demokratische Öffentlichkeit heute, in ihrer Gestalt als Medienöffentlichkeit, in einem kommunikativen Austausch divergierender organisierter Interessen besteht. Und für Öffentlichkeitsarbeit gilt, daß sie eben diese Interessen analysiert, bewußt macht, artikuliert und integriert. Mit anderen Worten: Es sind gerade die Public Relations, die in der heutigen Zeit, in heutigen Gesellschaften demokratische Öffentlichkeit überhaupt erst zustandebringen: Ohne Public Relations keine demokratische Steuerung in der Interessendivergenz.[18]

Was auf den ersten Blick aufregend stimmig klingt - eine Theorie von Gesellschaft und Öffentlichkeit, zumal historisch konzipiert, aus der Öffentlichkeitsarbeit als notwendig unmittelbar abgeleitet werden kann -, wirft bei näherem, kritischem Hinsehen große Probleme auf. Von diesen Problemen seien einige exemplarisch benannt:

- Beispiel 1:

Ronneberger begründet die Notwendigkeit von PR aus den Umständen der modernen Gesellschaft; so spricht er von einem "hohen Entwicklungstempo, das in unterschiedlichen Bereichen verschieden schnell verläuft, woraus sich soziale Spannungen und Konflikte ergeben". Solche unterschiedlichen Entwicklungstempi in gesellschaftlichen Teilbereichen und soziale Spannungen und Konflikte hat es aber schon seit jeher gegeben, z.B. gerade im Mittelalter. Wenn überhaupt, dann wäre Ronnebergers Begründung allenfalls ein Argument für die Position derjenigen, die behaupten, PR habe es schon seit Jahrtausenden gegeben (was Ronneberger mit Recht für Unfug hält). Worin also bestehen die spezifischen Umstände der "modernen" oder auch der "Industriegesellschaft", aus denen angeblich PR erwachsen ist?[19]

---

17 Franz Ronneberger: Theorie der Public Relations. In: Lexikon der Public Relations, hrsg. v. Dieter Pflaum und Wolfgang Pieper. Landsberg/Lech 1989, 426-430; alle Zitate wurden hier entnommen. Frühere Manuskripte Ronnebergers zum Thema, z.B. der immer wieder angegebene "Entwurf einer Gliederung mit Erläuterungen für die Theorie der Public Relations" aus dem Jahr 1977, sind nach Aussage des Autors nur in wenigen Stückzahlen verbreitete Vorarbeiten, die heute vernachlässigt werden können.

18 Diese Position ist nicht neu und verweist auf traditionelle soziologische Theorien wie etwa die Konflikttheorie. Auch ihre Applikation für Public Relations hat zahlreiche amerikanische Vorläufer - siehe etwa die Beiträge von Marcia Prior-Miller und von Ron Pearson in Botan/Hazleton (Hrsg.), Public Relations Theory, sowie die dort jeweils nachgewiesene umfangreiche Literatur.

19 In der Theorie der Public Relations (Ronneberger/Rühl 1992, 43ff.) wird verdeutlichend auf die "Emergenz von Public Relations mit der Entstehung der Industriegesellschaften"

- Beispiel 2:
Ronneberger setzt PR historisch und systematisch in wesenhaften Zusammenhang mit dem Phänomen organisierter Interessen bzw. Konkurrenzbeziehungen. Aber auch hier ließe sich einwenden, daß es Interessen, auch organisierte, schon seit jeher gab und daß Konkurrenz keineswegs ein Spezifikum des Bürgertums ist. Welche Art von Konkurrenzbeziehungen oder welche Art von Interessen bzw. Interessenkonflikten also haben PR erst notwendig gemacht? Welche Rolle spielen Grad und Art der Organisation im gesamtgesellschaftlichen Rahmen dabei?

- Beispiel 3:
Nach Ronneberger wird Öffentlichkeit "unter den Bedingungen der modernen Gesellschaften nahezu allein von den Massenmedien hergestellt" (dies als eines der publizistikwissenschaftlichen Elemente in seiner PR-Theorie). Aber das gilt lediglich für die sogenannte Medienöffentlichkeit. Opinion Leaders ebenso wie Lokalkommunikation und viele andere Merkmale gesellschaftlicher Kommunikation belegen, daß es viele Teil- und Binnenöffentlichkeiten gibt, die zwar ebenfalls medial bestimmt sein können, aber eben nicht durch Massenmedien, und die häufig eine größere Handlungsrelevanz für den einzelnen Menschen haben als die in der Medienöffentlichkeit vermittelten Interessen. Wie verhält sich Öffentlichkeitsarbeit mit Blick auf solche Teilöffentlichkeiten? Welche Rolle spielen im übrigen welche Medien in diesen Teilöffentlichkeiten?

- Letztes Beispiel:
Einer der Kernsätze Ronnebergers lautet: "Angesichts der pluralistischen Struktur der modernen Gesellschaften münden Begegnung und Auseinandersetzung der Interessen in der Suche nach Konsens und Allgemeinwohl. Insofern kommt Public Relations eine Integrationsfunktion des gesellschaftlichen Gesamtsystems zu." Das scheint aber doch fragwürdig zu sein: ob wir tatsächlich eine pluralistische Gesellschaftsstruktur haben? Zwar treffen Arbeitnehmer und Arbeitgeber aufeinander, aber sie sind doch nicht gleichrangig. Zwar gibt es alte und neue Bundesländer, aber sie werden doch (noch) von Welten getrennt. Zwar bedienen wir uns alle der Medien, etwa des Fernsehens, aber macht es nicht einen wichtigen Unterschied aus, ob das Fernsehen

---

abgehoben, aber die Gleichsetzung von "modern" und "industriell" wird um ein weiteres fraglich durch das Eingeständnis, daß eigentlich "erst im Verlauf der gesellschaftlichen Emergenz im 20. Jahrhundert (...) Public Relations zur systematischen, programmatischen und geplanten Kommunikationsleistung" wird. - Darauf wird im folgenden (Kap. 2.2.) wieder zurückzukommen sein: mit der These von C.S. Sloane, daß PR entstanden sei als Resultat der Transformation der Industrie- zur Informationsgesellschaft.

Instrument ist, mit dem wir unsere Meinung verbreiten, oder die Glotze, vor der wir abends sitzen und unser Bier trinken?

Ronneberger wird solche kritischen Anmerkungen geahnt haben, denn er schreibt auch: "Diese Prozesse (des Interessenausgleichs durch PR, WF) werden durch vielfältige Einflüsse gefährdet: Ungleichgewichte der Systeme, bestimmt durch hohe Mitgliederzahlen und/oder Kapitalkraft, einseitige staatliche Förderung und Subventionierung, politisch-ideologische Überlagerungen usw." Genau dies scheint entscheidend: Eine solche Theorie der Öffentlichkeitsarbeit wäre in dem Maße stimmig und überzeugend, in dem diese gefährdenden Einflüsse ausgeschaltet werden könnten. Nur ist das, paradoxerweise gerade in einer Demokratie, schon prinzipiell gar nicht möglich.

Ronnebergers Ansatz, der erstaunlicherweise auch auf die Bedeutung der Medien für PR nicht weiter abhebt, scheint vor allem darunter zu leiden, daß seine Theorie nicht werteorientiert ist, sondern daß "Wert" mit subjektivem oder organisiertem "Interesse" gleichgesetzt wird. Solche Interessen sind in der Tat prinzipiell gleichrangig zueinander und erlauben grundsätzlich einen integrativen Ausgleich, durch Kompromisse. Bei gegensätzlichen Wertvorstellungen aber sind Kompromisse oft nicht möglich, weil eine eindeutige Hierarchisierung gefordert wird - ein bißchen schwanger, das geht nicht. Wer zum Beispiel Gewinnsteigerung oder Wirtschaftswachstum oder Sicherung der Arbeitsplätze als höchsten Wert setzt, muß zum Beispiel beim Umweltschutz gravierende Nachteile in Kauf nehmen. Und umgekehrt: Wer den Umweltschutz als höchsten Wert setzt, muß erhebliche Nachteile für das Wirtschaftswachstum oder hohe Arbeitslosenzahlen akzeptieren. Schärfer noch: Wer Eigennutz als höchsten Wert setzt, zumal kurzzeitig gefaßt, wird Gemeinnutz immer nur sekundär setzen können.[20]

Ein Konzept von Gesellschaft und Öffentlichkeit wie bei Ronneberger, ohne Berücksichtigung der Medien und der dahinterstehenden Herrschaftsverhält-

---

20 Ronneberger hat an anderer Stelle, im Zusammenhang mit Public Relations von nonprofit-Organisationen, versucht, den Interessenbegriff mit dem Wertbegriff zu verknüpfen, und zwar über den Begriff "Gemeinwohl", den er sich "als eine Art Pyramide" vorstellt: "Auf der untersten Stufe trifft man auf eine Vielzahl von Interessen, unter denen aber hinsichtlich einiger weniger Grundwerte weitgehend Übereinstimmung herrscht. Die Erfüllung dieser Grundwerte ist unmittelbar mit dem Gemeinwohl verbunden." Vgl. Franz Ronneberger unter Mitarbeit von Kurt Kraiger: Zur Problematik des Gemeinwohls. In: Franz Ronneberger / Manfred Rühl (Hrsg.), Public Relations der Non-Profit-Organisationen. Düsseldorf 1982, 58-78, hier 75f. Eine erheblich erweiterte und leicht modifizierte Darstellung ist in Ronneberger/Rühls Theorie der Public Relations (1992, 213ff.) eingegangen.

nisse sowie ohne Bezug auf Wertesysteme und Werthierarchien, bleibt notgedrungen funktionalistisch. Damit aber verändert sich seine PR-Theorie fundamental: An die Stelle der positiv erscheinenden Integration divergierender Interessen und, in der Folge, einer demokratischen Öffentlichkeit tritt die totale Relativierung von Werten und der permanente Zwang, sich den in der Gesellschaft jeweils gerade vorherrschenden (Medien- und Kommunikations-) Interessen anzupassen, um eventuell eigene Ziele zu erreichen. Das aber wäre nichts anderes als die Legitimierung der Affirmation zum Status quo - eine nur wenig brauchbare Theorie von Öffentlichkeitsarbeit, die letztlich nur die alten Vorurteile von PR als verkappter Werbung zu bestätigen scheint.

Vielleicht nicht zufällig hat sich Ronneberger später, gemeinsam mit Manfred Rühl, zu einem theoretischen Ansatz ganz unterschiedlicher Art durchgerungen. An die Stelle des sozial-/publizistikwissenschaftlichen Ansatzes rückt damit (drittens) ein multidisziplinärer Ansatz, der dem Problemfeld "Öffentlichkeitsarbeit" als einem tatsächlich multidisziplinären Bereich zu entsprechen sucht. Explizit wird der Schritt "von der PR-Kunde zu einer interdisziplinären PR-Theorie" versucht, wobei folgende Bereiche und Disziplinen einbezogen werden (sollen):
- PR-Kunde als Systematisierung praktischer Erfahrungen, also Praxiswissen;
- Kommunikationswissenschaft (u.a. Allgemeine Kommunikationstheorie, Medienkommunikationsforschung, Persuasionstheorien, Wirkungsforschung, Kommunikationspolitik, Medientechnik, Journalistik);
- Soziologie und Sozialpsychologie (u.a. Sozialisationsforschung, Organisationssoziologie und Entscheidungstheorien, empirische Sozialforschung, Theorien sozialen Lernens);
- Wirtschaftswissenschaften, insbesondere Marketinglehre;
- Politikwissenschaft, einschließlich Verwaltungswissenschaft und Verbandsforschung (insbes. Demokratietheorien, Pluralismustheorien, Institutionenlehre);
- schließlich Sprachwissenschaften, insbesondere Linguistik und Rhetorik.

Für den nur sehr knapp angedeuteten Versuch der Integration dieser Ansätze mit Blick auf Public Relations werden vereinzelt Begriffe der Systemtheorie herangezogen - mit einer ebenso überraschenden wie fragwürdigen Schlußfolgerung, wie sie Rühl bereits früher angedeutet hatte:[21] Public Relations wird

---

21 Vgl. Manfred Rühl: Public Relations im Wandel der Erforschung öffentlicher Kommunikation, in: Ronneberger/Rühl (Hrsg.), Public Relations der Non-Profit-Organisationen. Düsseldorf 1982, 5-15. Rühl spricht hier von PR "als Teilsystem moderner Weltgesellschaft" und zieht Analogien zu Journalismus und Werbung.

"als autopoietisches System konzipiert".[22] Ausgehend vom Beispielfall einer PR-Agentur als einem "bestimmbaren PR-System" wird "eine funktional-strukturelle PR-Analyse" versucht, nach der sich für PR als "System" eine Orientierung an der "Umwelt" in vier verschiedenen Ordnungsdimensionen ergebe, so die These:
- erstens in der Sozialdimension (demnach erscheint die Umwelt z.B. als Ansammlung von Informationsquellen für den PR-Macher),
- zweitens in der personalen oder psychisch-individuellen Dimension (z.B. mit der Unterscheidung in Berufs-, Arbeits-, Auftraggeberrollen),
- drittens in der Sachdimension (vor allem mit ihren vielen Darstellungsformen und sogenannten Symbolmedien),
- und viertens in der Zeitdimension.

Leider wird "diese Modellvorstellung von PR-Systemen (...) nicht weiter ausgearbeitet", muß also noch weitgehend unverständlich bleiben, obwohl sie "als PR-Probleme ordnende Reflexionstheorie" dienen soll.[23]

Die definitorische Zwischenbilanz bei diesem theoretischen Ansatz ist denn auch wenig faßbar: "Public Relations / Öffentlichkeitsarbeit läßt sich demnach als eine weltweite Möglichkeit öffentlichen Handelns umschreiben, die unter den Bedingungen gegenwartsgesellschaftlichen Lebens verwirklicht werden kann." Die relative Bedeutungslosigkeit dieses Satzes wird verständlich durch die (aus systemtheoretischer Sicht schwer verständliche) These der Autoren, die Theorie autopoietischer Systeme sei ja "inhaltlich leer" und müsse erst noch gefüllt werden.[24] Dies wird von den Autoren versucht mit den Themen Humankommunikation und Persuasionstheorie, wobei Komponenten wie Thema, Mitteilung, Information, Sinn, aber auch Werte, Normen und Rollen ermittelt werden. Als "besondere Komponenten der Wohlfahrtsgesellschaft" werden sodann u.a. wieder "Interessen und Gemeinwohlkonsens" sowie "Recht, Moral und soziales Vertrauen" genannt, die "als normative Orientierungen für Public Relations zu rekonstruieren" seien.[25]

Die Theorie gipfelt im Konzept einer dreifachen "Intersystem-Beziehung zwischen Public Relations und anderen Sozialsystemen", die sich mit den Begriffen Funktion, Leistung und Aufgabe fassen lasse. Bei dem "Verhältnis von Public Relations zur Gesamtgesellschaft" handele es sich um die Funktion von PR (Macro-Ebene). Bei dem Verhältnis zu einzelnen gesellschaftlichen

---

22 Ronneberger/Rühl: Theorie der Public Relations, 90ff.
23 Ronneberger/Rühl: Theorie der Public Relations, 93.
24 Ronneberger/Rühl: Theorie der Public Relations, 112 u. 113.
25 Ronneberger/Rühl: Theorie der Public Relations, 227.

Funktionssystemen wie Politik, Wirtschaft, Wissenschaft, Recht etc., das sich über Märkte vollzieht, handele es sich um die Leistungen von PR (Meso-Ebene). Und bei "inner- und interorganisatorisch institutionalisierten Verhältnissen" handele es sich um die Aufgaben von PR (Mikro-Ebene). Public Relations erscheint sodann ganz unvermittelt als Teilbereich der Publizistik. Zugleich überrascht die Schlußfolgerung der Autoren: "Zusammen betrachtet ergeben Funktion, Leistungen und Aufgaben somit drei verschiedene PR-Typen, die mit der Gesamtgesellschaft, den Märkten und mit den einzelnen Organisationen je verschiedene Systemreferenzen mit je verschiedenen Umwelten aufweisen."[26]

Was Heinz Flieger 1988 "dem Nestor der deutschen Public Relations-Theorie und -Forschung Franz Ronneberger" widmete: nämlich Vorschläge zu einem Curriculum, das Betriebswirtschaftslehre, Sozialwissenschaften, Kulturwissenschaften, EDV und Rechtswissenschaften miteinander zu verbinden verlangt,[27] wurde mit dieser Theorie nicht eingelöst. Dem Anspruch einer interdisziplinären, das heißt: tatsächlich integrativen Theorie der Public Relations kann auch Ronneberger/Rühls "Entwurf" nicht entsprechen.[28] Das ist so markant deutlich, daß die Autoren ihrerseits ganz im Gegenteil sogar behaupten, daß "keine universalistische PR-Definition möglich" sei - dies vermutlich aufgrund ihrer Überzeugung, daß "sich für Public Relations grundsätzlich keine Universalaufgabe postulieren" lasse. "Vielmehr sehen wir im Entwurf und in der Arbeit an einer PR-Theorie eine Herausforderung auf Dauer, wenn Theorie als Forschungsprogramm und nicht als Wissenssilo begriffen wird."[29]

Nicht nur die pragmatischen Definitionen scheitern daran, ein angemessen akzeptables Verständnis von Öffentlichkeitsarbeit zu vermitteln, sondern auch die bislang genannten komplexen theoretischen Ansätze liefern ganz offensichtlich keine tragfähigen Konzepte - entweder suchen sie Theorien anderer Fächer auf PR zu übertragen wie die amerikanischen Beispiele; oder sie bleiben pragmatisch-funktionalistisch und tendieren damit wieder, mehr oder weniger bewußt affirmativ, zur Reduktion auf Praxis wie bei Ronneberger;

---

26 Ronneberger/Rühl: Theorie der Public Relations, 249-280.
27 Heinz Flieger: Public Relations Berater. Curriculum für eine akademische Ausbildung. Wiesbaden 1988.
28 Als die wichtigsten Defizite seien benannt: ein unzureichendes Verständnis der Luhmannschen Systemtheorie; eine allzu rudimentäre Behandlung der für Public Relations zentralen Medien; und eine unzureichende Abstimmung der verschiedenen Beiträge der beiden Autoren aufeinander, wodurch Einzelaspekte ähnlich den amerikanischen Beiträgen eher unvermittelt nebeneinander stehen.
29 Ronneberger/Rühl: Theorie der Public Relations, hier 279, 285 und 284.

oder aber sie postulieren gar, wie bei Ronneberger und Rühl, die Integration einer Vielzahl anderer Fächer, ohne dies auch nur andeutungsweise einzulösen, beschreiben PR, höchst widerspruchsvoll, als ein eigenes System, obwohl ein solches in der gesellschaftlichen Wirklichkeit (noch) gar nicht ausgebildet ist.

Demgegenüber soll hier (viertens) - und nunmehr positiv - ein Vorschlag von Ragnwolf H. Knorr herangezogen werden, der am praktischen Beispiel der Öffentlichkeitsarbeit der Universität Nürnberg-Erlangen erstmals Public Relations aus systemtheoretischer Perspektive beschrieben hat.[30] Entwickelt man seinen Ansatz mit Blick auf Schlüsselkategorien der Allgemeinen Systemtheorie von Niklas Luhmann[31] weiter, so läßt sich Öffentlichkeitsarbeit oder Public Relations als System-Umwelt-Interaktion begreifen - ein systemtheoretischer Ansatz, der im folgenden weitergedacht werden soll und sich dabei vielleicht als zukunftsträchtig erweist. Jedenfalls erscheint es damit möglich, die angedeuteten Defizite in den Gesamtauffassungen zu beheben. Im Unterschied zu Ronneberger/Rühl gilt Public Relations hier aber nicht selbst als "System", sondern vielmehr als "Interaktion" zwischen "System" und "Umwelt". Im Zentrum dieser Auffassung stehen sechs Schlüsselbegriffe der Systemtheorie (bzw. Handlungstheorie), an denen sich die Darstellung orientiert: System, Umwelt, Interaktion, Medium, Handlungsrolle und Sinn.

---

30 Ragnwolf H. Knorr: Public Relations als System-Umwelt-Interaktion. Dargestellt an der Öffentlichkeitsarbeit einer Universität. Wiesbaden 1984. - Dieser m.E. überzeugende und zukunftsträchtige Ansatz ist vielleicht deshalb nicht weiter verfolgt worden, weil das von Knorr geschriebene umfangreiche Buch den Nachteil hat, praktisch nicht lesbar zu sein. Aber das tut der Qualität seines innovativen Ansatzes natürlich nicht im mindesten Schaden.

31 Niklas Luhmann: Soziale Systeme. Grundriß einer allgemeinen Theorie. Frankfurt/Main 1984, 2. Aufl. 1988.

2. ÖFFENTLICHKEITSARBEIT ALS SYSTEM-UMWELT-INTERAKTION

2.1. System nach innen und nach außen

Die erste Schlüsselkategorie für eine PR-Theorie aus systemtheoretischer Sicht bzw. der erste Eckpfeiler für das "Grundwissen 'Öffentlichkeitsarbeit'" ist "System". Was heißt "System"? Vereinfachend ließe sich mit Knorr sagen: Ein soziales System ist ein beobachtbarer Handlungsraum, in dem komplexe, aber abgrenzbare Handlungsabläufe erkannt oder bestimmt werden können - Handlungsabläufe, die mit dem Ziel der Lösung von Problemen sinnvoll einander zugeordnet sind und von den Handlungen der Umwelt unterschieden werden können. Damit ist bestimmt, wodurch ein System zu einem System wird: erstens durch seine Beziehungen zu sich selbst, d.h. durch seine Organisation in Subsysteme und Teilsysteme, durch seine inneren Konflikte und Widersprüche, durch seine systemeigenen Elemente, durch seine internen Handlungsprozesse und Dialogbeziehungen. Zweitens wird ein System zu einem System durch seine Beziehungen zu seiner Umwelt, genauer: durch seine Grenzen, also durch das, was es nicht ist. Das Verständnis eines Systems, seiner Einheit, seiner Natur, seiner Funktion, ist demnach ohne Einbeziehung der Systemumwelt schlechterdings unmöglich. Im Begriff "System" verbirgt sich ein holistischer Ansatz: Man ist gezwungen, das Ganze in den Blick zu nehmen.

Das ist ein erster Vorteil dieses Denkmodells gegenüber traditionellen Auffassungen auch im Bereich Öffentlichkeitsarbeit: Eine Universität, um beim Beispiel Knorrs zu bleiben, ist ganz wesenhaft auf bestimmte Teilbereiche unserer Gesellschaft hin orientiert und muß also auch ihre Funktionen im Hinblick auf diese gesellschaftlichen Teilbereiche sehr differenziert bestimmen und je modifizieren, sofern es ihre Umwelt notwendig macht. Nicht immer wird die Bedeutung dieser Außen-Relation so drastisch bewußt wie jüngst für den Bundesgrenzschutz beim Wegfall der deutsch-deutschen Grenze. Aber wohlbekannt ist die obrigkeitsstaatliche Arroganz so mancher öffentlichrechtlicher Einrichtung oder Institution, die etwa die Bürger auf sich hin funktionalisiert sieht statt umgekehrt, wenn sie sich nicht sogar ganz und gar, quasi autonom, zum Selbstzweck erklärt. Dem Elfenbeinturm einer Universität und dem service-verweigernden Herrschaftsgestus einer Behörde analog wäre freilich auch die zwangsläufig kurzatmige Selbstreferenz eines Wirtschaftsunternehmens, das weitgehend exklusiv den eigenen Umsatz und Gewinn im Auge hat, allenfalls noch die Bedrohung durch Konkurrenten, nicht aber das gesellschaftliche Ganze.

Wichtiger als dieser holistische Aspekt dürfte sein, daß die Auffassung einer Handlungseinheit als System die Bedeutung sichtbar werden läßt, die die interne Ordnung (oder Unordnung) für die externen Beziehungen zwangsläufig hat. Die Kategorie "System" zwingt dazu, die Differenzierung innerhalb des Systems selbst in den Blick zu nehmen: die dort bestehenden Teil- und Subsysteme, die Hierarchien, die ablaufenden Informations- und Kommunikationsprozesse - alle Elemente und ihre Relationen zueinander in Gestalt einer mehrschichtigen, hochdifferenzierten Vernetzung. Die Frage nach der Funktion des Systems nach innen ist die Frage nach den komplexen Bezügen aller Elemente zueinander. Diese Relationen sind naturgemäß oft uneinheitlich, ungleichgewichtig, widersprüchlich, z.B. von unterschiedlichen oder gegenläufigen Interessen oder Hierarchiepositionen bestimmt. Es geht also um die kontinuierliche Konditionierung dieser Relationen und ihrer Formen, denn Vernetzung meint zwar Ordnung, keineswegs aber eine statische Struktur. Luhmann nennt, was hier erforderlich ist, die permanente Anpassung des Systems an die eigene Komplexität. Ein Eingriff an einer Stelle hat sofort Folgen an einer anderen, denn die relative Balance wird dadurch verändert, und beides wirkt sich wiederum je anders auf die jeweilige Umwelt aus. Also nicht nur die internen Widersprüche und Konflikte, sondern grundsätzlich die innere Dynamik des Systems als solchem markiert einen permanenten Handlungsbedarf.

Das meint zunächst einmal das, was in der PR-Literatur bislang als "human relations" oder als "corporate culture" bzw. "Unternehmenskultur" diskutiert wurde:[32] die Bemühungen der Geschäftsleitung oder Führung um die Motivierung und Einbindung ihrer Mitarbeiter einerseits und die Identifikation der Mitarbeiter mit ihrem Betrieb oder ihrer Organisation andererseits. Diese Aktivitäten sind immer sowohl materiell als auch ideell und bilden erst langfristig so etwas wie Unternehmenskultur heraus. Materielles umfaßt z.B. Jubiläumsfeiern, regelmäßige systematische Gehaltsüberprüfungen, Weiterbildungskurse. Ein Beispiel: Die Firma Drägerwerk in Lübeck schickt alle ihre

---

32 Vgl. etwa E.T. Deal and A.A. Kennedy: Corporate Cultures. Reading/Mass. 1982; C. Dräger: Unternehmenskultur in Deutschland - Menschen machen Wirtschaft. Gütersloh 1986; W. Holleis: Unternehmenskultur und moderne Psyche. Frankfurt/Main 1987; Dieter Pflaum: Corporate Culture. In: Dieter Pflaum und Wolfgang Pieper (Hrsg.), Lexikon der Public Relations. Landsberg/Lech 1989, 62-66.

Lehrlinge jedes Jahr für zwei Wochen zu Kletterkursen im Gebirge oder zu Wildwasserfahrten u.ä., um gemeinsame Problemlösungen einzuüben und das Wir-Gefühl zu fördern. In Japan haben vergleichbare Aktivitäten noch eine viel größere Bedeutung. Ideelles umfaßt z.b. die gemeinsame Entwicklung und Vermittlung von Wertvorstellungen, einen kooperativen Führungsstil, Personalentwicklungsgespräche oder Freiräume für die Übernahme von Eigenverantwortung. Ein Beispiel: Viele Betriebe haben Qualitätszirkel oder ein sonstiges Vorschlagswesen eingerichtet, wodurch Mitarbeiter regelmäßig "mitreden", "mitbestimmen" können. Gerade auch in mittelständischen Unternehmen oder kleineren Organisationen wie Vereinen, Kommunen oder Behörden kommt der Beteiligung der Mitarbeiter bzw. Mitglieder am Betriebsgeschehen, an der Festlegung des "Sinns" ihrer Arbeit oder Tätigkeit ganz besondere Bedeutung zu.[33]

Aber "System" meint noch sehr viel mehr und setzt dabei die Akzente anders. Das bekannte Wort, PR habe im eigenen Hause zu beginnen, suggeriert das Bibelzitat von der eigenen Tür, vor der man zunächst kehren soll, oder impliziert doch, daß "danach" dann die "eigentliche" Öffentlichkeitsarbeit zu beginnen habe, nämlich "nach außen". Aber nichts wäre irriger als diese Zwei-Stufen-Philosophie, weil sie das Neben- und Miteinander systemintern gerichteter und systemextern gerichteter Öffentlichkeitsarbeit verkehrt in eine pseudo-logische Handlungskette mit einer sequentiellen Struktur. Mit der Kategorie "System" wird Öffentlichkeitsarbeit nach innen nicht nur zu einem absolut Selbstverständlichen, das einer besonderen Begründung gar nicht bedarf, sondern auch zu einer kontinuierlichen und von der PR nach außen gar nicht trennbaren Aufgabe. Die Prinzipien der internen Komposition und der internen Interaktionen kontinuierlich zu explizieren und zu gestalten, wird aus systemtheoretischer Sicht nämlich nicht zu einer Voraussetzung auch jeglicher kontinuierlichen Öffentlichkeitsarbeit nach außen, sondern zu einem Teil der Öffentlichkeitsarbeit des Systems insgesamt - unabdingbar gleichrangig und gleichzeitig zur PR nach außen.

Was pragmatische Definitionen von Öffentlichkeitsarbeit ebenso wie komplexe PR-Theorien, wie sie bislang vorgelegt wurden, weitgehend vernachlässigen, wird bei der Auffassung von Öffentlichkeitsarbeit als System-Umwelt-Interaktion mit der Kategorie "System" zur provokativ selbstverständlichen, kontinuierlichen Aufgabe: interne Selbstanalyse, Selbsterkenntnis und Selbstgestaltung. Der Grund dafür liegt letztlich im Begriff der Öffentlichkeit:

---

33 Vgl. auch Wolfgang Friedrich: Erkenntnisse und Methoden interner Public Relations. Nürnberg 1979, z.B. 332.

Öffentlichkeit, hier zunächst systembezogen definiert, zwingt zur Unterscheidung in interne Teilöffentlichkeiten einerseits und eine umfassende interne Systemöffentlichkeit andererseits. Die klassische Frage also, wo die PR innerhalb des Systems angesiedelt sein soll, ist falsch gestellt. Denn interne Systemöffentlichkeit konstituiert sich aus ausnahmslos allen beteiligten Menschen und Teil- und Subsystemen innerhalb des Systems, und die Frage, wer Öffentlichkeitsarbeit systemintern induziert oder systemextern steuert, darf nicht verwechselt werden mit der Frage, wer Öffentlichkeit konstituiert. Folgenreich wird diese Unterscheidung stets dann, wenn die interne Systemöffentlichkeit nach Maßgabe der einzelnen Mitglieder und Teilsysteme des Systems quasi "umkippt" in externe Teilöffentlichkeiten bzw. in die Umwelt des Systems, in der die Menschen sich natürlich ebenfalls befinden bzw. in der Teilsysteme systembedingt agieren müssen. Das meint Kommunikations- und Handlungssysteme wie die Familie, Interessen- und Freizeitverbände oder politische Parteien und Gewerkschaften ebenso wie Verhandlungspartner, Zulieferer oder Abnehmer von Teilleistungen des Systems.[34] Bleiben wir bei Knorrs Beispiel Universität, so bezieht sich das auf Teilsysteme wie beispielsweise die Dozenten oder die Studierenden: Mangelhafte oder fehlende Öffentlichkeitsarbeit nach innen ist stets daran beteiligt, wenn Professoren sich anderweitig bewerben und Rufe an andere Universitäten annehmen oder wenn Studierende ihre Frustrationen über fehlende interne Interessenabgleichung oder unzureichende Arbeitskapazitäten nach außen tragen und damit ein negatives Bild der Universität bei ihren Eltern und Familien und möglicherweise sogar in den Medien zeichnen. In dem Maße, in dem diese quasi Außen-Systeme gesamtgesellschaftliche Relevanz haben, steigt ihre Bedeutung auch für den Erhalt und die Zukunft des spezifischen Systems als solchem. Daß es in einem Unternehmen eine Abteilung Werbung oder eine Abteilung Marketing gibt, macht Sinn; eine Abteilung Public Relations, als Abteilung, dagegen überhaupt nicht. Und selbst wenn der PR-Berater, wie in der Literatur idealistischerweise oft deklariert, direkt bei der Unternehmensleitung angesiedelt ist, wird er so lange scheitern, wie sich seine interne Beratung primär oder ausschließlich auf die Geschäftsleitung statt auf alle Mitglieder des Systems auf allen Hierarchieebenen bezieht. PR ist insofern eben keine Management-

---

34 Horst P. Borghs bezeichnete dies am Beispiel der PR der Opel AG als "Öffentlichkeitsarbeit von morgen": Unternehmerische Anforderungen an die Öffentlichkeitsarbeit von morgen. Eine Perspektive der Adam Opel AG. In: Klaus Dörrbecker und Thomas Rommerskirchen (Hrsg.), Blick in die Zukunft: Kommunikations-Management. Remagen 1990, 80-88. Allerdings spricht er hier noch von "Zielgruppen".

funktion, sondern geht alle Träger des Systems an. Nur die PR-Beratung ist eine Managementfunktion, aber auch sie nicht in dem Sinne, daß sie exklusiv oder primär auf das Top-Management beschränkt wäre.

"Umwelt" ist der zu "System" komplementäre Begriff; der eine gewinnt nur mit Bezug auf den anderen seinen Sinn. Was heißt "Umwelt"? Die Umwelt eines Systems kann so gedacht werden, daß sie wiederum aus verschiedenen anderen Systemen besteht, die sich teils überlappen können und die hinsichtlich unseres Systems auch von unterschiedlicher Bedeutung sind. Das bedeutet vor allem, daß sich das System nicht auf "die" Umwelt hin orientieren muß, sondern sich an unterschiedliche Systeme innerhalb der Umwelt, in unterschiedlichem Maße und in ganz verschiedenen Formen, zu richten hat. Vor allem die Kategorie "Umwelt" kann die Notwendigkeit einer holistischen Perspektive von Öffentlichkeitsarbeit verdeutlichen.

Wenn gesagt wurde, daß ein System (u.a.) dadurch zu einem System wird, daß es Beziehungen zu seiner Umwelt hat, so meint das die Notwendigkeit, ganz verschiedene Abhängigkeitsbeziehungen und Orientierungstendenzen sowie ihre systemintern unterschiedlichen Funktionen zu unterscheiden. Erst hier macht die Abgrenzung von Public Relations von anderen Umwelt-Kontakten (wie Werbung, Marketing etc.) Sinn: nicht als bloß definitorische, defensive Abgrenzung, sondern als sachlich gegebene. Erst aus der Unterschiedlichkeit der Umwelt-Systeme und der durch sie konstituierten externen Teilöffentlichkeiten läßt sich zwingend die spezifische Eigenheit von Public Relations ableiten, nicht etwa aus der Art der Interaktion, wie das bislang versucht wurde. Mit anderen Worten: Werbung unterscheidet sich von PR nicht - wie üblicherweise vertreten - dadurch, daß sie produktorientiert sei, PR dagegen die ganze Unternehmung betreffe (undsoweiter); sondern dadurch, daß sie auf dem Markt, im ökonomischen System, ausschließlich den Konsumenten, den potentiellen Käufer anspricht, PR dagegen ganz andere Teile und Instanzen in diesem ökonomischen System (z.B. den Lieferanten) oder überhaupt ganz andere Systeme wie z.B. das politische System (z.B. Politiker im Stadtrat) oder das kulturelle System (z.B. Pädagogen in der Schule, Zeitungsleute oder auch Künstler und andere Opinion Leaders). Also aus der Unterschiedlichkeit der Umweltsysteme - und damit ist mehr gemeint als bloß Zielgruppen - ergibt sich die Natur der Interaktionen, nicht umgekehrt.

2.2. Öffentlichkeit begrifflich und historisch: von der Industrie- zur Informationsgesellschaft

Problematisch, aber auch reizvoll an dem Bereich "Öffentlichkeitsarbeit" ist der Tatbestand, daß wir es immer mit zwei Aspekten zu tun haben: mit "Öffentlichkeit" und mit "Öffentlichkeitsarbeit". Es charakterisiert den Diskussionsstand - soweit er überhaupt theorieorientiert ist -, daß man sich immer noch viel zu wenig über den ersten Begriff Gedanken macht und ganz schnell, praxisorientiert, auf den zweiten kommt.

Was heißt überhaupt "öffentlich"? Man kann dabei zunächst zwei Varianten unterscheiden. Einmal heißt "öffentlich", daß etwas zugänglich ist - eine Gerichtsverhandlung beispielsweise. In diesem Sinn ist Öffentlichkeit Kennzeichen einer freiheitlichen Staatsverfassung, denn es geht um den Grundsatz der allgemeinen und freien Teilnahme am politischen und gesellschaftlichen Geschehen. "Öffentlich" ist also eine zentrale Kategorie des Demokratiegedankens und durchaus positiv besetzt. Der Gegensatz zu "öffentlich" in diesem Sinn wäre "geheim".[35] Sodann aber heißt "öffentlich" auch, daß etwas von außen geregelt oder festgelegt ist - dem einzelnen Menschen treten bestimmte Konventionen als Normen und soziale Zwänge gegenüber. Oder es bedeutet, daß jemand "an den Pranger" gestellt, daß etwas "in die Öffentlichkeit gezerrt" wird. In diesem Sinne ist Öffentlichkeit eine reglementierte Sphäre, die Unbehagen auslösen und als Bedrohung des Individuums aufgefaßt werden kann. "Öffentlich" wird damit zu einer gesellschaftskritischen Kategorie, die eher negativ gewertet wird. Der Gegensatz zu "öffentlich" in diesem Sinne wäre "privat". Teilweise herrscht auch eine Begriffsauffassung vor, die beides tangiert. Wenn man etwa davon spricht, daß Luft und Wasser "öffentlich" seien oder daß es "öffentliche" Gebäude gebe, meint man die Zugänglichkeit und Verfügbarkeit oder Nutzbarkeit, jedoch nicht im Gegensatz zu "geheim", sondern im Gegensatz zu "privat".

Hinzu kommen dann aber noch weitere Begriffsvarianten, wie sie mit "öffentlicher Meinung" und "veröffentlichter Meinung" beschrieben werden. Ersteres meint zunächst die Meinung von Herrschenden und gesellschaftlichen Eliten - insbesondere der politischen und staatlichen Führer. Dann aber ist auch die Meinung der "breiten Masse" damit bezeichnet, wie sie etwa durch Meinungsumfragen erhoben zu werden pflegt. Oder man meint damit vielmehr

---

35 Siehe beispielsweise die Stichworte "Öffentliche Meinung" und "Öffentlichkeit" in der Allgemeinen Encyclopädie der Wissenschaften und Künste von J.S. Ersch und J.G. Gruber: Leipzig 1830, 52f. und 55.

gerade ein anonymes, formloses, vages Phänomen, dessen man nicht Herr werden, das man nicht in den Griff bekommen kann. Öffentliche Meinung wäre demnach ein irgendwie zustande kommender "Komplex übereinstimmender Äußerungen von großen oder kleinen Gruppen unserer Gesellschaft über öffentliche Angelegenheiten".[36] Der Begriff ist seit Jahrhunderten ein zentraler Begriff der Politik und der Staats- und Verfassungslehre. "Öffentliche Meinung" in diesem Sinn wird als Kontrollinstanz gegenüber den Aktivitäten des Staates begriffen - der Staat soll sich vor der öffentlichen Meinung rechtfertigen. Allerdings gibt es natürlich nicht "die" öffentliche Meinung bzw. der allgemeine "Meinungsmarkt" war niemals wirklich allen Mitgliedern einer Gesellschaft gleichermaßen zugänglich. Es gab und gibt deshalb immer nur öffentliche Meinungen (im Plural), und die Frage ist nur, welche dieser öffentlichen Meinungen den Anspruch erheben kann, als Legitimationsinstanz für staatliche Herrschaft fungieren zu dürfen.

Damit kommt das zweite in den Blick: Bei einer Zunahme der Bevölkerung haben immer weniger Menschen die immer geringer werdende Möglichkeit, an dem Prozeß der Hervorbringung öffentlicher Meinungen teilzunehmen. "Öffentliche Meinung" ist heute weitgehend "veröffentlichte Meinung", und das weist den Medien, speziell den Massenmedien im Sinne der Massenkommunikation, eine Schlüsselfunktion zu. Veröffentlichte Meinung macht Öffentlichkeit primär zur "Medienöffentlichkeit". Und dabei spielen wirtschaftliche und politisch-gesellschaftliche Herrschaftsverhältnisse und Interessen die ausschlaggebende Rolle. Die publizistische Öffentlichkeit ist "gemachte" Öffentlichkeit. Sie kann sowohl positiv als auch negativ eingesetzt und bewertet werden, doch in jedem Fall stellt sie eine Instanz dar, die sich gleichermaßen gegenüber dem Staat und dem Allgemeinwohl und dem Individuum verselbständigt hat.

Heute definiert man "Öffentlichkeit" auf dem Hintergrund solcher terminologischen Probleme bevorzugt als ein im Prinzip "offenes Kommunikationssystem außerhalb der funktional spezifizierten Rollenkomplexe von Wirtschaft, Politik und Recht etc.".[37] In diesem Sinn erscheint Öffentlichkeit als "soziales Medium", mit einer Vielzahl von Teilöffentlichkeiten. Man hat versucht, diese Teilöffentlichkeiten zu rubrizieren, z.B. in die folgenden vier

---

36   Vgl. etwa Elisabeth Noelle-Neumann: Die Träger der öffentlichen Meinung. In: Die öffentliche Meinung, hrsg. v. Martin Löffler. München 1962, 25-30, hier 29.
37   Vgl. etwa Friedhelm Neidhardt: Auf der Suche nach "Öffentlichkeit". In: Walter Nutz (Hrsg.): Kunst - Kommuniktion - Kultur. Festschrift zum 80. Geburtstag von Alphons Silbermann. Frankfurt/Main 1989, 25-35, hier 27f.

Typen: 1. aktive Teilöffentlichkeit, 2. bewußte, passive Teilöffentlichkeit, 3. latente Teilöffentlichkeit und 4. Nicht-Teilöffentlichkeit. Im ersten Fall steht eine Gruppe von Menschen einem ähnlichen Problem gegenüber, erkennt dieses Problem und organisiert sich, um es zu lösen oder zu umgehen. Im zweiten Fall steht sie dem Problem gegenüber und erkennt es, organisiert sich aber nicht. Im dritten Fall steht sie nur diesem Problem gegenüber, ohne es zu erkennen; sie wird lediglich davon betroffen. Und im vierten Fall trifft gar nichts davon zu.

Bekannt wurden solche Unterscheidungen nicht zuletzt durch Ralph Dahrendorf, der provokativ u.a. die These vertrat, "daß die Rolle der Öffentlichkeit, die das Grundgesetz will und deren Fehlen viele beklagen, für den politischen Prozeß einer modernen freien Gesellschaft gar nicht nötig, ja nicht einmal sinnvoll ist" - politische Teilnahmslosigkeit sei nicht nur tragbar, sondern geradezu wünschenswert, denn der politische Prozeß werde durch die aktive Teilnahme aller prinzipiell dazu Berechtigten faktisch unmöglich gemacht.[38]

Bislang noch am wenigsten reflektiert ist der diachrone Problemhorizont. Ersichtlich wurde das bereits bei den verschiedenen Bedeutungen des Wortes "öffentlich". Neuere Überblicksversuche dazu gibt es etwa in der Begriffs- und Philosophiegeschichte.[39] Demnach hieß "öffentlich" zunächst, zu Luthers Zeiten, lediglich "offenbar", "bekannt". Erst im Neuhochdeutschen entwickelt sich die Bedeutung von "allgemein zugänglich". Die Übersetzung des lateinischen "publicus", englisch "public", meinte aber auch - im Sinne des althochdeutschen "frôno = herrschaftlich" - "amtlich" oder "obrigkeitlich". "Öffentlich" wurde in herrschaftsbezogener Verengung zunehmend mit "staatlich" identifiziert. Dahinter steht der erste Versuch, Justiz und Verwaltung in Österreich und Preußen 1749 zu trennen: "Justiziabel", also der Gerichtsbarkeit unterworfen, ist der individualistische und ökonomische Bereich, ihr entzogen dagegen der politische Bereich der Verwaltung. (Noch heute sind deshalb, dualistisch, öffentliche Gewalt und subjektives Recht voneinander getrennt.) Wort und Begriff "Öffentlichkeit" sind ein Produkt der Aufklärung; sie wurden erstmals 1765 belegt. Immanuel Kant nannte die "öffentliche Ge-

---

38   Ralph Dahrendorf: Aktive und passive Öffentlichkeit. In: Wolfgang R. Langenbucher (Hrsg.): Zur Theorie der politischen Kommunikation. München 1974, 97-109.
39   Siehe beispielsweise die Artikel "Öffentlich/privat" von H. Hofmann und "Öffentlichkeit" von L. Hölscher im Historischen Wörterbuch der Philosophie, hrsg. v. H. Hofmann und L. Hölscher, Bd. 6. Basel 1984, 1131ff. Noch sehr viel ausführlicher ist der Beitrag "Öffentlichkeit" von Lucian Hölscher in: Geschichtliche Grundbegriffe. Historisches Lexikon zur politisch-sozialen Sprache in Deutschland, hrsg. v. Otto Brunner et al. Bd. 4. Stuttgart 1978, 413-467.

setzgebung" gegen Ende des 18. Jahrhunderts die allgemeine, überindividuelle Gesetzgebung. Damit übernahm er zwar formell den Begriff des Staatsrechts und stellte ihn traditionell dem Privatrecht gegenüber, aber er interpretierte diesen Gegensatz neu, nämlich im Sinne der Philosophie des Vernunftrechts: Das Privatrecht gilt hier als zwar vernünftiger, aber provisorischer, ungesicherter Naturzustand, der erst im öffentlichen Recht beständig und verbindlich wird.

Aus dem normativen Charakter dieser Unterscheidung folgt die liberale Forderung, das "Reich der Gnade" (im Sinne einer noch ständischen Ordnung) endlich zu "reinigen" und "wohlzubefestigen". Die Unterscheidung von Naturzustand ("status naturalis") und verfassungsrechtlich gesichertem bürgerlichen Zustand ("status civilis") wurde Anfang des 19. Jahrhunderts durch Hegels Gegenüberstellung von Staat und Gesellschaft abgelöst. Der politische Liberalismus verstand "öffentlich" nun immer weniger als "staatlich" im Sinne des Staates der Restauration als monarchischer Anstalt, sondern als "gemeinschaftlich" und "bürgerlich" - die Polemik richtete sich gegen die Arkanpraxis absolutistischer Kabinettspolitik und Verwaltung; der Begriff der "öffentlichen Meinung" und der Begriff des "Publikums" wurden hier zentral. Mit der Revolution von 1848 und der Gründung des Kaiserreichs waren diese liberalen Forderungen in Deutschland prinzipiell erfüllt.

Auch diese Bedeutung von "öffentlich" änderte sich jedoch wieder mit dem Rückgang faktischer Zugänglichkeit. "Öffentlich" wurde seit dem letzten Drittel des 19. Jahrhunderts zu einer Kategorie, deren kritisch-normative Bedeutung von ihrer soziologisch-deskriptiven Bedeutung allmählich überdeckt wurde. "Öffentliche Meinung" entwickelte sich zur Angelegenheit von Meinungsführern. Die Massenpresse, dann das Radio und schließlich das Fernsehen hatten erheblichen Anteil daran, insofern diesen Medien mehr und mehr die Merkmale der politischen "Öffentlichkeit" übertragen wurden. Damit erhielt "Öffentlichkeit" eine wieder ganz andere Bedeutung. Sie wurde gefaßt als bestimmte Lebensbereiche, die zwischen zwei Polen liegen: zwischen dem Staat auf der einen Seite (Gesetze, Rechtsprechung, Verwaltung, Polizei etc.) und dem privaten Individuum auf der anderen Seite (Familie, Freundschaft, Freizeit etc.). "Öffentlich" heißt nun also sowohl "nichtstaatlich" als auch "nichtprivat", meint demnach Bereiche wie die politischen Parteien, die Verbände, die Presse, die Kirchen, die Energie- und Wasserversorgungsunternehmen usw.

Erst ein solcher Begriff von "Öffentlichkeit" läßt verstehen, worum es bei "Öffentlichkeitsarbeit" heute in aller Regel geht, worauf sich "Public Relations" heute in aller Regel bezieht. Und erst mit einem solchen Öffentlichkeitsbegriff wird deutlich, daß "Öffentlichkeitsarbeit" schon als Begriff erhebliche Widersprüche in sich birgt - denn "PR" bezeichnet ja nicht mehr eine Aktivität des Individuums innerhalb dieser zugleich nichtstaatlichen und nichtprivaten Bereiche, sondern im Gegenteil eine Aktivität von Organisationen bzw. (u.a.) privatwirtschaftlichen Unternehmen; zugleich betreiben auch vermehrt just jene Bereiche selbst "PR", auf die sich die "Öffentlichkeitsarbeit" der Unternehmen eigentlich zu beziehen scheint. Offenbar müssen bei Öffentlichkeitsarbeit ganz verschiedene Arten unterschieden werden, je nachdem ob es sich um Aktivitäten von Individuen, von Firmen und Betrieben oder von nichtkommerziellen Unternehmungen, Institutionen, Organisationen, Verbänden etc. handelt.

Die Geschichte der Öffentlichkeit, als Problemfeld auch einer Public Relations-Theorie, wurde bislang kaum erst aufgearbeitet. Um die auch hier noch bestehenden großen Defizite in sachlicher und methodologischer Hinsicht deutlich zu machen und zugleich das Anspruchsniveau einer für den Gegenstandsbereich Öffentlichkeitsarbeit notwendigen "Integrationswissenschaft" präsent zu halten, sei auf die Studie von Jürgen Habermas über den "Strukturwandel der Öffentlichkeit" eingegangen - "Öffentlichkeit" verstanden als eine Kategorie der bürgerlichen Gesellschaft.[40] Zwar kann nicht die gesamte Analyse in der gebotenen Differenziertheit vorgestellt werden, aber schon das Resumé zu einem Teilbereich - aus Gründen der Anschaulichkeit wurde der soziale Bereich gewählt - kann die gemeinte Art von "Grundwissen" verdeutlichen. Die erste der beiden Fragen, deren Beantwortung man von Fachkundigen erwarten könnte, lautet: Wie hat sich, nach Habermas, "bürgerliche Öffentlichkeit" herausgebildet, wie ist sie entstanden?[41] Man kann sich die Antwort in wenigen Punkten zusammenfassen.
- Punkt 1: Privatsache.
Bürgerliche Öffentlichkeit spielte sich zunächst in der "Sphäre der zum Publikum versammelten Privatleute" ab. Eigentlich handelt es sich dabei also noch gar nicht um Öffentlichkeit, sondern gerade um eine "Privatsache"; "Öffentlichkeit" war die obrigkeitlich reglementierte, die staatliche Öffentlichkeit, die öffentliche Gewalt. Die "Privatleute" hatten ein Problem, das sich nur auf dem Hintergrund der Ablösung der Feudalherrschaft durch den Warenverkehr

---

40 Jürgen Habermas: Strukturwandel der Öffentlichkeit. Untersuchungen zu einer Kategorie der bürgerlichen Gesellschaft. Neuwied 1962. Zitiert wird nach der Sonderausgabe der Sammlung Luchterhand 1971.
41 Vgl. Habermas: Strukturwandel, 42-46, 54-56, 60-63.

begreifen läßt. Die Herrschaftsverhältnisse waren bislang zwischen Fürst und Herrschaftsständen bzw. zwischen Landesherr und Landständen ausbalanciert worden. Der dritte Stand konnte sich an der Herrschaft nicht beteiligen, war vielmehr ganz dem Handel und Warenverkehr zugetan. Als Warenbesitzer waren die Bürger "Privatleute"; die privatrechtliche Verfügungsgewalt über das Eigentum war unpolitisch. Die Bürger unterliefen also sozusagen das Prinzip der bestehenden Herrschaft. Ihr Problem bestand nun darin, daß es im Zuge der Ausweitung des Warenverkehrs notwendig wurde, allgemein geltende Regeln zu entwickeln, um Handel und gesellschaftliche Arbeit zu ordnen, zu optimieren. Von daher erhoben sie Anspruch gleich auf Übernahme der Macht - nicht als Kritik an der Zusammenballung von Herrschaft, etwa um dann vielleicht daran beteiligt zu werden, sondern bloß als politische Auswirkung, als politische Nebenwirkung ihrer rein ökonomischen Interessen.
- Punkt 2: Öffentliches Räsonnement.
Die Privatleute haben in ihrer "Sphäre" "räsonniert", d.h. unter Berufung auf Vernunft ein neues Selbstverständnis entwickelt, zunächst ganz unpolitisch. In dem Maße, in dem der Warenverkehr die Grenzen der Hauswirtschaft sprengte, grenzte sich die kleinfamiliale Intimsphäre gegenüber der Sphäre gesellschaftlicher Reproduktion ab. Der Status eines Privatmannes kombinierte also zwei Rollen: die des Familienvaters mit der des Warenbesitzers, der Handel treibt. Die Subjektivität des "privaten" Menschen aus der kleinfamilialen Intimsphäre übertrug sich dabei auf das subjektive Selbstverständnis des Unternehmers. Als Vorform der später politisch fungierenden Öffentlichkeit, als "Übungsfeld eines öffentlichen Räsonnements, das noch in sich selber kreist - ein Prozeß der Selbstaufklärung der Privatleute über die genuinen Erfahrungen ihrer neuen Privatheit" -, entwickelte sich die "literarische Öffentlichkeit".
- Punkt 3: Literarische Öffentlichkeit.
Eigentlich handelt es sich dabei nicht nur um Literatur, sondern eher um eine eigenständige Kultur. Im Lesesaal, im Theater, in Museen und Konzerten bildete man sich sein eigenes Publikum. Zentrum dafür war die Stadt, die auch ökonomisch als Zentrum der bürgerlichen Gesellschaft fungierte. Kulturpolitisch markiert sie mit ihren "coffee-houses", den Salons und den Tischgesellschaften den Gegensatz zum "Hof", zur höfischen Kultur.
Die Literatur der höfischen Aristokratie des 17. Jahrhunderts, mit ihrem Mäzenatentum, wurde spätestens um 1750 vom Verleger und der Entstehung eines Literaturmarkts abgelöst. Die moralischen Wochenschriften spielten dabei eine wichtige Rolle. Entsprechend bildeten sich später die Formen des bürgerlichen

Trauerspiels und des psychologischen Romans als genuin bürgerliche Literaturformen heraus.
Auch das Hof- oder Residenztheater wurde öffentlich, als Volk, Pöbel und bürgerliches Publikum die "Ränge" bevölkerten. Habermas schreibt: "Strenger noch als am neuen Lese- und Zuschauerpublikum läßt sich am Konzertpublikum die Verschiebung kategorisch fassen, die nicht eine Umschichtung des Publikums im Gefolge hat, sondern das "Publikum" als solches überhaupt erst hervorbringt. Bis zum ausgehenden 18. Jahrhundert blieb nämlich alle Musik (...) Gebrauchsmusik (...), diente der Andacht und Würde des Gottesdienstes, der Festlichkeit höfischer Gesellschaften, überhaupt dem Glanz der feierlichen Szene. (...) Bürger hatten kaum Gelegenheit, außer in der Kirche oder in Gesellschaft des Adels, Musik zu hören. Zunächst emanzipierten sich private Collegia Musica; bald etablierten sie sich als öffentliche Konzertgesellschaften. Der Eintritt gegen Entgelt machte die Musikdarbietung zur Ware; zugleich entsteht aber so etwas wie zweckfreie Musik: zum erstenmal versammelt sich ein Publikum, um Musik als solche zu hören, ein Liebhaberpublikum, zu dem jeder, Besitz und Bildung vorausgesetzt, Zutritt hat."
Das bedeutet im Kern: Kunst wird von ihren Funktionen der gesellschaftlichen Repräsentation entlastet. Hier wird über den Hebel des Ökonomischen, der Kunst und Kultur zur Ware machte ("Kulturgütermarkt"), kulturelle oder "literarische Öffentlichkeit" von "Privatleuten" hergestellt.
- Punkt 4: Institutionalisierung publikumsbezogener Privatheit.
Mit der bürgerlichen Kleinfamilie wird diese publikumsbezogene Privatheit institutionalisiert und entwickelt sich damit zum neuen Typus von Öffentlichkeit. Auf der einen Seite gab es den städtischen Adel, der "Haus" hielt und dessen Leben von gesellschaftlichen Konventionen bestimmt war; dazu bedurfte es oft nicht einmal eines gemeinsamen Hausstandes der Ehepartner, die sich in der außerfamilialen Sphäre des Salons häufiger trafen als im Kreis der eigenen Familie (deshalb spielt hier die Maîtresse auch noch eine wichtige Rolle). Auf der anderen Seite gab es die noch ältere Form der "großfamilialen Gemeinsamkeit", wie sie vom Volk vertreten wurde, besonders auf dem Land. Zwischen beide schob sich die bürgerliche Familie mit ihrer spezifischen Subjektivität und Innerlichkeit, als Heimstätte der patriarchalischen, privaten Kleinfamilie. "Die Privatleute, die sich hier zum Publikum formieren, gehen nicht "in der Gesellschaft" auf", schreibt Habermas, sondern beeinflussen die bestehenden Verhältnisse gemäß ihrem Räsonnement, wie sich beispielsweise architektonisch ablesen läßt: Der "Hof", auf dem sich ein großer Teil des feudalen Lebens abgespielt hatte, schrumpfte bei Neubauten zusammen und wurde

von der Mitte des Hauses an seine Hinterfront verlegt; die große Halle kam aus der Mode, Speisezimmer und Wohnzimmer wurden eingeführt. In neuen großstädtischen Privathäusern wurden Familienzimmer immer kleiner zugunsten besonderer Zimmer für einzelne Familienmitglieder ("Vereinsamung des Familienmitglieds"). Die "Wohnhalle" in der großfamilialen Öffentlichkeit auf der anderen Seite wich dem kleinfamilialen Wohnzimmer, in das sich die Ehegatten mit ihren Kindern vom Gesinde absonderten. Im vornehmen bürgerlichen Haus gibt es dagegen einen ganz neuen Raum: den Salon - der nicht dem Haus dient, sondern der Gesellschaft. Die Bürger oder Privatleute versammeln sich hier zum Publikum. Habermas: "Die Linie zwischen Privatsphäre und Öffentlichkeit geht mitten durchs Haus. Die Privatleute treten aus der Intimität ihres Wohnzimmers in die Öffentlichkeit des Salons hinaus (...). Nur noch der Name des Salons erinnert an den Ursprung des geselligen Disputierens und des öffentlichen Räsonnements aus der Sphäre der adligen Gesellschaft. Von dieser hat sich der Salon als Ort des Verkehrs der bürgerlichen Familienväter und ihrer Frauen inzwischen gelöst." Dies ist "der Ort einer psychologischen Emanzipation, die der politisch-ökonomischen entspricht."

Die Entstehung bürgerlicher Öffentlichkeit ist damit deutlicher geworden. Als zweite wichtige Frage muß nun geklärt werden: Was heißt - bei Habermas - Strukturwandel der Öffentlichkeit? Die Entstehung der bürgerlichen Öffentlichkeit, bezogen vor allem auf das 18. Jahrhundert, ist etwas anderes als ihre strukturelle Veränderung im 19. und 20. Jahrhundert, die allerdings ohne das Verständnis ihrer Entstehung im 18. Jahrhundert nicht plausibel gemacht werden kann.[42] Auch hier kann man sich eine Antwort in wenigen Punkten bündeln.

- Punkt 1: Verschränkung von Staat und Gesellschaft.
Die grundsätzliche Trennung von Staat (obrigkeitliche Verwaltung, öffentliche Gewalt) und Gesellschaft (freier Warenverkehr von "Privatleuten" auf einem liberalen Markt) war die Basis bürgerlicher Öffentlichkeit ("Nachtwächterstaat"). In der (ökonomischen) Privatsphäre nun, in der Gesellschaft entwickelten sich "Interessenkonflikte, die nicht mehr innerhalb der Privatsphäre allein ausgetragen werden" konnten, sondern ins Politische reichten und Interventionen provozierten. Nach der großen Depression, die 1873 begann, ging die liberale Ära zuende. Wichtige Stichworte dazu lauten: neuer Protektionismus, Tendenz zu oligopolitischen Zusammenschlüssen, Konzentration, Absprachen über Preis und Produktion. Das führte zu einer allmählichen Verstaatlichung

---

42 Vgl. Habermas: Strukturwandel, 172-180, 184-187, 192-195, 196, 200-207, 211-213.

der Gesellschaft und einer Vergesellschaftlichung des Staates. Die allgemeine Schul- und Wehrpflicht war noch eine Intervention des liberalen Staates, die der Sphäre des Warenverkehrs und der gesellschaftlichen Arbeit ihre Autonomie beließ. Anders verhielt es sich mit der Machtzusammenballung in der privaten Sphäre des Warenverkehrs. Sie verstärkte die Neigung der ökonomisch Schwächeren, nun dem auf dem Markt Überlegenen mit politischen Mitteln entgegenzutreten. Habermas faßt zusammen: "Der Staat greift durch Gesetz und Maßnahme tief in die Sphäre des Warenverkehrs und der gesellschaftlichen Arbeit ein, weil sich die konkurrierenden Interessen der gesellschaftlichen Kräfte in politische Dynamik umsetzen (...). Aus der Mitte der öffentlich relevanten Privatsphäre der bürgerlichen Gesellschaft bildet sich eine repolitisierte Sozialsphäre, in der sich staatliche und gesellschaftliche Institutionen zu einem einzigen, nach Kriterien des Öffentlichen und Privaten nicht länger mehr zu differenzierenden Funktionszusammenhang zusammenschließen."
- Punkt 2: Sozialstaat.
Die Gewerkschaften erstrebten über die sozialistischen Parteien Einfluß auf die Gesetzgebung. Die Unternehmer münzten ihre private gesellschaftliche Macht um in politische. Der Staat übernahm Schutz, Entschädigung und Ausgleich für die ökonomisch schwächeren Sozialgruppen (Arbeiter, Angestellte, Mieter, Verbraucher usw.), zugleich aber auch die Förderung kleiner und mittlerer Unternehmen ("Mittelstandspolitik", "Konjunkturpolitik"). Dieser wachsende "staatliche Interventionismus" läßt erkennen, daß der Staat seine Tätigkeit nicht nur innerhalb der alten Funktionen erweiterte, sondern auch neue Funktionen hinzugewann. Seine traditionellen "Ordnungsfunktionen" behielt er bei: Polizei, Justiz, Steuerpolitik, Streitkräfte, Außenpolitik. Neu aber waren seine "Gestaltungsfunktionen", als Sozialstaat, aber auch durch die Ausdehnung der öffentlichen Dienstleistungen (Straßenbau, Energieversorgung usf.).
- Punkt 3: Arbeitswelt als neue Öffentlichkeit.
In dem Maße, in dem sich Staat und Gesellschaft wechselseitig durchdringen, werden die zwei klassischen bürgerlichen Bereiche - hier die Institution der Kleinfamilie als Intimsphäre, da der Bereich des Warenverkehrs und der Arbeitswelt - voneinander getrennt. Die Familie wird immer privater, die Arbeitswelt immer öffentlicher. Der industrielle Großbetrieb zum Beispiel bedeutet faktisch eine Entprivatisierung der Produktionsmittel; bei großen Kapitalgesellschaften gibt es nur noch Eigentumstitel (Aktien), keine Verfügungsfunktionen (Management) mehr. Beim Angestellten und Lohnarbeiter - ein anderes Beispiel - macht es nur wenig Unterschied aus, ob er bei einem

privaten Unternehmen oder im öffentlichen Dienst arbeitet. Lediglich das Beamtentum macht da eine Ausnahme. Arbeitsverhältnisse sind versachlicht, die Beschäftigten eher an eine Institution denn an Personen gebunden. Innerhalb dieser Arbeitswelt, die sich als Sphäre eigener Ordnung zwischen dem früher öffentlichen Bereich und dem aufs Intime zurückgeschnittenen privaten Bereich etabliert, werden nun häufig soziale Funktionen, die früher von öffentlichen Institutionen erfüllt wurden, von nicht-öffentlichen Organisationen übernommen - die Integration der Beschäftigten am Arbeitsplatz; der Bau firmeneigener Wohnungen, die später in eigenen Besitz überführt werden; die Versorgung von Alten, Witwen und Waisen; die Veranstaltung von Konzerten und Theaterabenden; Schulungs- und Fortbildungsmaßnahmen usf. Noch heute sind etwa Sparkassen und Banken ein gutes Beispiel für diesen "closed shop": die Arbeitswelt als Öffentlichkeit.

- Punkt 4: Intimsphäre als Freizeitspielraum.

Wenn alles Private aus der Sphäre gesellschaftlicher Arbeit schwindet, was geschieht dann mit der Familie? Sie wird aus dem Funktionszusammenhang der gesellschaftlichen Arbeit ausgegliedert, zieht sich auf sich selbst zurück. Das frühere Familieneigentum wird individuelles Eigentum, das frühere Familieneinkommen wird durch individuellen Lohn, individuelles Gehalt ersetzt. Die Kleinfamilie ist damit "funktionsentlastet" und zugleich "autoritätsgeschwächt". Das "Glück im Winkel" ist "nur dem Scheine nach eine Perfektion der Intimität", tatsächlich aber ein Freizeitspielraum, der als Familien-Innenraum nicht mehr abgeschirmt ist und deshalb unmittelbar unter den Einfluß halböffentlicher Instanzen gerät. Das sind: Freizeit-, Medien- und Kulturindustrie.

- Punkt 5: Vom Räsonnement zum Konsum.

Damit wurde die frühere "literarische Öffentlichkeit" abgelöst von einem "pseudo-öffentlichen oder scheinprivaten Bereich des Kulturkonsums". Dieses Freizeitverhalten ist apolitisch. Damit ist bürgerliche Öffentlichkeit am Ende. Habermas bilanziert: "Wenn die Gesetze des Marktes, die die Sphäre des Warenverkehrs und der gesellschaftlichen Arbeit beherrschen, auch in die den Privatleuten als Publikum vorbehaltene Sphäre eindringen, wandelt sich Räsonnement tendenziell in Konsum, und der Zusammenhang öffentlicher Kommunikation zerfällt in die wie immer gleichförmig geprägten Akte vereinzelter Rezeption." Was früher bürgerliche Privatheit war, wird damit geradezu umgestülpt: Privatheit ist nun lediglich noch der von den Massenmedien vermittelte Schein bürgerlicher Privatheit.

Der Kulturgütermarkt, geprägt von Kommerzialisierung, vermittelt "eine Art von Erfahrung, die nicht kumuliert, sondern regrediert". Habermas verdeutlicht das am Beispiel des Büchermarktes, der Massenpresse und der elektronischen Medien.
Der Büchermarkt beispielsweise sei von Buchgemeinschaften geprägt, die den Verbrauchern aus überwiegend niedrigeren Sozialschichten den Zugang zur Literatur nicht nur ökonomisch, sondern auch psychologisch erleichtern - und dabei "die große Masse der belletristischen Literatur nicht nur dem Sortiment (entziehen), sondern auch der Kritik. Das interne Werbemittel der Lesering-Illustrierten schließt, als die einzige Verbindung zwischen Verlegern und Lesern, den Kreis der Kommunikation kurz. Die Buchgemeinschaften verwalten ihre Kundschaft verlagsunmittelbar - und abseits von der literarischen Öffentlichkeit."
Auch die Massenpresse habe zum Zerfall einer literarischen Öffentlichkeit beigetragen. Habermas spricht hier von der "kommerziellen Umfunktionierung jener Teilnahme breiter Schichten an der Öffentlichkeit" und der Umwandlung des politischen Charakters zu einer kommerziell fixierten Verbraucherhaltung. "Die redaktionellen Stellungnahmen treten hinter Agenturnachrichten und Korrespondentenberichten zurück; das Räsonnieren verschwindet hinter dem Schleier der intern getroffenen Entscheidungen über Selektion und Präsentation des Materials." Auch der Wandel von politisch relevanten Nachrichten zu bloßen "human interest news" sei Beleg dafür, wie Realitätsgerechtigkeit durch Konsumreife ersetzt werde.
Die elektronischen Medien schließlich, Film, Funk und Fernsehen, "ziehen das Publikum als Hörende und Sehende in ihren Bann, nehmen ihm aber zugleich die Distanz der "Mündigkeit", die Chance nämlich, sprechen und widersprechen zu können. (...) Die durch Massenmedien erzeugte Welt ist Öffentlichkeit nur noch dem Scheine nach". "Öffentlichkeit wird zur Sphäre der Veröffentlichung privater Lebensgeschichten, sei es, daß die zufälligen Schicksale des sogenannten kleinen Mannes oder die planmäßig aufgebauter Stars Publizität erlangen, sei es, daß die öffentlich relevanten Entwicklungen und Entscheidungen ins private Kostüm gekleidet und durch Personalisierung bis zur Unkenntlichkeit entstellt werden."
Die neue, durch Massenmedien verbreitete Kultur sei "Integrationskultur" - Habermas spricht von "public relations für den Status quo". "Die Öffentlichkeit übernimmt Funktionen der Werbung. Je mehr sie als Medium politischer und ökonomischer Beeinflussung eingesetzt werden kann, umso unpolitischer wird sie im ganzen und dem Scheine nach privatisiert." Das Publikum muß die

Vertretung seiner Interessen speziellen Interessenvertretungen (Verbänden, Parteien etc.) überlassen. "Publizität wird gleichsam von oben entfaltet, um bestimmten Positionen eine Aura von good will zu verschaffen." So werde kritische Publizität durch manipulative verdrängt.

Diese historische Darstellung, speziell die Begründung des Strukturwandels bürgerlicher Öffentlichkeit, ist natürlich nicht unwidersprochen geblieben. Es gibt eine ganze Reihe gut begründeter Gegenargumente zu seinen wichtigsten Thesen - angefangen bei der Fragwürdigkeit seines für das 18. Jahrhundert idealisierten Räsonnement-Begriffs über das sträfliche Ausklammern konkreter, gegenläufiger Zahlen bis hin zur heutigen gesellschaftlichen Wirklichkeit des 20. Jahrhunderts, die den diagnostizierten, vorausgesagten totalen Zerfall von Öffentlichkeit ganz offensichtlich widerlegt. Aber andere Autoren konstatieren aus ganz anderer Sicht und auch in ganz anderer Form einen ähnlichen Sachverhalt: nämlich die Veränderung des Gleichgewichts zwischen "öffentlich" und "privat". Heute sei, so die Kernthese etwa Richard Sennetts,[43] das Ende von Öffentlichkeit erreicht und die "intime Gesellschaft" ausgebildet. Die öffentliche Sphäre sei weitgehend aufgegeben und bleibe leer zurück, zugleich werde der Intimitätskult gefördert. Sinn werde nicht mehr im sozialen Miteinander gesucht, sondern im individuellen Gefühlsleben. Paradoxerweise aber blockiere just diese narzißtische Versenkung in die Bedürfnisse des Selbst zugleich ihre Erfüllung, denn soziale Beziehungen bedürften einer gewissen Distanz des einen Menschen zum andern, auch sich selbst gegenüber.

Die Herausbildung von "public relations" als ersatzhaften Ritualen oder "öffentlichen Rollen", als einem neuen Gegenpol zur dominanten Privatheit und Intimität, gewinnt auf dem Hintergrund solcher Konzepte natürlich einen ganz anderen Bedeutungszusammenhang. Von einem weitgehend theorielosen, praktizistischen PR-Verständnis, das kaum über geschichtliches Bewußtsein verfügt, müssen Erklärungsmodelle wie von Habermas oder Sennet jedoch in der Regel erst noch entdeckt werden. Selbstkritik, also der Rückblick auf die eigene Entwicklung und Geschichte, ist der etablierten Öffentlichkeitsarbeit denn auch nur in Ausnahmefällen zueigen. Bei der Darstellung ihrer Geschichte dominieren Selbstgefälligkeit und Profilneurose; einzelne Namen werden als Wegmarken herausgestellt, bevorzugt die eigenen. Speziell die Beschreibung der wissenschaftlichen PR-Entwicklung in Deutschland seit 1945

---

43 Richard Sennett: Verfall und Ende des öffentlichen Lebens - Die Tyrannei der Intimität. (orig. The Fall of Public Man, New York 1977) Frankfurt/Main 1983.

ist allenfalls "pauschal";[44] es fehlen die Vorarbeiten. Wegweisend war hierzulande bislang Elisabeth Binder mit ihrer Arbeit über "Die Entstehung unternehmerischer Public Relations in der Bundesrepublik Deutschland".[45] Bei ihrer ersten Skizze zur Geschichte der Public Relations unterscheidet sie, unter Bezugnahme gerade auch auf die amerikanischen Beiträge, drei verschiedene Ansätze:
- erstens eine Geschichte ohne Anfang ("Frühgeschichte"): Public Relations gab es demnach schon seit jeher, eben seit Menschen um das Vertrauen anderer Menschen werben - nur der Begriff hätte in der Antike gefehlt;[46]
- zweitens eine Geschichte, die etwa mit der Industriellen Revolution einsetzt: Die Herausbildung unübersichtlicher gesellschaftlicher Strukturen habe ein verstärktes Bedürfnis nach organisierter Kommunikation produziert;[47]
- drittens eine Geschichte, seit Edward L. Bernays und Ivy Lee Anfang des Jahrhunderts verschiedene Techniken persuasiver Kommunikation aufgriffen, systematisierten und den Beruf des PR-Beraters "erfanden".

Hier wird deutlich, daß der pragmatische dritte Ansatz den Bezug zu Öffentlichkeit - im ersten Fall gleichbedeutend mit Gesellschaft, im zweiten Fall bezogen auf die Industriegesellschaft - missen läßt. Daß Public Relations als eine System-Umwelt-Interaktion von nennenswerter gesamtgesellschaftlicher Bedeutung aber ein Kind des 20. Jahrhunderts ist, wird implizit selbst dann zugestanden, wenn eine der ersten beiden historischen Thesen vertreten wird. Warum dies zutreffend ist, hat inzwischen C.S. Sloane unter Rekurs auf soziale, wirtschaftliche und politische Veränderungen der Industriegesellschaft und ihrer spezifischen Öffentlichkeit(en) begründet:[48] Demnach ist PR, systemtheoretisch formuliert, ein Reflex aus der Anfang dieses Jahrhunderts, beim Übergang von der Industrie- zur Informationsgesellschaft sprunghaft zunehmenden Differenzierung von Subsystemen und Elementen in allen gesellschaftlichen Teilbereichen, d.h. einer aus der gesellschaftlichen Überkomplexität erwachsenen weiteren Systemdifferenzierung, die ein informationsorientiertes Regelwerk oder Instrumentarium notwendig machte, damit das einzelne System mit seinen immer systemreicheren Umwelten noch zu interagieren

---

44 So Manfred Rühl: Public Relations - Innenansicht eines emergierenden Fachtypus der Kommunikationswissenschaft. Bamberg 1990, 9.
45 Münster 1983.
46 Siehe dazu vor allem Edward L. Bernays: Public Relations. Norman 1952.
47 Siehe etwa Carl Hundhausen: Public Relations. In: Handwörterbuch der Sozialwissenschaften, Bd. 8. Stuttgart 1964.
48 C.S. Sloane: Foundation lecture: Social, economic and political contexts for PR. In: Public Relations Review, vol. 13 (1987), no. 1, 3-10.

imstande war. PR als System-Umwelt-Interaktion also wurde erst mit der Entwicklung zur Informationsgesellschaft notwendig und ausgebildet. Informationsgesellschaft heißt zugleich auch: Mediengesellschaft, denn die relevanten Massenmedien wie Presse, Film, Radio, Schallplatte, Foto und Heftchen nahmen bekanntlich zu dieser Zeit ihren Aufschwung. Deshalb müssen Medien in einer Theorie der Public Relations auch eine Schlüsselstellung innehaben: bezogen auf die durch sie konstituierte(n) Teilöffentlichkeit(en) und im Hinblick auf ihren Instrumentalcharakter für PR-Handeln.

2.3. Teilöffentlichkeit, Medienöffentlichkeit, medienbestimmte Teilöffentlichkeit

Die Kategorie "Umwelt" zwingt dazu, das Ganze in den Blick zu bekommen. Knorr unterscheidet hier - zusätzlich zu der Differenzierung der internen Systemöffentlichkeit und der Unterscheidung interner Teilöffentlichkeiten - übergreifend in die Gesamtgesellschaft zum einen und in spezifische, relativ abgrenzbare einzelne Umweltsysteme zum andern. Ersteres wäre wohl besser gefaßt als publizistische Öffentlichkeit, also als die veröffentlichte Meinung, als die Medienöffentlichkeit. Dieses "Informationssystem" gibt bestimmte allgemeine Regeln und Erwartungen wirtschaftlicher, politischer, juristischer Art vor. Bleiben wir beim Beispiel Universität (als System) und ihrer Umwelt: In den 60er Jahren erlebten die Universitäten in der Bundesrepublik Deutschland aufgrund politischer Umstände einen Boom an Studienanfängern, der in den Medien seinen Niederschlag fand. Das hatte fraglos ökonomische Folgen, etwa für die Bafög-Bemessung, um den Vorwurf zu entkräften, aufgrund wirtschaftlicher Beschränkungen könnten immer weniger Arbeiterkinder studieren. Das hatte auch organisatorische und juristische Folgen - es schlug sich beispielsweise in Mitsprache-Konzepten für Studierende nieder (Stichwort: Gremienuniversität). Ein solches Beispiel macht deutlich, daß es bei dieser Art von Öffentlichkeit weniger um die einzelne Universität (in Nürnberg-Erlangen oder in Lüneburg) geht als vielmehr um "die" Universitäten (im Plural). Und es wird ersichtlich, daß in der Medienöffentlichkeit politische, ökonomische und juristische Umstände zwar als konkrete, auf die Universitäten bezogene Momente eine Rolle spielen, aber doch in großer (wie man sagt: "gesellschaftlicher") Allgemeinheit. Das bedeutet: Will eine einzelne Universität, als spezifisches System, die publizistische Öffentlichkeit erreichen, so kann sie das zum einen nur mit sehr großen Anstrengungen, zum zweiten nur als große

Ausnahme, also sehr selten, und zum dritten, angesichts der Abstraktheit, Vagheit und Kurzzeitigkeit von Themen in der Medienöffentlichkeit, mit höchst fragwürdigem Erfolg.

Sehr viel interessanter sind deshalb die konkreten einzelnen Umweltsysteme, die sich natürlich je nach System voneinander unterscheiden - bei der Universität Lüneburg beispielsweise reichen sie (um die große Bandbreite anzudeuten) vom Wissenschaftsministerium in Hannover oder der Stadt Lüneburg über die Partner-Universitäten oder die Wirtschaftskontakte einzelner Institute und den allgemeinen Technikdienst bis hin zum Zulieferer für Toilettenpapier und zum Reinigungsservice, der für saubere Räume sorgt, oder auch zu den Anwohnern und Bürgern, die um die Universitätsgebäude herum wohnen und sich durch die vielen Studierenden zunehmend gestört fühlen. Umwelt, aus holistischer Perspektive, meint zum einen die allgemeine Medienöffentlichkeit und zum andern eine Ganzheit, die sich aus einer Vielheit von unterschiedlichen Umweltsystemen zusammensetzt. Dabei bleibt beides von Bedeutung, nur eben in verschiedener Hinsicht: Das Allgemeine impliziert Momente, die sich im Konkreten kaum fassen lassen - denkt man beispielsweise nur an den sogenannten Wertewandel von den 50er Jahren bis heute, der sich gleichwohl höchst praktisch auch im Einzelfall konkreter Öffentlichkeitsarbeit niederschlägt. Und das Konkrete suggeriert die Machbarkeit von Öffentlichkeitsarbeit, allerdings in der notwendigen Differenzierung - denkt man nur an Möglichkeiten und Grenzen unterschiedlicher Methoden und Strategien bei der Imagegestaltung.

Zwischen der allgemeinen, abstrakten Ebene der Medienöffentlichkeit und der handfest-konkreten Ebene der jeweils spezifischen Umweltsysteme befindet sich eine Art "mittlerer" Ebene, die mit dem Begriff der Teilöffentlichkeit gefaßt werden kann. Bezogen auf das Beispiel der Universität als System wäre eine solche "Teilöffentlichkeit" weder identisch z.B. mit dem Bild der bundesdeutsche Hochschulen in Presse und Rundfunk noch mit dem Bild einer spezifischen Universität beim entsprechenden Wissenschaftsministerium. Sondern "Teilöffentlichkeit" bündelt einzelne Umweltsysteme, die für das System unterschiedliche Bedeutung haben und ihm auch unterschiedlich nahe sind, zu übergeordneten Kommunikations- und Handlungsräumen, die ihrerseits in der Regel dann wieder als Bestandteile der Medienöffentlichkeit fungieren. Eine Teilöffentlichkeit für eine Universität wäre entsprechend, gemäß unserem Beispiel (Wissenschaftsministerium), die "Landespolitik" bzw. "Bildungspolitik" oder "Politik" überhaupt, soweit sie das Wissenschaftsministerium prägen. Hier wird ersichtlich, daß diese spezifische Teilöffentlichkeit gleichzeitig geprägt wird von einer ganzen Reihe weiterer Einflußfaktoren wie beispielsweise dem Verwaltungsbeamtentum, der Hochschul- und Bildungspolitik der herrschenden Partei(en) oder den anderen Universitäten und Hochschulen eines Landes als den unmittelbaren Vergleichs- und Konkurrenzsystemen (im Sinne einer "Branche").

Während Umweltsysteme, sowohl nach innen als auch nach außen, sich nur für das jeweilige einzelne System fassen lassen - weswegen den vielen konkreten PR-Fallstudien auch eine ganz besondere Bedeutung zukommt -, handelt es sich bei den diversen Teilöffentlichkeiten offenbar um ein Problemfeld, das noch weitgehend unerschlossen zu sein scheint und in der PR-Literatur praktisch nur in Gestalt der Branche bei der Öffentlichkeitsarbeit kommerzieller Unternehmen reflektiert wurde (z.B. Image von Banken und Sparkassen im Vergleich, Image der Chemieindustrie bzw. der Energieunternehmen im Verhältnis zueinander, Image von Automarken im Vergleich etc.). Mit der bislang üblichen schlichten Unterscheidung in die gesellschaftlichen Funktionssysteme Wirtschaft, Politik, Recht, Wissenschaft, Erziehung/Bildung undsoweiter, wie sie auch noch Rühl/Ronneberger propagieren,[49] ist es jedenfalls nicht (mehr) getan; stattdessen ist eine stärkere Differenzierung gefordert, die der gesteigerten Komplexität handlungsrelevanter Wahrnehmungs- und Kommunikationsräume, die ihrerseits offensichtlich zugleich immer stärker begrenzt werden, Rechnung trägt. Das hat insofern eine besondere Brisanz, als sich Öffentlichkeitsarbeit mit Vorrang just auf diese Teilöffentlichkeiten beziehen zu müssen scheint, die jene Kommunikations- und Meinungsmärkte darstellen, auf denen die handlungsrelevanten Entscheidungen des einzelnen Umweltsystems herausgebildet werden. Der Lobbyismus als ein Medium oder eine Strategie der Öffentlichkeitsarbeit dürfte noch am ehesten die gemeinte explizite Ausrichtung auf klar definierte Teilöffentlichkeiten im angedeuteten Sinn verdeutlichen.

Gegenüber dem Phänomen "Teilöffentlichkeit" scheint das Konzept der Medienöffentlichkeit theoretisch besser reflektiert zu sein, und zwar in durchaus konträrer Bewertung. Um das zu verdeutlichen, seien zwei herausragende Beispiele kurz skizziert.

Die erste der beiden folgenden Theorien von Medienöffentlichkeit stammt von Oskar Negt und Alexander Kluge. Sie ließe sich als normativ-kritisch einschätzen: kritisch im Hinblick auf die bestehende, medial korrumpierte "Öffentlichkeit", normativ vor allem hinsichtlich der Alternativvorschläge und der Gegenposition. Negt/Kluge schließen unmittelbar an Habermas und seinen

---

49 Ronneberger/Rühl: Theorie der Public Relations, 259.

"Strukturwandel der Öffentlichkeit" an. Habermas hatte in seinem Vorwort kurz eingeschränkt, daß er sich lediglich auf das Modell bürgerlicher Öffentlichkeit beziehe und dabei "die im geschichtlichen Prozeß gleichsam unterdrückte Variante einer plebejischen Öffentlichkeit" vernachlässige.[50] Genau dies greifen Negt/Kluge auf, nur daß sie - eher analytisch-politisch als historisch interessiert - "plebejisch" durch "proletarisch" ersetzen.[51] Wie sie in der Vorrede zusammenfassen, geht es ihnen um die Beantwortung vor allem von zwei Fragen: 1. Wie sieht die nachbürgerliche Öffentlichkeit heute aus, von welchen Widersprüchen und Interessen ist sie geprägt? 2. Welche Entstehungsbedingungen für eine Gegenöffentlichkeit lassen sich daraus ersehen, welche völlig verschiedenen, proletarischen Erfahrungen manifestieren sich dort in Ansätzen?

Ad 1:
Negt/Kluge: "An den vorherrschenden Interpretationen des Begriffs Öffentlichkeit fällt auf, daß Öffentlichkeit eine Vielzahl von Erscheinungen zusammenzufassen sucht, die zwei wichtigsten Lebensbereiche aber ausgrenzt: den gesamten industriellen Apparat des Betriebes und die Sozialisation in der Familie. Nach diesen Auffassungen bezieht Öffentlichkeit ihre Substanz aus einem Zwischenbereich, der keinen besonderen gesellschaftlichen Lebenszusammenhang in spezifischer Weise ausdrückt, obwohl dieser Öffentlichkeit die Funktion zugesprochen wird, das Ganze der gesellschaftlichen Lebenszusammenhänge zu repräsentieren. Auf diesem Widerspruch, daß bürgerliche Öffentlichkeit substantielle Lebensinteressen ausgrenzt, gleichwohl aber das Ganze zu repräsentieren beansprucht, basiert die charakteristische Schwäche nahezu aller Formen der bürgerlichen Öffentlichkeit." Negt/Kluge definieren in Anlehnung an Karl Marx "Öffentlichkeit" als Organisationsform der "Diktatur der Bourgeoisie"" und konstatieren, daß nach dem Ende der bürgerlichen Öffentlichkeit heute gleichwohl der "Schein einer Öffentlichkeit", der "Schein einer gesamtgesellschaftlichen Synthese" aufrechterhalten wird: durch die Bewußtseins- und Programmindustrien, durch die Werbung, durch das Fernsehen, durch den Medien- und Produktverbund, durch die Öffentlichkeitsarbeit der Konzerne und Verwaltungsapparate, der Parteien, Kirchen, Institutionen, Verbände - als den neuen Produktionsöffentlichkeiten. "Produktionsöffent-

---

50 Habermas: Strukturwandel, 8. Verwiesen sei auf Jürgen Habermas: Theorie des kommunikativen Handelns. Frankfurt/Main 1981, in der er Positionen der Kritischen Theorie, der Frankfurter Schule mit systemtheoretischen Konzeptionen zu vermitteln trachtet.

51 Oskar Negt, Alexander Kluge: Öffentlichkeit und Erfahrung. Zur Organisationsanalyse von bürgerlicher und proletarischer Öffentlichkeit. Frankfurt/Main 1972, hier 7-16, 35-44.

lichkeiten" meint mehr als nur Teilöffentlichkeiten. Vielmehr werden sie kritisch definiert dadurch, daß sie nicht-öffentlich verankert sind und entsprechend von privatkapitalistischen Interessen dirigiert werden; man suche unter Umgehung der traditionellen Öffentlichkeit direkte Kanäle zur Privatsphäre des einzelnen. Die vielen Produktionsöffentlichkeiten sind demnach nichts Einheitliches, sondern die "Kumulation nur abstrakt aufeinander bezogener Einzelöffentlichkeiten"; sie haben keine Substanz.

Ad 2:
Was dagegen einheitlich sei und wirklich übergreifend, was Substanz habe - so Negt/Kluge normativ -, das sei die von der nicht-öffentlich konstituierten Produktionssphäre ausgehende proletarische Öffentlichkeit und der kollektive und massenhafte Zweifel an der Legitimität bürgerlicher Öffentlichkeit. "Horizont dieser Erfahrungen ist die Einheit des proletarischen Lebenszusammenhangs." Darunter verstehen sie, daß man sein Leben eben nicht "als bloße Aufeinanderfolge verwertbarer Zeitstücke und eines nicht oder nur schwer verwertbaren Restes" auffaßt; das wäre charakteristisch für die Zerstückelung und Parzellierung von Zusammenhängen im Sinne ihrer Verwertbarkeit und Ausbeutung in Produktionsprozessen: für den Warencharakter in unserer Gesellschaft. Sondern "Einheit des proletarischen Lebenszusammenhangs" meint ausdrücklich die Einbeziehung der heutzutage ausgeklammerten Erfahrungsbereiche, vor allem die Erfahrungen der frühkindlichen Sozialisation in der Familie und die bewußten Erfahrungen der Arbeitswelt im Sinne einer aktiven Aneignung. Der Mensch erfahre sich bislang nur in isolierten Erfahrungszyklen: als Kind, als Jugendlicher, als Erwachsener; und in der Arbeitswelt nur in Teilbereichen: als Rädchen in dieser oder jener Maschinerie, in diesem oder jenem Verwertungszirkel. Das zerstöre seine Identität. Dadurch werde gesellschaftliche Erfahrung blockiert. Diese Blockade müsse aufgehoben, die Erfahrung des gesellschaftlichen Lebenszusammenhangs wiederhergestellt werden. Bisher verpuffen alle Ansätze in vergeblichen Ausbruchsversuchen (z.B. im Konsum und anderen Formen entfremdet zugerichteter Phantasietätigkeit). Wie läßt sich die Aufhebung dieser Blockade nach Negt/Kluge erreichen? Durch sinnlich faßbare Solidarität, durch Selbstorganisation der Proletarier, durch Kampfaktionen - kurz: durch die Herstellung einer proletarischen Öffentlichkeit.

Negt/Kluge diagnostizieren also, bezogen auf Öffentlichkeit, kritisch den gesellschaftlichen Status quo ("Medienöffentlichkeit") und leiten daraus normativ die Notwendigkeit einer proletarischen Öffentlichkeit ab, die die Erfahrung des gesellschaftlichen Lebenszusammenhangs in Form aktiver Aneignung

wieder erlaubt. Allerdings bleiben sie mit den Erläuterungen zu diesem Alternativvorschlag zum einen vergangenen Phänomenen stark verhaftet - verweisen auf den Faschismus im Dritten Reich, auf die Entstehung der englischen Arbeiterbewegung im 19. Jahrhundert, auf die Lagermentalität der KPD vor 1933 usw., ohne stärker auf die gesellschaftlichen Verhältnisse zu ihrer Zeit, Anfang der 70er Jahre, Bezug zu nehmen. Zum andern bleibt ihr Alternativvorschlag, so kämpferisch er sich auch gibt, überraschend vage. Das wird besonders deutlich, wenn sie auf den Punkt kommen: "Damit proletarische Öffentlichkeit - oder Gegenöffentlichkeit als Vorform von proletarischer Öffentlichkeit - entstehen kann, müssen drei Faktoren zusammenwirken:
- das Interesse der Produzentenklasse muß treibende Kraft sein (WF: Aber genau das war ja das Problem: daß die "Proletarier" gar keine andere Form von Öffentlichkeit wollen.);
- eine Verkehrsform muß herstellbar sein, die die besonderen Interessen der Produktionsbereiche und das Ganze der Gesellschaft aufeinander bezieht (WF: Genau hierin besteht die Brisanz: daß kein Vorschlag existiert, wie eine solche Verkehrsform, ein solches Medium konkret aussehen könnte);
- schließlich dürfen die von der zerfallenden bürgerlichen Öffentlichkeit während des Entstehungsprozesses der proletarischen Öffentlichkeit ausgehenden hemmenden und zerstörenden Einflüsse nicht übermächtig sein."[52] (WF: Und auch dies markiert genau die Situation: daß die "Produktionsöffentlichkeiten" längst alle denkbaren Ansätze proletarischer Öffentlichkeit zugedeckt und erstickt haben bzw. kontinuierlich in sich einsaugen und funktionalisieren.)

Daraus könnte man schlußfolgern, daß die eher klassenkämpferische Theorie der "proletarischen Öffentlichkeit" von Negt/Kluge ein bloßes ideologisches Konstrukt sei, ohne plausible Nähe zur Wirklichkeit, zumal angesichts der Notwendigkeit von Medien in einer demokratisch orientierten Massengesellschaft. Gleichwohl kommt ihr aber durchaus nicht nur historisch eine gewisse Bedeutung zu, sondern auch theoretisch-systematisch: durch ihre Finalnormen. Sieht man einmal davon ab, daß "PR" in ihrer heutigen Form nach Negt/Kluge als Mechanismus zur Erzeugung nur des Scheins von Öffentlichkeit diene, so könnte man Öffentlichkeitsarbeit gemäß der Öffentlichkeitstheorie von Negt/ Kluge als die Herstellung von Erfahrungs- und Lebenszusammenhängen im radikal-demokratischen Sinn definieren, gleichsam von unten her; "Öffentlichkeitsarbeit", in diesem neuen Sinn, wäre gesamtheitlich, holistisch orientiertes Handeln mit Blick auf die Utopie einer aktiven Aneignung von Welt für jeden

---

52 Negt/Kluge: Öffentlichkeit und Erfahrung, 162f.

einzelnen und der Selbstbestimmung für alle in einer herrschaftsfreien Gesellschaft. Die Theorie der Öffentlichkeit bei Negt/Kluge - utopisch, wie sie ist - führt insofern zu einem höchst kritischen Konzept von Öffentlichkeitsarbeit, das freilich mit der gesellschaftlichen Realisierbarkeit (nicht nur heutzutage) nichts zu tun hat.

Die zweite Theorie von Öffentlichkeit, die hier kurz vorgestellt werden soll, ist systemtheoretisch und führt zu einer durchaus positiven Besetzung des Medienbegriffs. In Anlehnung an Talcott Parsons, der Medien als Steuerungsmechanismen für die Interaktion von sozialen Teilsystemen begreift,[53] und an Niklas Luhmann, für den Medien eher Codes darstellen für die Kommunikation von sozialen Systemen, speziell personalen Systemen,[54] hebt Siegfried J. Schmidt, aus der Sicht des Radikalen Konstruktivismus, auf die zentrale Rolle der (technischen) Medien ab, die sich seit Beginn des 20. Jahrhunderts selbst zu einer Art sozialem System entwickelten und inzwischen, im Sinne von Medienöffentlichkeit, einen sich immer deutlicher konturierenden neuen Code darstellen.[55] Dessen Sinn, als Bedeutungsgeneration und Wirklichkeitskonstruktion, übernimmt eine zunehmend dominante Rolle für die System-Umwelt-Interaktion. Medien sind die zentralen Instrumente der Wirklichkeitsbeschreibung bzw. der Kommunikation zwischen personalen Systemen und haben seit ihrer explosionsartigen Ausdifferenzierung zur Jahrhundertwende und ihrer Entwicklung seitdem, als soziales Medium im Sinne Luhmanns, einen spezifischen Code entwickelt: die Inszenierung oder Konstruktion von Wirklichkeit unter dem Gesichtspunkt globaler Teilhabe. Fact und Fiction haben ihre Grenzen dabei aufgeweicht; nur graduelle Unterschiede bestehen noch zwischen Authentizität und der Simulation von Authentizität.

Für Public Relations als System-Umwelt-Interaktion hieße das: In der Medienöffentlichkeit haben wertorientierte Vorstellungen wie Wahrheit, gegenseitiges Vertrauen, Kooperation, Verständigung, Interessenausgleich, Konfliktbewältigung etc. keine personale oder gar metaphysische, sondern nur noch eine soziale bzw. instrumentelle Funktion. Public Relations ist die Ver-

---

53 Vgl. als Einführung Talcott Parsons: Zur Theorie sozialer Systeme (1961ff.). Herausgegeben von Stefan Jensen. Opladen 1976. Ferner Talcott Parsons: Zur Theorie der sozialen Interaktionsmedien. Herausgegeben von Stefan Jensen. Opladen 1980.

54 Vgl. Niklas Luhmann: Soziale Systeme. Frankfurt/Main 1984. Außerdem Niklas Luhmann: Liebe als Passion. Zur Codierung von Intimität. Frankfurt/Main 1982.

55 Siehe etwa S.J. Schmidt: Funkkolleg "Medien und Kommunikation - Konstruktionen von Wirklichkeit", Studienbrief 1. Weinheim-Basel 1990, 50-78. Außerdem S.J. Schmidt: Medien, Kultur: Medienkultur. In: Werner Faulstich (Hrsg.), Medien und Kultur. Göttingen 1991, 30-50.

ständigung zwischen System und Umwelt nicht über "die" Wirklichkeit oder über die Welt "draußen", sondern der Konsens darüber, was als Wirklichkeit oder Welt mit welchen Regeln und Interaktionsformen gelten soll. "Wahr" und "falsch" sind hier absolut kontextabhängig und referenzabhängig. Nicht das zählt, was ist, sondern ausschließlich das, was man entscheidet, was ist und gemeinsam als solches aushandelt. Deshalb rückt die Kategorie "Image" ins Zentrum einer Public Relations-Theorie. Public Relations ist damit als eine Interaktion eines Systems mit seinen Umweltsystemen in einer Medienöffentlichkeit formuliert, ohne die soziale Systeme gar nicht mehr begründet, organisiert und weiterentwickelt werden können. PR gewinnt hinsichtlich der Medienöffentlichkeit also eine fundamentale Bedeutung für das Funktionieren heutiger Gesellschaft: Gesellschaftstheorie wäre - über Medientheorie - mit PR-Theorie praktisch identisch.

Bezogen auf Teilöffentlichkeiten der Systemumwelt ist damit die Bedeutung der Medien auch dann gesetzt, wenn es gar nicht um "die" Medienöffentlichkeit als von Massenmedien bestimmte oder konstruierte Öffentlichkeit geht. Schlechthin jede Teilöffentlichkeit ist medial bestimmt, als Ausschnitt gesellschaftlicher Wirklichkeit und insofern auch unter dem Gesichtspunkt von Medien als Handlungsinstrumenten - selbst wenn nach dem jetzigen Wissensstand noch nicht deutlich ist, in welcher Weise genau. Das gilt dann mitrecht auch für Teilöffentlichkeiten innerhalb des Systems (sei das nun das Schwarze Brett im Zweigwerk eines großen Industrieunternehmens oder der Rundbrief an die Mitglieder eines Verbandes). Ein Konzept von Öffentlichkeit ohne differenzierte Berücksichtigung der Medien als dessen Kernstück ist heute nicht mehr vorstellbar - mithin auch kein Konzept von Öffentlichkeitsarbeit ohne die Medien. Freilich wird es notwendig sein, Medien dabei unter neuer Perspektive zu betrachten.

3. INTERAKTION IN GESELLSCHAFT

Die Bestimmung der Öffentlichkeitsarbeit als System-Umwelt-Interaktion läßt sich nach Maßgabe der Schlüsselkategorie "Interaktion" weiter konturieren. Wenn hier von Interaktion "in" Gesellschaft gesprochen wird, so meint das nicht: Interaktion des Systems mit seiner Umwelt, also Öffentlichkeitsarbeit nach außen - im Unterschied vielleicht sogar zur Öffentlichkeitsarbeit nach innen, die sich dann gemäß amerikanischen Vorschlägen mit Organisationstheorien verstehen und beschreiben ließe. Sondern es geht darum, die falsche Vorstellung von Interaktion etwa "mit" Gesellschaft, so als wäre Interaktion außerhalb von Gesellschaft überhaupt möglich, aufzugeben und Interaktion selbst als gesellschaftliches Geschehen zu begreifen, nach innen wie nach außen. Das heißt: Jedes System interagiert in Gesellschaft, jedes System betreibt Öffentlichkeitsarbeit, ob es will oder nicht, und die Bedingungen und Formen dieser Interaktion unterliegen gesellschaftlichen Vorgaben. Die Frage ist nicht: Braucht oder will ein System Interaktion, braucht oder will eine Organisation PR, sondern lediglich: Wird Interaktion, wird Öffentlichkeitsarbeit bewußt gestaltet, gesteuert oder nicht? Und die Frage lautet auch nicht: Ist Interaktion gesellschaftlich zugerichtet oder etwa Resultat eines individuellen Eingriffs, sondern: Konkret welche gesellschaftlichen Momente haben sich ausgewirkt oder niedergeschlagen? Da jedes System zwangsläufig wahrgenommen wird, und zwar als wahrnehmendes und handelndes, sind Wahrnehmung, Kommunikation, Handeln unvermeidbar. Ein Unternehmen, eine Organisation, ein Verein kann also nicht nicht Öffentlichkeitsarbeit betreiben. Und der gesellschaftliche Charakter dieser Interaktion gibt den Handlungsspielraum vor und reglementiert ihn weitgehend - was keineswegs heißt, Öffentlichkeitsarbeit als Interaktion sei damit bloße Anpassung.

Öffentlichkeitsarbeit als Interaktion in Gesellschaft heißt also nicht Kommunikation zwischen Menschen, sondern Handeln; verkürzt gesagt: nicht (nur) Reden, sondern (auch) Tun. Mehr noch: Interaktion meint auch nicht einfach soziales Handeln, schon gar nicht von Einzelperson zu Einzelperson(en), sondern gesellschaftliches Handeln, d.h. es bezieht sich auf Erwartungen, Wertvorstellungen, Interessen, Ordnungsmuster anderer (Umwelt-) Systeme, die sich natürlich wandeln und die ihrerseits auch verändert werden können. Eine besondere Bedeutung kommt dabei übrigens wieder den Medien zu, und zwar in dem Maße, in dem Interaktion in Gesellschaft medial vermittelte Interaktion ist und Veränderungen sich inhaltlich in Medien niederschlagen oder strukturelle Veränderungen der Medien ihrerseits die Inhalte und Formen der Interaktion verändern.

Mit dem Begriff "Interaktion" lassen sich vor allem andere, gängige Begriffe ersetzen und deren falsche Konnotationen vermeiden. Das soll hier insbesondere für die drei Begriffe Corporate Identity, Wertewandel und Image aufgezeigt werden. "Corporate Identity" ist ja in Wahrheit keine Seinskategorie, sondern ein dynamischer Prozeß des Eindringens und Sich-Öffnens bzw. Sich-Abgrenzens, bezogen auf andere gesellschaftliche Systeme, der sowohl eine historische als auch eine systematische Dimension aufweist: Wertewandel und Image markieren dabei die zwei Seiten derselben Münze, nämlich von Interaktion in Gesellschaft. "Wertewandel" ist nicht simpel eine gesellschaftliche Modeerscheinung, dergemäß man sein Fähnchen zu drehen hat. Und "Image" erschöpft sich nicht in seiner Bestimmung als eine motivationale Größe im Kontext von Marketingstrategien.

3.1. Kritik am Corporate Identity-Konzept

Mehr als andere Begriffe ist "Corporate Identity" (CI) zum Schlüsselbegriff für das Verständnis von Öffentlichkeitsarbeit geworden. Das liegt vor allem daran, daß CI und verwandte Termini in den 80er Jahren zu einer Art Zauberformel heranwuchsen und in weiten Bereichen mit PR mehr oder weniger identisch gesetzt wurden.

Wichtige deutschsprachige Monographien und Sammelbände zum Thema wären etwa (Beispiele):

1980:
"Corporate Identity" von Klaus Birkigt und Marinus M. Stadler (München);

1982:
"Corporate Identity" von Roman Antonoff (Frankfurt/Main) und zahlreiche andere Publikationen desselben Autors bis zu "Die Identität des Unternehmens: ein Wegbegleiter zur Corporate Identity" (Frankfurt/Main 1987);

1984:
"Corporate Design International" von Wolfgang Schmittel (Zürich);

1985: "Corporate Identity" von Klaus Kneip und Wolfgang Disch (Bonn); im selben Jahr "Vom Geist und Stil des Hauses - Unternehmenskultur in Deutschland" von Peter Zürn (Landsberg);
1986:
"Unternehmensphilosophie und Corporate Identity" von Ralf Kreutzer u.a. (Mannheim); im selben Jahr "Unternehmens-Kultur als neuer Erfolgsfaktor" von Hans O. Rasche (Heiligenhaus);
1987:
"Die Identität des Unternehmens - Ein Wegbegleiter zur Corporate Identity" von Roman Antonoff (Frankfurt); im selben Jahr "CI - Corporate Identity" von Peter Fenkart und Hansruedi Widmer (Zürich); im selben Jahr "Unternehmenskultur" von Edmund Heinen (München); im selben Jahr "Global Image, Corporate Image, Marken-Image, Produkt-Image" von Kurt Huber (Landsberg); im selben Jahr "Imagetransfer" von Anneliese Mayer und Rolf Mayer (Hamburg); im selben Jahr "Image und Wirkung" von Alexander Demuth (Düsseldorf); im selben Jahr "Unternehmenskultur und moderne Psyche" von W. Holleis (Frankfurt/Main, München, New York); im selben Jahr "Auswahlbibliographie Corporate Identity", hrsg. v. Rat für Formgebung (Frankfurt/Main);
1988:
"Corporate Identity" von Gertrud Achterholt; im selben Jahr "Unternehmenskultur und Stammeskultur" von Uta Brandes et al (Darmstadt); im selben Jahr "Organisationskultur" von E. Dülfer et al (Stuttgart); im selben Jahr der "Beitrag der Produktpolitik zur Corporate Identity" von Jürgen Kammerer;
1989:
"Unternehmenskultur und Marketing von Rundfunkunternehmen", hrsg. v. Ulrich Saxer (Stuttgart); im selben Jahr "Corporate Identity" von Wally Olins (o.O.), und viele andere.

Was heißt "Corporate Identity"? Das Bild bei den zahlreichen Definitionen ist verwirrend: Wilfried Klewin schreibt in der Loseblattsammlung "Handbuch für Öffentlichkeitsarbeit" von Schulze-Fürstenow (1986): "CI ist in. CI gilt als ein Thema, mit dem man sich befassen, besser noch: das man bewältigen muß. (...) Was ist, was will CI? Es ist immer noch ein schillernder Begriff, häufig falsch angewandt; in zahlreichen Erklärungen hat man ihn einzugrenzen versucht." Klewin hält es mit folgender "schlichter" Definition: "Mit Corporate Identity versucht ein Unternehmen, sich in seiner Gesamtheit den verschiedenen Teilen der Öffentlichkeit gegenüber verständlich zu machen, das Auftreten festzulegen und alle Botschaften des Unternehmens aufeinander abzustimmen und optimal zu nutzen."[56] Und weil das so allgemein ist, fügt er gleich zehn völlig unterschiedliche weitere Definitionen an, von Marcus Aurelius bis zu Paul Erich Wipperfürth. Birkigt/Stadler verstehen unter CI "die strategisch geplante und operativ eingesetzte Selbstdarstellung und Verhaltensweise eines Unternehmens nach innen und außen auf Basis einer festgelegten Unternehmensphilosophie, einer langfristigen Unternehmenszielsetzung und eines definierten (Soll-)Images - mit dem Willen, alle Handlungsinstrumente des Unternehmens in einheitliche Rahmen nach innen und außen zur Darstellung zu bringen."[57] Sie sprechen hier, analog zum sog. Marketing-Mix, vom "Identitäts-Mix".

Die erste Definition, von Klewin, ist in ihrer Allgemeinheit beinahe gleichbedeutend mit gängigen (und unbrauchbaren) Definitionen von Öffentlichkeitsarbeit oder Public Relations überhaupt. Von daher wird vielleicht verständlicher, warum CI in den 80er Jahren einen derartigen Boom erleben konnte. Die zweite Definition, von Birkigt/Stadler, enthält eine Reihe neuer Begriffe, die es eigentlich auch erst wieder zu definieren gälte: Image, Unternehmensphilosophie, Handlungsinstrumente u.a. Zu nennen wäre noch eine dritte, verbreitete Definition, die von Roman Antonoff im "Lexikon der Public Relations" von Pflaum/Pieper gegeben wird. Antonoff nennt hier (1989) fünf Punkte: "Corporate Identity ist
- die Summe spezifischer Fähigkeiten, Eigenschaften und Darstellungsweisen, die eine Organisation zusammenhält und die sie von anderen Organisationen unterscheidet;
- eine Sozialtechnik zur Gründung, Entwicklung und Stabilisierung von Organisationen;
- die zentrale Strategie eines Unternehmens;
- Identität einer Körperschaft, Corporative Identität;
- Sinn und Form einer Organisation."[58]

Da wird man dann vollends verwirrt: Ist CI nun eine "Summe" oder eine "Sozialtechnik" oder eine "Strategie" oder eine "Identität" oder "Sinn und Form"? Hier widerspricht sich in der Tat beinahe alles bzw. entlarvt sich bei genauerem Hinsehen als bloße Sprechblase, z.B. die Antonoff-Definition Nr. 3: CI ist die Identität einer Körperschaft, ist Corporative Identität. Das ist eine bloße Tautologie wie "Ein Schimmel ist ein weißes Pferd."

---

56 a.a.O., 191.
57 Corporate Identity. Grundlagen, Funktionen, Fallbeispiele. Landsberg/Lech 1980, 3. Aufl. 1986, 23.
58 S. 69.

Man könnte die Liste von Definitionen beinahe beliebig verlängern und käme zu immer neuen Varianten und Deutungsgebungen. Als Bilanz gilt auch noch heute, wie es Gertrud Achterholt 1988 formulierte: "Wenn irgend etwas die Diskussion über "Corporate Identity" nach wie vor charakterisiert, dann ist es der Zustand begrifflicher Unsicherheit."[59] Es gibt also nicht "die" Definition oder eine allgemein verbreitete gleichbleibende Auffassung von CI. Ingrid Koller sprach denn auch vom "CI-Dilemma" bzw. dem "Abschied von falschen Illusionen".[60] Deshalb mag die Versuchung naheliegen, sich an F. Bieger (et al.) zu halten, der 1985 die Ergebnisse einer "Projektgruppe CI" mit den Worten einleitete: "Bewußt gibt es in diesem Abschnitt keine Definition von CI. Wir nehmen vielmehr an, daß der Leser (...) sehr rasch empfindet, was CI ist - ebenso aber auch, was CI nicht ist."[61]

Man könnte damit die Diskussion beenden, um vielleicht zu empfinden, was CI ist und was nicht, oder man könnte wieder zurückkehren zur rationalen, kritisch-wissenschaftlichen Ebene. A. Tafertshofer hat bereits 1982 versucht, die vielen Definitionen zu systematisieren. Dabei ist es ihm vor allem gelungen, den Zirkelschluß im Corporate Identity-Konzept schlüssig auch nachzuweisen:[62] Wenn der eine Autor CI als Philosophie oder Strategie oder Ziel auffaßt, der zweite Autor CI als Umsetzung oder Instrument definiert und der dritte Autor mit CI das Ergebnis oder die Wirkung bezeichnet, dann gilt in der Tat die wenig aufschlußreiche Definition "CI bewirkt CI".

Daß die Definitionen sich derart frappant unterscheiden und einander widersprechen, liegt vermutlich auch an der Entstehung und Geschichte des CI-Gedankens. Man kann hier verschiedene Stufen der Entwicklung benennen, auf denen jeweils unterschiedliche Bedeutungen ein und desselben Begriffs CI entwickelt wurden. Wenn wir Gertrud Achterholt folgen,[63] gab es mindestens fünf verschiedene Stadien:
- In der ersten, frühindustriellen Phase war das Unternehmen durch den Unternehmer als Persönlichkeit definiert; die Identität des Betriebs war an die

---

59 Gertrud Achterholt: Corporate Identity. In zehn Arbeitsschritten die eigene Identität finden und umsetzen. Wiesbaden 1988, 29.
60 So Titel und Untertitel ihres Buches (Wiesbaden 1990), in dem sie gleichwohl an CI als Ideal festhält.
61 F. Bieger, P.C.G. Lux, W. Disch und W. Schmittel: Projektarbeit CI - 101 nützliche Erkenntnisse aus der Praxis. BDW Deutscher Kommunikationsverband e.V. (Hrsg.). Bonn 1985, 2.
62 A. Tafertshofer: Corporate Identity: Magische Formel als Unternehmensideologie. Die Unternehmung, 36. Jg. (1982), Nr. 1, 11-25.
63 a.a.O., 25ff.

Identität des Inhabers oder Eigners gekoppelt. "Die Einbindung der Mitarbeiter erfolgte durch eindeutige, abgegrenzte und zum Teil autoritäre Anweisungen, die Verhaltensregeln gleichkamen." (Man vergleiche etwa Firmen wie Siemens, Bosch, Krupp u.a., nur gab es damals statt des Wortes CI den Begriff "Firmenstil".) Heute gilt die Bedeutung des individuellen Eigners nur noch für wenige Unternehmen wie z.B. Rosenthal oder Burda. Selbst Springer und Bertelsmann haben diese frühere personenorientierte Identität weitgehend verloren, als sie sich zu supranationalen und multimedialen Kommunikationskonglomeraten entwickelten. Aktiengesellschaft heißt im Französischen nicht umsonst "société anonyme", und diese Anonymität läßt eher gleichgültig. Es war also notwendig, den Identitätsverlust zu kompensieren.

- Die zweite Phase - zwischen den beiden Weltkriegen - war die Erfindung der "Marke": Die Identität eines Unternehmens definierte sich durch den Markencharakter seiner Waren (Philip Reemtsma durch "Ernte 23", "R6" und "Erste Sorte"; Daimler-Benz durch den "Mercedes"; Osram durch die gleichnamige Glühbirne usf.). Einflußreich war hier vor allem das Buch von H. Domizlaff: "Die Gewinnung des öffentlichen Vertrauens" (Hamburg 1952). Verbreitet war diese Strategie vor allem bei Automobilherstellern (Mercedes-Benz, BMW, Opel, Ford), dann im Nahrungsmittelbereich (Maggi, Knorr, Bahlsen) und im Körperpflege- und Pharmabereich (Odol, Spalttabletten, Bayer).

- Von daher war es nur ein kleiner Schritt zur dritten Phase, der Design-Periode, nach dem 2. Weltkrieg. Die Identität durch die Marke veränderte sich zur Identität durch das Produkt- und Graphik-Design. Die Braun AG beispielsweise, darin führend in Deutschland, begann mit ihrer "Braun-Linie" bereits 1954. Verantwortlich dafür war W. Schmittel, der sich auch in zahlreichen Büchern dazu äußerte und einer der bekanntesten deutschen CI-Designer wurde. Das gestylte Erscheinungsbild der Lufthansa wurde ab 1963 aufgebaut. Wir alle kennen Merkmale des Corporate Designs wie z.B. die verschiedenen Embleme und Logotypen, die graphischen Symbole, Farben und musikalischen oder sprachlichen Erkennungstopoi (die Image-Slogans) der Banken und Firmen (z.B. "Mach mal Pause - Coca Cola", der Stern bei Mercedes, "das grüne Band der Sympathie" der Dresdner Bank, "Wir reißen uns sechs Beine für Sie raus" bei Agip usf.).

- In den 60er Jahren begann ein Prozeß, in dem sich Produkte und Dienstleistungen zunehmend einander anglichen, in der Qualität, im Preis, letztlich auch in der Art von Design (Stichworte: "Problem der Positionierung auf dem Markt, Problem der Differenzierung von Wettbewerbern"). Zudem fand man heraus, daß nicht nur das Aussehen des Produkts für die Kaufentscheidung des

Verbrauchers maßgebend war, sondern auch - und sogar vorrangig - das allgemeine Bild, das der Verbraucher von der Ware, der Dienstleistung, dem Unternehmen hat: das Image. Bis in die 70er Jahre hinein dominierten deshalb entsprechend zahlreiche Image-Kampagnen der Unternehmen.
- Als jedoch der erwartete Erfolg, zumindest was Umfang und Qualität anging, ausblieb, wurde ersichtlich, daß das Image prinzipiell zwar durchaus imstande war, die gewünschte Identität zu vermitteln, daß es aber nicht genügte, ein Image zu erzeugen, d.h. ein Bild für außen, ein Bild bei den Zielgruppen und in der Öffentlichkeit, gewissermaßen ein Fremdbild. Man erkannte vielmehr die Notwendigkeit, das "Fremdbild" mit dem "Selbstbild" in Übereinstimmung zu bringen. Genau das war der Schritt zur Einbeziehung des eigenen Unternehmens: Was bisher Maske war nach außen, PR als Schönfärberei, CI als Pseudo-Identität, mußte umgewandelt werden. Corporate Identity meint in diesem Sinne "echte" Identität, d.h. Übereinstimmung von Bild und Wirklichkeit. An die Stelle des Designs und des bloß äußerlichen Image trat ganzheitliches strategisches Denken.

Man müßte eigentlich noch ergänzen: In dem Maße sich unsere Gesellschaft in den letzten drei Jahrzehnten zu einer Kommunikations- und Mediengesellschaft gewandelt hat, haben auch andere Institutionen und Organisationen, haben auch non-profit-Unternehmen den Wert und die Notwendigkeit von CI erkannt: die Gewerkschaften, die Kirchen, die Grünen, die Polizei usw. - inzwischen hat jede Minifirma zumindest ihr eigenes Logo und macht sich Gedanken über ihre "philosophy" und ihre "identity".

Die Unterschiede bei den Definitionen ließen sich u.U. durch solche und ähnliche historische Thesen zumindest teilweise erklären. Aber damit ist ein systematisches Konzept von CI noch keineswegs gegeben. Man hat im Anschluß an Tafertshofer verschiedene komplexere Modelle ausgebildet, um CI gleichsam als Theorie zu entwickeln. Vor allem diverse Handbücher[64] versuchen damit zu überzeugen: Sie bilden Formeln, die griffig anmuten. Franz M. Bogner beispielsweise propagierte 1990 die Formel "CI = CB + CC + CD".[65] Demnach setzt sich CI aus drei Teilbereichen zusammen: CB = Corporate Behaviour, CC = Corporate Communications und CD = Corporate Design. Ersteres meint "das gesamtheitliche Gebaren der Institution", "hier soll alles aus einem Guß sein: die Sprache, die Argumente, vielleicht sogar die Kleidung". Das Zweite meint "kommunikationspolitische Grundsätze und

---

64 Siehe den Überblick in der Kommentierten Auswahlbibliographie am Schluß.
65 Franz M. Bogner: Das neue PR-Denken. Strategien, Konzepte, Maßnahmen, Fallbeispiele effizienter Öffentlichkeitsarbeit. Wien 1990, 33ff.

Kommunikationskanäle nach innen und nach außen". Das Dritte meint das visuelle Unternehmensbild (Slogan, Farbe, Emblem etc.). Wolfgang Reinecke und Hans Eisele dagegen propagierten im selben Jahr in ihrem "Taschenbuch für Öffentlichkeitsarbeit"[66] als "professionelle Faustregel" die sehr viel komplexere Formel "(CI + CC + CD) x CCom = CIm". CI = Corporate Identity heißt hier die Unternehmensphilosophie. CC = Corporate Culture heißt das Betriebsklima. CD = Corporate Design heißt das visuelle Erscheinungsbild des Unternehmens in allen Formen. Diese drei werden addiert und mit CCom = Corporate Communications multipliziert. CCom bezeichnet den operativen Kommunikationsprozeß. Gemeint ist damit, daß CI + CC + CD "zu einem Führungs- und Magagementinstrument" werden sollen. Ergebnis ist das CIm = Corporate Image. Damit ist das Unternehmensimage gemeint, das die Teilöffentlichkeiten sich von dem Unternehmen machen, "intern wie extern, positiv wie negativ".

Man kann hier beobachten, wie die Verwirrung immer kompletter wird - zunächst einmal durch die Neuinterpretation und gegensätzliche Bedeutungsgebung von Begriffen: bei Bogner z.B. heißt Corporate Behaviour, was bei Reinecke/Eisele mindestens zum Teil als Corporate Culture bezeichnet wird; oder bei Reinecke/Eisele ist Corporate Identity weitgehend bedeutungsgleich mit dem, was bei Bogner Corporate Communications heißt; oder was bei Bogner das Ergebnis ist, nämlich Corporate Identity, ist bei Reinecke/Eisele ein Faktor für ein ganz anderes Ergebnis, nämlich Corporate Image. Der Wirrwarr steigt aber auch durch immer neue Begriffe, die in die Diskussion eingeführt werden. Bisher wurden bereits sechs genannt: (alphabetisch) Corporate Behaviour, Corporate Communications, Corporate Culture, Corporate Design, Corporate Identity, Corporate Image. Hinzu kommen u.a. Corporate Advertising, Corporate Marketing, Corporate Personality, Corporate Philosophy, Corporate Sales Promotion - bis hin zur Corporate Public Relations (was immer das nun wieder heißen mag).

Corporate Identity macht also weder als Begriff noch in der Sache Sinn. Das läßt sich nicht zuletzt durch die Reflexion der Worte "identity" und "corporate" begründen. Antonoff verwies darauf, daß "Identität" mindestens drei Bedeutungsvarianten hat: erstens Identität im Wahrnehmungsprozeß, im Sinne von Wiedererkennen (nach außen); zweitens Identität im Solidarisierungsprozeß, sich zugehörig fühlen (nach innen); und drittens Identität als Selbigkeit (im Sinne der Übereinstimmung von Image und Wirklichkeit, von Wort und

---

66 a.a.O., 1991, 45ff.

Tat als Ziel).[67] Mindestens im zuletzt genannten Sinn - als Ziel - stellt Identität freilich eine Übertragung dar vom Individuum auf eine Organisation oder Gruppe ("corporate"), also eine Verschiebung vom Psychischen zum Sozialen. Schon Birkigt/Stadler definierten 1980 CI "in Parallele zur Ich-Identität".[68] Diese Übertragung oder Verschiebung ist jedoch nicht zulässig, ist metaphorisch; sie kann nur eine Analogie darstellen. Der einzelne Mensch, der sich selbst gefunden hat; der nicht zerrissen ist, sondern sich in Übereinstimmung mit sich selbst befindet; der sich akzeptiert als der, der er ist, - diese Identität (im Sinne individueller Selbstfindung, Selbsterkenntnis, Selbstannahme) meint einen anthropologischen Wert, der nicht mehr instrumentalisiert ist, sondern seinen Sinn in sich selbst hat. Ein Unternehmen, eine Organisation, eine Institution hat sein oder ihr spezifisches Ziel aber jeweils bereits vorgegeben und übergeordnet: Erwirtschaftung von Gewinn, Vertretung der Interessen seiner oder ihrer Mitglieder usf. Bei der Verfolgung dieser übergeordneten Ziele kann es hilfreich sein, Geschlossenheit und Einheitlichkeit an den Tag zu legen, nach innen und nach außen, und insbesondere insoweit, als damit Reduktion von Komplexität bewirkt wird. Aber das alles ändert nichts daran, daß diese "korporative Identität" eben nicht selbst Ziel ist, sondern nur Mittel, also Strategie oder Instrument, dessen Brauchbarkeit erstens wissenschaftlich noch in keinem einzigen Fall ernsthaft nachgewiesen wurde und sich zweitens von heute auf morgen auch wieder ändern kann. CI kann sogar ganz und gar unerwünscht sein, wie das Beispiel von Daimler Benz und MBB gut belegt. Und das alles kann auch nicht begründen, daß bestimmte Interessen plötzlich zu Werten umgedeutet werden. Insofern CI, als Ersatz für die alte Zuordnung und Unterordnung des Arbeiters und Angestellten gegenüber dem Unternehmer als Persönlichkeit, nichts weiter meint als die Einordnung des einzelnen Menschen in den jeweiligen interessegebundenen Kommunikationszusammenhang, stellen "personal identity" (als Wert, auf den einzelnen Menschen bezogen) und "corporate identity" (als Interesse, auf eine Organisation oder ein Unternehmen bezogen) geradezu diametrale Gegensätze dar.

Was also meint Corporate Identity, worin erklärt sich die große Attraktion dieses Konstrukts? Antonoff bringt die heutige Attraktivität von CI sinnigerweise mit der Wertfrage zusammen, wenn er sagt: "Von der CI erhofft man sich eine (selbstschaffene) Stabilität und Orientierungsfähigkeit. Ein weiteres Motiv für die CI-Akzeptanz liegt im allgemeinen Problem zunehmender Sinn-

---

67   In seinem Artikel im Lexikon der Public Relations von Pflaum/Pieper, a.a.O., S. 72.
68   1986, 23.

leere und Bindungslosigkeit."⁶⁹ Wer erhofft das? Offenbar bestand in den 80er Jahren bei den PR-Praktikern ein großer Bedarf an einer solchen zentralen Strategie wie CI. Daß sie begrifflich widersprüchlich, unergiebig und letztlich arbiträr blieb, liegt nicht nur daran, daß ein singulärer Begriff wie CI im Ernst eine Theorie der Public Relations nicht ersetzen kann, auch nicht als Programm; sondern vor allem auch an ihrer personalen Akzentuierung, die bereits bei den Definitionen von Öffentlichkeitsarbeit vereinzelt angeklungen war. Die beiden restlichen Antonoff-Kategorien: "Wahrnehmungsprozeß" (nach außen) und "Solidarisierungsprozeß" (nach innen) sind ja ebenfalls nicht gesellschaftsbezogen gefaßt, sondern versprechen Stabilität als psychische Stabilität; darin liegen Attraktivität und Fehlschluß gleichermaßen.

Was "Corporate Identity" nur verspricht, vermag vielleicht "Interaktion in Gesellschaft" zu leisten: ein umfassendes Konzept wechselseitiger Beziehungen zwischen System und Umwelt, die also als Einheit gedacht sind; Ausdruck für das Streben nach Stabilität, d.h. die Erwartbarkeit von Handlungen, denn das Zusammentreffen von System und diversen Umweltsystemen bedeutet zuallererst Unordnung. Wenn unterschiedliche Komplexitäten aufeinandertreffen, bewirkt das Unberechenbarkeit, aber wohlgemerkt: Unberechenbarkeit nicht von Menschen, sondern von Handlungseinheiten, von Systemen. Es geht nicht um Interaktionen von Personen, sondern um Interaktionen von Systemen. Das bedeutet: Austausch nicht nur von Informationen, sondern Austausch von Strukturen. Interaktion meint mithin einen Konstitutionszusammenhang, mit dem und in dem ein soziales System seine eigene Komplexität erst entwickelt und kontinuierlich stabilisiert. Es geht dabei um mehr als nur Information, Transparenz und Akzeptanz, nämlich eben nicht personal, sondern systemisch fundiert. Deshalb führen Begriffe wie "Vertrauen", "Verständnis" oder "Zielgruppe" ebenso in die Irre wie Corporate Identity: eine zu einem quasi idealen, statischen Zustand geronnene Verkürzung und Verfälschung eines real kontinuierlichen und dynamischen Prozesses.

Interaktion geschieht als Selektion und dadurch Konvergenz. Das hat seine systematische und seine historische Dimension. Zur historischen Dimension: Da sich sowohl das System als auch die Umweltsysteme permanent verändern (können) - Luhmann nennt das die "doppelte Kontingenz" -, ist Interaktion keine zeitlich begrenzte Aktivität, sondern eine kontinuierliche Aufgabe. Kaum etwas kann besser als die Kategorie "Interaktion" zum Ausdruck bringen, daß Öffentlichkeitsarbeit eine zeitlich nicht terminierbare Aufgabe darstellt, und zwar gerade aufgrund der Geschichtlichkeit von Interaktion selbst. Wenn man

---

69 ebd.

an dem Begriff überhaupt festhalten will, ist Corporate Identity, systemtheoretisch gesehen, als Strategie der Komplexitätsreduzierung, ein zirkulärer Prozeß. Deshalb muß gleich noch genauer auf den sog. Wertewandel eingegangen werden - als Korrektiv zum personal gemeinten "Solidarisierungsprozeß" bei Antonoff.

Problematischer als die historische ist die systematische Dimension von Interaktion. Demnach geht es bei Interaktion um die Angleichung von Normschemata. Die Auffassung von Öffentlichkeitsarbeit als "Konfliktbewältigung" kommt dem noch am nächsten. Normschemata als die relevanten Strukturen sind Sinnschemata. Aus systemtheoretischer Sicht heißt Interaktion nicht Kommunikation oder gar nur Wahrnehmung, sondern Handlung; und Corporate Identity wäre nicht die faktische Identität eines Systems nach innen bzw. außen, sondern ihre Auswirkung. Interagieren bzw. Handeln bezieht sich jedoch nicht auf individuelle Personen, sondern auf die Möglichkeiten oder Freiheitsgrade von Systemen. In dem Maße sind Interaktionen gestaltbar, in dem die Strukturen von System und Umweltsystemen variabel, also veränderbar sind. Das meint weniger die Flexibilität von Personen als vielmehr die Flexibilität von Strukturen angesichts neuer Ereignisse. Luhmann spricht von Strukturen als von "Erwartungsstrukturen". Für PR heißt das: Selbst- und Fremdbeobachtung, Einsicht in die häufig latenten Strukturen des Systems, der Umweltsysteme und der relevanten Teilöffentlichkeiten, Selbstbindung an Normen und Werte, entsprechendes Handeln. Insofern kann man sagen: Interaktion ist kontinuierliche Imageanalyse und Imagegestaltung im weitesten Sinn - was, als Korrektiv zum personal gemeinten "Wahrnehmungsprozeß" bei Antonoff, ebenfalls genauer dargestellt werden soll.

3.2. Zur Bedeutung des Wertewandels für PR

Schon die Geschichte der Öffentlichkeit verwies auf Werte und Wertewandel: Der Verlust der "Öffentlichkeit" im liberal-bürgerlichen Sinn bzw. die Ausdifferenzierung "der" Öffentlichkeit in zahlreiche Teilöffentlichkeiten seit dem 19. Jahrhundert führte zu einer zunehmenden Komplexität des gesellschaftlichen Gesamtsystems und der Notwendigkeit, neue Mechanismen und Strukturen zu schaffen, um den Austausch zu ermöglichen, um "Komplexität zu

reduzieren".[70] Genau deshalb entstanden ja die PR-Tätigkeitsfelder, die PR-Berufsbilder und Handlungsrollen, die PR-Agenturen.[71]
Deutlicher wird der Bezug zum Wertewandel bei der Geschichte der PR: Die zunehmende Öffentlichkeitsarbeit speziell der wirtschaftlichen Unternehmen bzw. die ihr zugrundeliegende gesellschaftsbezogene Wende der Unternehmenspolitik hat ihre Ursachen just im Wertebereich. Andreas Hoff und Burkhard Strümpel nennen u.a. die folgenden drei Faktoren:[72]
1. Zunehmende Konzentration und Machtzusammenballung von Unternehmen provozieren bei Konsumenten, Lieferanten, Arbeitnehmern, letztlich bei Regierung, Staat und in der Medienöffentlichkeit, die sich dadurch in ihren spezifischen Werten bedroht sehen, ein steigendes Mißtrauen und ein Kontrollinteresse.
2. Die sog. "Wachstumskosten der Produktion" (Umweltverschmutzung, Arbeitslosigkeit, Ausbeutung der Dritten Welt etc.) werden nicht mehr als notwendiges Übel akzeptiert und immer stärker den Unternehmen angelastet.
3. Die kommerziellen Unternehmen befinden sich in einer ideologischen Krise, denn die immer noch überall behauptete Wirtschaftstheorie des liberalen Marktes erweist sich in der Unternehmenspraxis tagtäglich faktisch als irrelevant.

Die Übernahme gesellschaftlicher Verantwortung und das Engagement bei der Lösung allgemein gesellschaftlicher Fragen können hier insbesondere große Unternehmen entlasten. Mindestens eine stärkere positive Selbstdarstellung der Unternehmen erwies sich als notwendig. Denn nicht nur die Existenz eines einzelnen Unternehmens, sondern auch einer ganzen Branche (z.B. der Atomindustrie) kann auf dem Spiel stehen, wenn beispielsweise auf einen Wertewandel in der Bevölkerung nicht ernsthaft eingegangen wird; letztlich steht sogar die gesamte Wirtschaftsordnung in Frage, wenn sich nämlich Staat, Öffentlichkeit, Bevölkerung davon zunehmend ernsthaft bedroht sehen.

Die Bedeutungen von "Wert" scheinen ziemlich durcheinander zu gehen: Wert als ökonomischer Wert, als religiöser oder ethisch-moralischer Wert, als Bedürfnis, als Einstellung, als Motivkomplex, als Interesse bestimmter Gruppen oder Individuen, als existentielle Kategorie, als Umschreibung für Hand-

---

70 Niklas Luhmann: Öffentliche Meinung. Wolfgang R. Langenbucher (Hrsg.): Politik und Kommunikation. Über die öffentliche Meinungsbildung. München-Zürich 1979, 29-61.
71 Siehe auch Günter Barthenheier: Zur Notwendigkeit von Öffentlichkeitsarbeit - Ansätze und Elemente zu einer allgemeinen Theorie der Öffentlichkeitsarbeit. In: Öffentlichkeitsarbeit. Ein Handbuch, 1982, 15-26, hier 22.
72 Vgl. Öffentlichkeitsarbeit. Ein Handbuch, 1982, 35-51.

lungsziel...[73] Was eigentlich heißt "Wert"? Man versteht darunter zumeist eine Auffassung von "Wünschenswertem": als Zielvorstellung und Orientierungsfaktor. Werte sind soziokulturelle Produkte, ebenso wie Normen, die im Unterschied zu Werten aber eher als sozial eingeschliffene Kriterien des Handelns aufgefaßt werden können. "Werte nehmen im Leben und Handeln der Menschen eine Schlüsselposition ein. In der Gesellschaft, wo viele Personen zusammenleben und wo die Handlungen der Personen aufeinander abgestimmt sein müssen, sind gemeinsame Werte als Grundlage koordinierten Handelns notwendig. Wegen ihrer Schlüsselposition im Leben des einzelnen und im Leben der Gesellschaft genießen die Werte eine hohe Achtung. Sie werden als Grundlage eines sinnvollen Lebens geschätzt und gelten als Garantien der gesellschaftlichen Ordnung."[74] Ob nun eher individuelle, eher gesellschaftliche, eher überzeitlich-allgemeine Werte - es gibt in aller Regel Werte als Wertsysteme und in Wertehierarchien.

Mit der Veränderung der Gesellschaft wandeln sich auch die Werte. Das kann ganz unterschiedliche Formen annehmen: Neue Wertvorstellungen werden entwickelt (z.B. Schutz der Umwelt bei der Müllentsorgung), alte Werte können hinfällig werden (z.B. Härte in der Kindererziehung), Werte können auch umgedeutet werden (z.B. vom Gehorsam der Frau in der Ehe zur Partnerschaft von Mann und Frau), oder Werte wechseln ihren Platz auf einer Skala der Rangordnung (z.B. rücken materielle Werte mit dem Erreichen des Wohlstands in der Skala zumeist nach unten). Im 20. Jahrhundert, speziell nach dem Krieg, hat sich nun ein Wertewandel vollzogen, der sich als tiefgreifende Krise darstellt. Das liegt weniger an den Veränderungen einzelner Werte als vielmehr an der Erkenntnis sehr vieler Menschen, daß alle Werte bedingt und damit relativ sind. Das schließt auch die Wertsysteme und die Werthierarchien ein (Stichwort: "Wertrelativismus"). Manche sehen genau darin die Grundlage für die allgemeine Kulturkrise der heutigen Zeit. Der interkulturelle Austausch und der daraus folgende Austausch von Wertsystemen relativiert die traditionellen Werte, macht das Traditionserbe fragwürdig, und macht auch scheinbar überzeitliche Wertsysteme (Religionen) unglaubwürdig oder wenigstens arbiträr. Hinzu kommt der Zeitfaktor: Der Austausch von Wertsystemen als Prozeß, ihre Verschmelzung beschleunigt sich kontinuierlich. Dieser im-

---

73 Als kleinen Überblick zur Differenziertheit dieses Problemfeldes siehe etwa Helmut Klages und Peter Kmieciak (Hrsg.): Wertwandel und gesellschaftlicher Wandel. Frankfurt/Main 1979, 2. Aufl. 1981.
74 Julius Morel: Werte als soziokulturelle Produkte. Funkkolleg. Sozialer Wandel 1, hrsg. v. Theodor Hanf et al. Frankfurt/Main 1975, 204-220, hier 204.

mer schnellere Abbau der Orientierung an überkommenen oder als verbindlich betrachteten Werten bzw. die sprunghaft voranschreitende grundsätzliche Relativierung von Wertsystemen überhaupt bedeutet einerseits einen größeren Spielraum für individuelles, eigenverantwortliches, autonomes Handeln, andererseits aber auch eine Destabilisierung kultureller und sozialer Systeme. Das hat zur Folge, daß die Bereitschaft abnimmt, aus einer altruistischen Gesinnung heraus, in Erfüllung gegebener Werte, uneigennützig zu handeln, und man stattdessen das eigene Ich als zentralen Bezugspunkt für zweckrationales Handeln setzt - und da dominiert natürlich die Steigerung des individuellen Nutzens vor allem anderen. (Man nannte das positiv den Wechsel von der Gesinnungsethik zur Verantwortungsethik,[75] man kann es aber auch negativ bezeichnen als den Wechsel vom Altruismus zum Egoismus, von der Gesellschaftsorientiertheit zur Ichzentriertheit.)

Helmut Klages hat ein Szenario der Wertentwicklung in Deutschland von 1871 bis heute vorgelegt, das man wie folgt zusammenfassen könnte:[76]
- Werte im Zweiten Reich (ab 1871):
In kleinen Eliten in Wirtschaft, Administration und Wissenschaft verbreitete sich das liberalistische Wertsystem (politische und ökonomische Freiheitsrechte des Individuums, Zurückdrängung des Zunftwesens und der staatlichen Regulation, Religion wurde zur Privatsache erklärt). Bei den Massen dominierten die kleinbürgerlich-konventionellen Werte, stand die Dominanz des Lokalen im Zentrum. Die Entstehung des Nationalstaats und der Sieg über den "Erbfeind" Frankreich führten zu einer Welle nationaler Begeisterung. Ein Deutscher zu sein, wurde zu einem individuell gefühlten Wert. Die vorherrschenden Werte waren jedoch wenig ausgewogen: Man war Deutscher, aber zugleich auch Liberaler, Sozialist oder Traditionalist. Man war zugleich Unternehmer, selbständiger Gewerbetreibender alten oder neuen Stils, Offizier, Arbeiter, Angestellter usf. - "Zerrissenheit" war das Lieblingswort dieser Zeit. Harte Arbeit und Disziplin (im militärischen, industriellen, auch sozialistischen Bereich) standen in der Rangfolge oben. Im Ersten Weltkrieg kamen zentrale Werte wie Kameradschaft und die Bereitschaft zur gegenseitigen Aufopferung hinzu.

---

75 Vgl. etwa Karl-Heinz Hillmann: Wertwandel: zur Frage soziokultureller Voraussetzungen alternativer Lebensformen. Darmstadt 1986, hier insbes. 167ff.
76 Helmut Klages: Wertedynamik: Über die Wandelbarkeit des Selbstverständlichen. Zürich 1988, 30-78. Siehe z.B. auch Walter Jaide: Wertewandel? Grundfragen zu einer Diskussion. Opladen 1983.

- Werte in der Weimarer Republik:
Beleidigter Nationalstolz, gefühlsmäßige Abwehr des "Parteiengezänks", Ressentiments gegen die "Kriegs- und Nachkriegsgewinnler". Überkommene Milieu- und Schichtzugehörigkeit, Konfessionsabschottungen und Ideologien waren durchlöchert und führten zu einer diffusen Werte-Stimmung. Auf dem Hintergrund der im Krieg erfahrenen "Volksgemeinschaft" verband sich Unbestimmt-Religiöses mit Prometheisch-Heroischem. Die Sehnsucht nach Integrität wurde zu einer der Voraussetzungen für die Akzeptanz eines "Führers" mit charismatischen Eigenschaften.

- Werte im Dritten Reich:
Regenerierung des nationalen Selbstbewußtseins, Leitbild eines neuen Menschen (Elemente des Nordischen, des Heroischen, des Starken und Kämpferischen, aber auch des Einordnungs- und Opferbereiten). Gruppenspezifische Werte: für Frauen die Mutterschaft als Wert, für Bauern die Schollenverbundenheit, für Handwerker die Handarbeit und eine volksverbundene Intellektualität, für Jugendliche ästhetisch-sportliche Ideale, usf.

- Werte in der Nachkriegszeit:
Nach dem Wertezusammenbruch mit dem Ende des Zweiten Weltkriegs dominierte das Gefühl der Beschämung, der Unsicherheit, herrschte die Abwendung von allen ideologischen Orientierungssystemen vor: der "Ohne-mich-Standpunkt", die Abkehr von allem Öffentlichen und Politischen in den 50er Jahren. Mit der Währungsreform 1948 setzte stattdessen der materielle Wiederaufbau ein, zusammen mit einer massiven Aufwertung von Pflicht- und Ordnungswerten. Neben Pflicht und Ordnung waren das vor allem Effizienz und Effektivität sowie die Hochwertung des Output (der wiederaufgebauten Häuser, Städte, Straßen usf.).

- Werte der 60er/70er Jahre:
Übergang vom Materialismus zum Postmaterialismus, wie ihn Ronald Inglehart 1977 konstatierte.[77] Eine Art Kulturrevolution, Aufbruchstimmung, Suche nach neuen Horizonten - und ein Individualisierungsschub. Niedergang von Werten wie Disziplin, Gehorsam, Pflichterfüllung, Treue, Unterordnung, Fleiß, Bescheidenheit, Anpassungsbereitschaft, Fügsamkeit, Enthaltsamkeit - "das ganze verdammte innere Preußentum" wurde auf den Müll geworfen. An die Stelle der Pflicht- und Akzeptanzwerte traten Selbstentfaltungswerte wie Emanzipation, Gleichheit, Partizipation, Autonomie, persönlicher Genuß, Ausleben emotionaler Bedürfnisse, Kreativität, Spontaneität, Selbstverwirk-

---

77 Ronald Inglehart: The Silent Revolution: Changing Values and Political Styles Among Western Publics. Princeton 1977.

lichung, Eigenständigkeit, Ungebundenheit.[78] Die Spannweite dieser Wertdivergenz provozierte aber auch innere Spannungszustände, Ungewißheiten und Wertkonflikte.

Klages geht nicht mehr auf den jüngsten Wertewandel ein, aber man könnte ihn ergänzen:[79]
- Werte der 80er Jahre:
statt persönlicher Konsum und materielle Verschwendung eine neue, ökologisch orientierte Sparsamkeit, eine umwelt- und gesundheitsbewußte Ernährungs- und Lebensweise; statt militärische Stärke, Überlegenheit, Wettrüsten und Feindbilder eine eher kosmopolitische Orientierung mit den Werten Frieden, Abrüstung, Rüstungskontrolle, Gewaltverzicht; statt religiöse Bindung und Kirchentreue eher die Suche nach neuen Sinnhorizonten mit den Möglichkeiten von Spiritualität und Meditation, Mystik und Esoterik; statt Rohstoffausbeutung und objektivistisch-materieller Naturauffassung eine auf Recycling und Rohstoffschonung ausgerichtete ökologisch orientierte Sparsamkeit und eine eher biologisch-psychologische Naturauffassung; statt Wirtschaftswachstum eher Nullwachstum, statt Gewinnprinzip eher Gemeinnutzprinzip, statt Leistungsprinzip eher Humanprinzip; statt Zentralismus eher Regionalismus, statt Konformismus eher Individualismus, statt Expertokratie eher basisbezogene Gegeneliten, statt Stabilität und Ordnung eher Wandel und Reform; statt Patriarchalismus und männliche Überlegenheit eher Angleichung der Geschlechterrollen.

Aussagen zum Wertewandel wie bei Klages und anderen kranken häufig daran, daß sie hypothetisch und introspektiv erscheinen: empirisch nur wenig abgesichert. Ronald Inglehart hat in seiner jüngsten Studie (1989) versucht, seine Thesen vom kulturellen Umbruch und dem generellen Wertwandel in der westlichen Welt nicht nur bis heute fortzuführen, sondern auch verstärkt intersubjektiv nachvollziehbar zu begründen.[80] Dabei bestätigten sich tenden-

---

78 Vgl. auch Helmut Klages: Wertorientierung im Wandel. Rückblick, Gegenwartsanalyse, Prognosen. Frankfurt/Main - New York 1984, 18.
79 Karl-Heinz Hillmann: Wertwandel, 1986, 177-187. Vgl. auch die zahlreichen Publikationen zum Stichwort "Risikogesellschaft", z.B. die Beiträge von Ulrich Beck, Peter Koslowski, Klaus Michael Meyer-Abich, Bernhard Claußen in der Beilage der Wochenzeitung Das Parlament (B 36, Sept. 1989). Einen Überblick bietet: Wertwandel und Werteforschung in den 80er Jahren. Forschungs- und Literaturdokumentation 1980-1990, bearbeitet von Michael Böckler et al. (Informationszentrum Sozialwissenschaften) Bonn 1991.
80 Ronald Inglehart: Kultureller Umbruch: Wertwandel in der westlichen Welt. (orig. Princeton 1989) Frankfurt/Main 1989.

ziell die genannten Veränderungen der Nachkriegszeit bis heute, insbesondere der Wandel vom Materialismus zum Postmaterialismus, aber es wurde auch deutlicher, daß sich Weltanschauungen nur langsam verändern, überwiegend auf dem Weg des Generationswechsels in der Bevölkerung. Inglehart sieht in dieser inhärenten Verzögerung des kulturellen Wandels um ein weiteres die Gefahr, daß die Generation der Älteren, die an den Hebeln der politischen und wirtschaftlichen Macht sitzen, stets diejenigen Wertvorstellungen und Handlungsvoraussetzungen verkörpern, die jeweils gerade überholt sind. Kaum deutlicher als hier kann man sehen, daß Diskussionen um Werte und Wertewandel stets auch Diskussionen um Steuerungsfunktionen darstellen - ein entscheidender Gesichtspunkt für jegliches kommerzielle Unternehmen und auch für alle non-profit-Organisationen und -Institutionen, die naturgemäß auf die Gestaltung ihrer Interaktionen mit ihren jeweiligen Umwelt-Systemen und Teilöffentlichkeiten aktiv Einfluß nehmen wollen.[81]

Werte unterliegen in Gesellschaften einem dynamischen Wandel, und wer mit seinen Umweltsystemen erfolgreich interagieren will, muß diesen Wertewandel in seiner Spezifikation nach einzelnen Teilöffentlichkeiten in Rechnung stellen. Öffentlichkeitsarbeit erweist sich hier als ein wichtiges Instrument zur Überprüfung der Durchsetzbarkeit eigener Werte ebenso wie zur Anpassung an dominierende Wertsysteme. Wertewandel wird deshalb mitrecht gerade auch als "Herausforderung für Unternehmenspolitik" begriffen.[82] Man muß die Veränderung der Werte in immer wieder neuen Systematisierungen zu erfassen suchen. Für die Zeit nach dem Wertwandlungsschub der 60er und 70er Jahre hat man in diesem Sinn beispielsweise plakativ verschiedene, empirisch abgrenzbare Werttypen differenziert:[83]
- Typ 1: die Konventionalisten.
Sie sind vor allem ordnungsliebend. 19,7% der Bevölkerung lassen sich durch Akzeptanz- und Sicherheitswerte charakterisieren. Es sind vorwiegend ältere

---

81 Zur Rolle der Medien beim Wertewandel siehe z.B. Matthias Schuppe: Im Spiegel der Medien: Wertewandel in der Bundesrepublik Deutschland. Eine empirische Analyse anhand von STERN, ZDF MAGAZIN und MONITOR im Zeitraum von 1965 bis 1983. Frankfurt/Main 1988.

82 Siehe etwa Lutz von Rosenstiel, Herbert E. Einsiedler, Richard K. Streich: Wertewandel als Herausforderung für die Unternehmenspolitik. Stuttgart 1987. Konkret geht es hier u.a. um Konsequenzen für die Personalführung (PR nach innen) ebenso wie für die Produktanforderungen (PR nach außen).

83 Vgl. Gerhard Franz und Willi Herbert: Werttypen in der Bundesrepublik. Konventionalisten, Resignierte, Idealisten und Realisten. Helmut Klages et al.: Sozialpsychologie der Wohlfahrtsgesellschaft: Zur Dynamik von Wertorientierungen, Einstellungen und Ansprüchen. Frankfurt/Main 1987. 40-54.

Menschen aus Arbeiter- und Facharbeiterkreisen mit Volksschulbildung oder abgeschlossener Lehre. Sie haben Familie und Kinder und wohnen im eigenen Haus.
- Typ 2: die Realisten.
Sie sind vor allem aktiv. 27,4% der Bevölkerung besitzen neben Akzeptanz- und Sicherheitswerten auch Selbstentfaltungs- und Engagementwerte. Sie sind mittleren Alters, entstammen gehobeneren Sozialschichten, haben Realabschluß, Familie und Kinder, wohnen im eigenen Haus und können auf ein hohes Einkommen zurückgreifen.
- Typ 3: die Resignierten.
Sie sind primär perspektivenlos. 31,5% der Bevölkerung zeichnen sich weder durch Akzeptanz- und Sicherheitswerte noch durch Selbstentfaltungs- und Engagementwerte aus. Stattdessen werden sie von einem generellen Wertverlust gekennzeichnet. Sie sind in den jungen und in den älteren Bevölkerungsgruppen anzutreffen. Sie entstammen Arbeiter- oder Facharbeiterkreisen, haben Volksschulbildung oder abgeschlossene Lehre, ein niedriges Einkommen und wohnen in einer Mietwohnung.
- Typ 4: die Idealisten.
Sie sind zentral nonkonform. 21,5% der Bevölkerung lassen sich durch Selbstentfaltungs- und Engagementwerte charakterisieren. Sie sind jung und ledig, haben einen hohen Schulabschluß oder sind noch in der Ausbildung, stammen aus den oberen sozialen Schichten, wohnen bei ihren Eltern oder allein in einer Mietwohnung.

Je nachdem, welchem dieser Werttypen man zuzurechnen ist, lassen sich dann bestimmte konkrete Wertmuster im privaten oder gesellschaftsbezogenen Bereich quasi voraussagen. Dabei ist in Rechnung zu stellen, daß sich diese gemäß dem invididuellen Lebenszyklus zwar verändern werden; man weiß heute, daß die Ausbildung persönlicher Wertsysteme in der frühen Sozialisation nicht unbedingt mit einem bestimmten Alter abgeschlossen ist, wenn auch die Eckdaten in aller Regel stabil bleiben. Aber es handelt sich eben nicht einfach um Zielgruppen, sondern um systemstrukturierende Werttypen.

Wertewandel impliziert auch Wandel der Wertekonkurrenz, heute vor allem den Konflikt zwischen individuellen und allgemeinen, alle betreffenden Werte und Interessen. Dabei ist nicht zuletzt die Zeitdimension entscheidend: Wird ein Aufstieg heute erkauft um den Niedergang morgen, und welche Bewertung erfährt diese Diskrepanz durch das System (und durch seine Umwelt)? Die systemtheoretische, holistische Perspektive bezieht sich hier nicht auf Synchrones, sondern auf Diachrones. Öffentlichkeitsarbeit als Interaktion in

Gesellschaft meint insofern die historische Variation von Interaktionsmustern als Austausch bzw. kontinuierliche Auseinandersetzung - durchaus mit der Möglichkeit oder Notwendigkeit der Selbstkorrektur.

3.3. Imagegestaltung als Zentralkategorie

Die Zauberformel "Corporate Identity", verstanden mit Blick auf die auf Wiedererkennen, Geschlossenheit, Berechenbarkeit, Einheitlichkeit, Vertrauenswürdigkeit undsoweiter ausgerichtete Strategie einer Unternehmung, implizierte neben Begriffen wie "corporate culture" oder "Unternehmenskultur" (PR nach innen) und "corporate design" (PR nach außen) vor allem auch "corporate image". Damit wird zumeist das "Ergebnis" oder die "Auswirkung" der vom CI-Gedanken gesteuerten Maßnahmen im Rahmen von "corporate design", "corporate culture", "corporate communications", "corporate philosophy" o.ä. bezeichnet. Image in diesem Sinn bezieht sich auf das "Bild" einer Institution oder Organisation oder eines Unternehmens bei einem Menschen oder bei einer Gruppe von Menschen. "Image" in der PR-Literatur meint in der Regel entweder simpel "Ruf"; ein gutes Image wäre ein guter Ruf, und eine Imageverbesserung die Verbesserung des guten Rufs. Oder es gilt die ökonomische Bedeutung des Begriffs Image als Marketingkategorie.

Bemühungen um eine in den Wissenschaften gültige oder interdisziplinär verbreitete Definition von "Image" würden noch stärker enttäuscht werden als im Falle von "Öffentlichkeitsarbeit" oder "Corporate Identity". Das liegt hier daran, daß "Image" als Kategorie in verschiedenen Einzelwissenschaften eigentlich ganz unterschiedliche Bedeutungen hat und diese Unterschiede sich im Laufe der Zeit, infolge unzähliger Variationen von Überlappungen, heute wohl nur noch idealtypisch voneinander abgrenzen lassen. Das soll hier andeutungsweise versucht werden, um anschließend die Relevanz von "Image" für Öffentlichkeitsarbeit als System-Umwelt-Interaktion deutlicher herausstellen zu können.[84]

Man kann mindestens vier prinzipiell voneinander verschiedene Perspektiven unterscheiden:
- In der Philosophie meint "Image" - erkenntnistheoretisch - das Abbild von Wirklichkeit. Die Entwürfe reichen in einem großen Bogen von der Ideen-

---

84 Siehe ausführlicher die Versuche bei Werner Faulstich (Hrsg.): Image, Imageanalyse, Imagegestaltung. 2. Lüneburger Kolloquium zur Medienwissenschaft. Bardowick 1992 (IfAM-Arbeitsberichte, 7).

lehre Platons über diverse Gottesvorstellungen im Mittelalter, vor allem bei den Mystikern, und neuere Konzepte wie die Philosophie des Geistes bei Hegel oder die Welt als Vorstellung bei Schopenhauer bis hin zum Radikalen Konstruktivismus heutiger Tage. Diese Sichtweise fragt nach der Wirklichkeit; die Frage gilt der Natur und Erkennbarkeit von Wirklichkeit. Es geht dabei um das Problem der Wahrheit (bzw., etwa in der Ästhetik, um das wahre Schöne).

- In der Psychologie meint "Image" - psychoanalytisch - das in frühester Kindheit durch Identifikation in den Tiefenschichten der Seele eingeprägte Bild ("Imago") einer anderen Person, z.B. Vater oder Mutter. Die entsprechenden Entwürfe wurden vor allem von Siegmund Freud und C.G.Jung sowie ihren Nachfolgern entwickelt. Grundsätzlich geht es hier stets um Personen. In der Persönlichkeits- und Ausdruckspsychologie meint "Image" eher Selbstbild oder Identität. Heutige (sozial-) psychologische Auffassungen bevorzugen Begriffe wie Vorurteil und Stereotyp (bezogen auf Geschlechter, auf Minderheiten und Randgruppen usw.). Diese Sichtweise zielt auf Einsicht in die individuell oder sozial akzentuierte Bedeutung vor allem von Identität, Selbstbestätigung und Wertausdruck bei Menschen; die Frage gilt der Natur des Menschen, als Individuum und in seiner Beziehung mit anderen.

- In der Soziologie bzw. den Sozialwissenschaften, die im Sinne von Sozialpsychologie sowie Werbepsychologie besondere Affinität sowohl zur psychologischen als auch zur ökonomischen Dimension aufweisen, meint "Image" die Formen, Probleme und Bedeutungen sozialer Rollen. Diese Sichtweise zielt auf die Steuerung sozialer Umweltbewältigung und Orientierung; die Frage gilt der Natur sozialer Beziehungen und gesellschaftlicher Prozesse. In der Publizistik- und Medienforschung gibt es einen übergreifenden Schwerpunkt beim Image von Politikern, Sportlern, Rock-, Film- und Fernsehstars sowie ihren Leitbildfunktionen im Rahmen (z.B.) von Wahlverhalten, Öffentlichkeit, Kulturkonsumtion und demokratischer Gesellschaftsordnung.

- In den Wirtschaftswissenschaften, seitdem Gardner und Levy 1955 den Begriff umgedeutet haben, meint "Image" - im Rahmen des Schwerpunkts Marketing - teils nur eine Alternative zu "Einstellung" (oder noch simpler "Bekanntheit"), teils aber auch ein mehrdimensionales Konstrukt zur Erklärung des Verbraucher- bzw. Kaufverhaltens. Image heißt dabei die Gesamtheit aller rationalen, emotionalen und sozialen Vorstellungen und "Anmutungen", bewußten ebenso wie unbewußten, von einem Meinungsgegenstand.[85] Image ist

---

85 Vgl. den guten einführenden Beitrag von Jürgen Müller im Lexikon der Public Relations, hrsg. v. Pflaum/Pieper 1989, 125-128.

hier stets auf den ökonomischen Markt bezogen: als Produktimage, Markenimage, Firmen- oder Betriebsimage und als Branchenimage. Dieses Verständnis zielt ausschließlich auf die Steuerung des Konsumverhaltens. Die Vielzahl der Beiträge aus dieser Sichtweise, selbst wenn man auf eine Schätzung der häufig gar nicht publizierten Image-Studien verzichtet, ließe sich nur noch in Form von Bibliographien erfassen.[86] Die Beliebtheit bestimmter Begriffe und Begriffspaare (Selbst- und Fremd-Image, Ist- und Soll-Image, Image-Träger, Konkurrenz-Image, Image-Politik, Image-Stärken und -Schwächen, Image-Räume usw.) läßt sich im wesentlichen aus der Marketing-Praxis erklären und ist den zum Teil hochkomplexen Methoden der Image-Analyse angepaßt (Semantisches Differential und andere Assoziationstests, Multiattributmodelle von Rosenberg, Fishbein und Trommsdorff, multidimensionale Skalierung sowie andere klassische statistische Auswertungstechniken wie Faktoren-, Diskriminanz- und Clusteranalyse).

Inzwischen deutet sich eine gegenläufige Entwicklung an: Zum einen wird der Image-Begriff im Marketing-Bereich mittlerweile auch durchaus als fragwürdig und problematisch empfunden. Ein Beispiel dafür wäre Fritz Lohmeier, der 1987 im Jahrbuch für Absatz- und Verbrauchsforschung der GfK darauf hinweist, daß der Objektivitätsanspruch des Imagebegriffs, der Imageanalysen und letztlich auch der praktischen Konsequenzen, die daraus für die Imagegestaltung gezogen werden, tatsächlich "auf schwachen Füßen" steht und letztlich auf die Selbsttäuschung der Auftraggeber, Marktforscher und Image-Schaffenden zurückzuführen sei.[87] Zum andern wird versucht, den Imagebegriff aus dem Marketing-Bereich, angereichert bzw. aufgeweicht mit Merkmalen oder Teilbedeutungen des psychologischen Begriffs, nun auf den Bereich "Öffentlichkeitsarbeit" simpel zu übertragen. Ein Beispiel dafür wäre Michael Wöhrle, der ebenfalls 1987 im PR-Magazin "Imagebildung als Ziel von PR-Prozessen" definiert. Hier erscheint Image als "einer der wenigen

---

86 Siehe etwa als ein frühes Beispiel die auswählende Bibliographie von Robert G. Wyckham, William Lazer und W.J.E. Crissy: Images and Marketing. Chicago 1971. Die Literaturverzeichnisse neuerer wissenschaftlicher Publikationen zum Bereich nehmen denn auch bedrohliche Ausmaße an. Wichtige Forschungsberichte und Beiträge für den deutschen Sprachraum lieferten u.a. Gerhard Kleining: Zum gegenwärtigen Stand der Imageforschung (in: Psychologie und Praxis, H.4, 1959, 198-212), Bernt Spiegel: Die Struktur der Meinungsverteilung im sozialen Feld (Bern u. Stuttgart 1961), Reinhold Bergler: Psychologie des Marken- und Firmenbildes (Göttingen 1963), Uwe Johannsen: Das Marken- und Firmen-Image (Berlin 1971); u.a.

87 Fritz Lohmeier: "Image" - was ist das? Eine kritische Analyse und Konsequenzen. In: GfK-Jahrbuch der Absatz- und Verbrauchsforschung, H. 2 (1987), 137-159.

Faktoren, die der Unternehmer verhältnismäßig leicht seinem Einfluß unterwerfen kann". Die terminologische Zusammenfassung der Standardliteratur zum Marketing-Imagebegriff führt bei Wöhrle vom Produkt- und Markenimage über das Firmenimage bis hin zum Zielimage als eine "neue Konzeption der Orientierung und Kommunikation" einer Unternehmung im sozialen Feld.[88] Zugleich wird innerhalb des Marketing der Begriff des "Imagetransfers" zunehmend wichtig, als Übertragung von Produkt auf Produkt oder auch als Übertragung von einem sachfremden Phänomen (z.B. Fernsehstar) auf ein Produkt.[89] Entsprechend unterscheiden sich "Imagekampagnen" eigentlich nicht mehr von "Werbekampagnen", und vom angeblich PR-spezifischen Charakter der Kategorie Image ist nichts mehr zu sehen.

Demgegenüber soll Image hier im Sinne von Imagegestaltung als eine zentrale Kategorie zum Verständnis von Öffentlichkeitsarbeit aus systemtheoretischer Sicht verstanden werden. Indiz für die Richtigkeit und Bedeutung dieser Auffassung sind nicht zuletzt die zunehmenden Bestrebungen oder Zwänge, auch im non-profit-Bereich Image-Analysen und Strategien der Image-Gestaltung einzusetzen, häufig freilich nur als isolierte Werbemaßnahme: bei Städten und Kommunen, bei Polizei und anderen öffentlich-rechtlichen Service-Stationen, bei den Kirchen, Gewerkschaften, Verbänden und Vereinen usw. Offenbar scheint es sinnvoll oder notwendig, traditionelle Kommunikations- und Interaktionsformen auf bestimmte Weise ganzheitlich neu zu gestalten.

Imagegestaltung als Zentralkategorie für Öffentlichkeitsarbeit, verstanden als Interaktion in Gesellschaft, ist jedoch mit keiner der genannten vier Bedeutungen identisch - insbesondere nicht mit der psychologischen bzw. personenbezogenen oder gar der ökonomischen bzw. marktbezogenen. Und Imagegestaltung als PR-Begriff setzt sich auch nicht aus irgendwelchen Überlappungen von Teilen dieser vier Bedeutungen "irgendwie" zusammen. Image soll hier vielmehr als Funktion einer Strukturhomologie aufgefaßt werden, die gemäß den verschiedenen Formen und Graden von Interaktion in Gesellschaft zunächst einmal als Wahrnehmungskategorie beschrieben werden kann, dann wieder als Kommunikationskategorie, letztlich aber als Handlungskategorie gelten muß. Strukturhomologie bezeichnet das perfekte Image, eine

---

88 Michael Wöhrle: Imagebildung als Ziel von PR-Prozessen. In: PR-Magazin, Nr. 8 (1987), 23-30.
89 Siehe z.B. Anneliese und Rolf Ulrich Mayer: Imagetransfer. Hamburg 1987. Das Beispiel verdeutlicht, daß es sich dabei ausschließlich um eine Werbe- bzw. Marketingstrategie handelt.

erfolgreich gestaltete Systembeziehung zur Umwelt, wie sie bislang, in fälschlicher Personalisierung, als "Aufbau von Vertrauen" oder "Entwicklung gegenseitigen Verständnisses" gefaßt wurde. Strukturhomologie meint nicht Anpassung des Systems an seine Umwelt bzw. Strukturidentität als Ziel, sondern sie meint Interaktion in Übereinstimmung von Strukturiertheit. Damit ist die interne Ordnung innerhalb des Systems gemeint: die oben genannte hochkomplexe, mehrdimensionale, dynamische Vernetzung. Image heißt: identifizierbar. Mit der bloßen wechselseitigen Information über die je spezifische Strukturen eines Systems, die dabei prinzipiell aber selbstverständlich verschieden voneinander bleiben, ist es jedoch nicht getan. Strukturhomologie heißt vielmehr: System und Umweltsystem interagieren innerhalb einer Teilöffentlichkeit miteinander in Kenntnis und auf der Basis ihrer jeweiligen Strukturen. Image als Funktion einer Strukturhomologie bezeichnet das handlungs- und entscheidungsrelevante "Sinn"-Bild, als das ein System bei seinen Umweltsystemen bzw. in den relevanten Teilöffentlichkeiten existiert. Damit wäre als systemtheoretische Definition für "Öffentlichkeitsarbeit" festzuhalten: Öffentlichkeitsarbeit ist Imagegestaltung als Explikation und Vermittlung des jeweiligen System-"Sinns" mit dem Ziel der Strukturhomologie. Sie kann unterschiedlich stark ausgeprägt sein, je nach Priorität gegenüber anderen Systemen. Sie kann unterschiedlich komplex ausgebildet sein, je nach Art und Intensität der Interaktionen. Sie kann unterschiedliche Wertungen aufweisen, je nach Interaktions- oder Kommunikationsgrad. Und sie ist fast in jedem Fall eher unterschiedlich akzentuiert. Ein Unternehmen, eine Organisation hat in verschiedenen Teilöffentlichkeiten also mit Notwendigkeit ganz verschiedene Images oder "Sinn"-Bilder, wobei diese vom Image in der Medienöffentlichkeit noch überlagert werden können. Und diese Images müssen keineswegs unbedingt harmonisiert, auf den selben Nenner gebracht oder sonstwie zwangsweise aufeinander bezogen werden. Imagegestaltung als Zentralkategorie von Öffentlichkeitsarbeit meint vielmehr die Ausbildung von Strukturhomologie gerade gesondert mit Blick auf jede systemrelevante Teilöffentlichkeit. Die Strukturmerkmale A und die Faktoren B, die im einen der vielen Umweltsysteme den "Sinn" im Kern bestimmen und die Interaktionen fundieren, mögen im anderen Umweltsystem, mit einer ganz anderen Struktur, völlig irrelevant sein, und hier wären vielmehr die Strukturmerkmale C und die Faktoren D ausschlaggebend für die anzustrebende Strukturhomologie. Und das gilt selbstverständlich analog auch für die internen Teilöffentlichkeiten eines Systems, also für PR nach innen, wo jedes Teil- oder Subsystem je eine spezifische Struktur, je einen spezifischen "Sinn" aufweist, die in Homologie zueinander und zur Gesamtstruktur des Systems gebracht werden müssen. Die Bewertungen der Images - extern ebenso wie intern - sind und bleiben stets relativ, und ein positives Image in der Teilöffentlichkeit X kann durchaus mit einem neutralen Image in der Teilöffentlichkeit Y sowie einem negativen Image z.B. in der Teilöffentlichkeit Z und einem wieder gegenläufigen Image in der internen Gesamtsystem- oder der externen Medienöffentlichkeit zusammengehen. Die für die Wertung ausschlaggebenden Momente also müssen sich zwangsläufig unterscheiden und sind deshalb in ihrer Unterschiedlichkeit oder Differenziertheit in Rechnung zu stellen.

Je mehr Imagegestaltung, also je mehr Ausdifferenzierung der systemspezifischen "Sinn"-Bilder, desto ausgebildeter die Strukturhomologie; je weniger, desto stärker die Kontraste, Widersprüche, Leerstellen, Konflikte, Gegensätze. Dabei wird Image nicht als einheitliches, auf "Identität" zielendes Phänomen sei es auf "die" Käufer, sei es auf die Corporate Identity "des" Unternehmens bezogen, sondern differenziert nach Teilöffentlichkeiten. Das heißt nicht etwa: Man sagt jedem, was er hören will oder was ankommt - Öffentlichkeitsarbeit als Augenwischerei. Sondern das heißt im Gegenteil: Man nimmt jede Teilöffentlichkeit und ihre Strukturen ernst und läßt sich auf sie ein. Interaktion mit dem Ziel weitestgehender Strukturhomologie kann nur als partieller Austausch über die jeweils vom andern als relevant definierten Strukturmerkmale gelingen. Insofern gilt zwar, daß die vielen Images eines einzelnen Systems in verschiedenen Teilöffentlichkeiten die Struktur dieses Systems nur jeweils partiell abbilden, aber gleichwohl real. Imagegestaltung ist demnach Selektion einzelner "Sinn"-Bilder, aber nicht Verschweigen, Verzerrung und Täuschung - so als wollte man einem Unternehmen subjektiv-modische Attribute wie "jung", "dynamisch", "innovativ" usf. ankleben oder verpassen, ohne daß sie de facto dem Unternehmen entsprechen bzw. in der entsprechenden Teilöffentlichkeit als relevant eingeschätzt werden. Selektion gilt insbesondere für die Homologie in Fragen der jeweils zentralen Interessen und Ziele: für die je unterschiedlichen Sinnmomente des Systems und der jeweiligen Teilöffentlichkeit oder der Medienöffentlichkeit.

Für den ökonomischen Imagebegriff liegt die Bedeutung des Image darin, daß es die Einstellungen der Menschen vorab prägt, d.h. Orientierungs- und Umweltbewältigungsfunktion hat. Ein positives Image eines Unternehmens schaffe demgemäß einen Vertrauenshintergrund (Sympathie), ein negatives provoziere Distanz (Antipathie). Die Menschen nehmen wahr, bewerten und entscheiden nicht danach, wie etwas ist, sondern danach, wie sie glauben, daß es sei. Image meint die Wirkung in der subjektiven Wirklichkeit - natürlich nicht als Scheinbild und blanke Phantasie, sondern in Übereinstimmung mit der gegenständlichen Wirklichkeit. In scharfem Kontrast dazu steht die Bedeutung des systemtheoretischen Begriffs von Image, im Rahmen von Öffentlichkeitsarbeit als Interaktion in Gesellschaft. Sie liegt hier darin, daß Image die Interaktionsmöglichkeiten von System und Teilöffentlichkeiten definiert. Die optimale Gestaltung des Image einer Organisation ist mit dem Erreichen einer Strukturhomologie gegeben (Interaktion), und die inhaltliche oder Wertfrage (positiv vs. negativ) rückt gegenüber der Frage nach Interaktionsmöglichkeiten und -grenzen in den Hintergrund. Die Systeme interagieren mit ihren Umweltsystemen bzw. Teilöffentlichkeiten nicht danach, wie sie strukturiert sind, sondern danach, wie ihre Strukturiertheit zum handlungs- und entscheidungsrelevanten Faktor gerinnt. Mit anderen Worten: Das Image einer Organisation in einer Teilöffentlichkeit oder bei einem Umweltsystem ist desto besser, je mehr die von der Teilöffentlichkeit als relevant empfundenen Faktoren und Merkmale der Organisation erkannt sind und als Handlungsgrundlage dienen. Ein Image ist desto schlechter, je weniger interagiert wird. Sympathie und Antipathie werden also gewissermaßen auf die Systeme und Teilöffentlichkeiten bezogen. "Image" aus systemtheoretischer Sicht ist demnach keine "Wirkung", kein unfreiwilliges oder gezielt erzeugtes rational-emotional-soziales "Bild", kein irgendwie geartetes Resultat personaler Kommunikationsbeziehungen, sondern Ausdruck für die Qualität der Interaktion selbst zwischen System und Umweltsystemen in einer Teilöffentlichkeit oder der Medienöffentlichkeit. Imagebildung meint insofern Interaktion als einen dynamischen und kontinuierlichen Prozeß, nach innen und nach außen, in der objektiven Wirklichkeit - nicht als "Mache", als Pseudo-Interaktion infolge verzerrter, verfälschter Selbstdarstellung, sondern als Selektion real fundierter und als relevant bestimmter Struktur- und Sinnmomente. Imageanalyse ist im Kern also Interaktionsanalyse.

4. MEDIEN UND METHODEN

Öffentlichkeitsarbeit als Interaktion in Gesellschaft wird als kontinuierliche Imagegestaltung aufgefaßt. Das bringt ganz entscheidend die (technischen) Medien ins Spiel, aber nicht wie in anderen Wissenschaften bevorzugt als Informations- oder Kommunikationskanäle, sondern in zweierlei Hinsicht: erstens als Strukturmerkmale diverser Teilöffentlichkeiten und vor allem der sogenannten Medienöffentlichkeit, mithin als Systeme, in die es einzudringen, mit denen es zu interagieren gilt. Zweitens als spezifische Handlungsformen, denn Medien sind für Public Relations Instrumente zur Gestaltung von Images. Demnach sind in diesem Problemfeld zwei Fragen zu stellen und zu beantworten: Welcher Medien bedient sich die Öffentlichkeitsarbeit? Und: Welcher Öffentlichkeitsarbeit bedienen sich die Medien? Man kann schon einleitend sagen, daß bei dem defizitären Stand der Forschung bis heute noch keine dieser Fragen auch nur annähernd zufriedenstellend beantwortet werden kann, auch wenn zur ersten Frage bereits einiges Praxiswissen und zur zweiten Frage in der Kommunikations-, Publizistik- und Medienwissenschaft eine große Fülle von Einsichten angesammelt wurde. Eine Medientheorie als Teil einer Theorie der Öffentlichkeitsarbeit ist wohl nicht zuletzt auch deshalb noch ein Desiderat, weil die Rolle der Medien für Öffentlichkeit selbst nach wie vor wenig konsensualisiert bzw. erforscht ist. Es muß im übrigen bewußt bleiben, daß die genannten beiden Fragen nur logisch voneinander zu trennen sind und sachlich vielmehr unmittelbar zusammenhängen: Öffentlichkeitsarbeit wird sich in dem Maße der Medien bedienen (können), in dem es diese als Systeme gestatten.

Die Auffassung von Medien als Systemen impliziert eine holistische Gesellschaftsperspektive, die hier nur angedeutet werden kann: Es geht dabei um nichts weniger als um die übergeordneten Voraussetzungssysteme, nach denen Medien funktionalisiert sind - derzeit insbesondere im wirtschaftlichen System ("Medienökonomie"), im politischen System ("Medienpolitik") und im juristischen System ("Medienrecht"). Das "Grundwissen 'Öffentlichkeitsarbeit'" verweist demnach auf ein "Grundwissen 'Medien'", das insbesondere den genannten Voraussetzungssystemen Aufmerksamkeit zuwendet:[90]
- erstens Medienökonomie: die Medien in ihrer Verflechtung als Märkte.

---

90 Derzeit wird an einer Zusammenstellung dieses "Grundwissens Medien" gearbeitet. Eine Publikation ist für Anfang 1993 vorgesehen.

Die betriebswirtschaftliche Perspektive dabei meint vor allem die Organisationsstrukturen von Medienbranchen und Einzelunternehmen, die Personalstruktur und -führung, die Planung und Kostenrechnung in einzelnen Medienbetrieben, Marketing und Controlling usw. Die volkswirtschaftliche Perspektive wirft Probleme auf wie beispielsweise die Medienkonkurrenz, die Bedeutung der Nachrichtenagenturen, intermediäre Kooperationsformen, Distributionsprozesse für Medienprodukte, Wettbewerbsbeschränkungen, Formation von Medienmultis, Monopolisierung von Angeboten und Märkten usw. Mit "Medienmarkt" ist weniger das einzelne Medium (z.B. Film, Fernsehen, Zeitung) gemeint als vielmehr ökonomische Teilöffentlichkeiten oder Binnensysteme wie z.B. der Publikumsmarkt, der Werbemarkt, der Softwaremarkt, der Nachrichtenmarkt, der Verwertungsmarkt, der Personalmarkt, der Distributionsmarkt, der elektrotechnische Markt.

- zweitens Medienpolitik: die Instrumentalisierung der Medien für bestimmte politische Ziele.

Dabei lassen sich mehrere Interessenlagen unterscheiden: die Medienpolitik des Staates, die in demokratischen Gesellschaften auf bestimmte Aufgaben speziell der Massenmedien bei der Information und Meinungsbildung im Sinne demokratischer Öffentlichkeit abzielen; die Medienpolitik der verschiedenen politischen Parteien; die Medienpolitik der Medieninstitutionen selbst; die Medienpolitik der Wirtschaft, speziell der Werbewirtschaft; die Medienpolitik bestimmter gesellschaftlicher Gruppen wie z.B. der Kirchen, Verbände, Gewerkschaften usw.

- drittens Medienrecht: alle Gesetze, Verordnungen, Richtlinien, Staatsverträge, Vereinbarungen, die die Medien betreffen.

Das reicht von der verfassungsrechtlichen Fundierung des Medienrechts und entsprechenden Grundrechten (z.B. Berufs- und Gewerbefreiheit, Kommunikationsfreiheit, Freiheit der Presse und der Rundfunk- und Filmberichterstattung) bis hin zu Schwerpunkten wie Urheberrecht, Wettbewerbsrecht, Ehren- und Persönlichkeitsschutz oder Jugendschutz. Wenn hier beispielsweise der Gegendarstellung, als dem Pendant zur Berichterstattungsfreiheit, besondere Bedeutung zukommt, wird erneut nur der untrennbare Zusammenhang von Medium als System (hier Rechtssystem) und als Handlungsinstrument für Öffentlichkeitsarbeit (hier Gegendarstellung) verdeutlicht.

In der PR-Literatur ist die Auffassung der Medien als Handlungsinstrumente erwartungsgemäß stärker reflektiert. Fast ausschließlich geht es da um die Frage: Welcher Medien und Methoden bedient sich die Öffentlichkeitsarbeit? Dabei steht dieses Problemfeld im Rahmen von Öffentlichkeitsarbeit bislang primär unter dem Gesichtspunkt von Umweltsystemen; Art, Einsatz und Wirkung der PR-Medien bemessen sich nach ihrer Ausrichtung nach draußen; die Bedeutung der Medien für PR nach innen wurde bislang kaum erst untersucht. Dabei dominiert die praktizistische Perspektive: Welcher Medien (Instrumentalmedien) bediene ich mich wann, wie, wozu? Nur nebenbei sei an dieser Stelle vermerkt, daß dabei noch völlig ungeklärt ist, inwiefern Medien als spezifischer Code, der Wirklichkeit unter dem Gesichtspunkt globaler Teilhabe inszeniert, in Rechnung gestellt werden müssen, also wie welcher Grad von Authentizität auf welche Weise bei wem erreicht werden muß. Eine solche einzelmedienübergreifende Perspektive könnte später einmal auch zum Kernbereich einer PR-spezifischen Medientheorie gehören.

Aus der Sicht des Praktikers erscheint es zweckmäßig, bei Instrumentalmedien grundsätzlich zu unterscheiden: zum ersten in einzelne Medien wie Zeitschrift, Broschüre, Btx oder Film, zum zweiten in Methoden oder Strategien oder Techniken wie Pressekonferenz, Tag der offenen Tür oder Ideenwettbewerb. Bei den Medien wiederum wird üblicherweise in Printmedien (Sekundärmedien) und elektronische Medien (Tertiärmedien) unterschieden. "Medien" meint die Instrumente der Öffentlichkeitsarbeit als solche, gewissermaßen isoliert; aber natürlich muß bewußt bleiben, daß sie im Rahmen von Public Relations stets im Verbund eingesetzt werden. Damit zeigt sich die systemspezifische Mediaselektion als ein übergeordnetes, wichtiges Problem in diesem Bereich. Mediaselektion beschreibt aus der Sicht des Praktikers den Prozeß, in dem einzelne Medien - mit Blick auf die gewählte Teilöffentlichkeit - gleichsam wie Instrumente ausgewählt, aufeinander abgestimmt und dann im Verbund zum Einsatz gebracht werden.[91] "Methoden" dagegen meint Verfahren, die zusätzlich eine wichtige Rolle für die Öffentlichkeitsarbeit spielen bzw. den Medieneinsatz regulieren. Strenggenommen müßten zahlreiche Methoden ebenfalls als Medien reflektiert werden, und zwar als Mensch-Medien (Primärmedien), insofern Menschen in bestimmten Rollen reglementierte Vermittlerfunktion übernehmen (z.B. der Pressereferent im Rahmen der Pressekonferenz, der Geschäftsführer im Rahmen des Betriebsfestes, der Lobbyist im Rahmen der Parlamentsarbeit etc.). Da aber auch die theoretische Bedeutung solcher "Mensch-Medien" im Rahmen von Öffentlichkeitsarbeit bislang noch nicht hinreichend reflektiert wurde, wäre eine entsprechende Umbenennung zum jetzigen Zeitpunkt lediglich kosmetischer Natur und würde unnötig verwirren. Es bleibt deshalb zunächst nichts weiter übrig, als die alte Terminologie noch beizubehalten - auch um den Preis, daß die

---

91 Vgl. auch Hermann W. Freter: Mediaselektion. Wiesbaden 1974.

Brisanz speziell dieser Mensch-Medien für die Strukturen der diversen Teilöffentlichkeiten sowie für die Interaktionen des Systems mit seinen Umweltsystemen nicht angemessen zum Vorschein kommt.

Bei der Darstellung PR-relevanter Medien muß ein knapper Überblick, kaum mehr als eine bloße Aufzählung, genügen. Über die PR-Wirksamkeit oder PR-Eignung des einzelnen Mediums bzw. Verbunds existieren kaum oder gar keine wissenschaftlich gesicherten Informationen, und auch die spezifischen Merkmale des jeweiligen Mediums, als Instrument wie als Zielsystem, sind im Hinblick auf ihre Bedeutung für Öffentlichkeitsarbeit bislang noch nicht ernsthaft ausgelotet.

4.1. Printmedien

Das bislang immer noch wichtigste Medium für die Öffentlichkeitsarbeit nach außen ist die Zeitung, für die Öffentlichkeitsarbeit nach innen das Schwarze Brett. Das ist allerdings nicht auf eine besondere Eignung dieser beiden Medien zurückzuführen, sondern eher auf Tradition und schlechte Gewohnheiten bei der Öffentlichkeitsarbeit bzw. auf die Phantasielosigkeit der PR-Berater und Pressesprecher, die sich entweder (nach außen) noch stark an einem eher journalistischen Berufsbild orientieren oder (nach innen) tendenziell einem Verlautbarungsjournalismus anhängen.

Hinweis auf die zentrale Bedeutung der Zeitung für Öffentlichkeitsarbeit ist die Einsicht, daß Journalisten von Presse, Hörfunk und Fernsehen sich nach ihrem eigenen Rollen-Selbstverständnis zwar als mehr oder weniger freie Urheber von Medieninhalten begreifen, sich bei ihrer Arbeit aber bestimmter Quellen bedienen; das gilt insbesondere auch für die wichtigen Nachrichtenagenturen. Untersuchungen haben gezeigt, daß zwei von drei Presseartikeln - andere Forschungen gehen inzwischen von 80% aller Nachrichten auch in honorigen Blättern aus - auf PR-Material beruhen.[92] In den USA wird dieser Sachverhalt mit Begriffen wie "news management", "spoonfeeding" und "information subsidies" bezeichnet: Die virtuos und sorgfältig aufbereitete PR-Information wird an die Medien bzw. Journalisten weitergeleitet, so daß Öffentlichkeitsarbeit die Leistungen tagesaktueller Medien extrem stark determiniert. Je besser das PR-Material journalistisch, d.h. gemäß dem Bedarf der Medien, aufbereitet ist, desto häufiger wird es "gecovert", d.h. übernommen.

---

92 Vgl. auch den Überblick bei Barbara Baerns: Öffentlichkeitsarbeit und Journalismus. In: G. Haedrich (Hrsg.), Öffentlichkeitsarbeit. Ein Handbuch. Berlin 1982, 161-173.

Das bedeutet, "daß Themen, welche die Öffentlichkeitsarbeit schwergewichtig behandelt, auch von den Medien schwergewichtig behandelt werden und daß Themen, welche die PR-Leute am Rande behandeln, auch von den Medien am Rande behandelt werden. Mit anderen Worten: Das Mediensystem übernimmt das von den PR vorgegebene Themenangebot - auch in seiner Gewichtung - praktisch unverändert."[93] In einer immer noch anschwellenden Informationsflut ziehen sich die Journalisten in der Praxis offenbar immer mehr darauf zurück, aus den eingehenden Nachrichten auszuwählen (Selektion), allzu positive Wertungen herauszustreichen (Neutralisierung) und die Texte zu kürzen (Verdichtung), um sie dann in Auflage und Reichweite umzusetzen. Eigene Recherche, aber auch Kommentierung und Kritik sind hier zunehmend die Ausnahme. Die journalistische Leistung in den Medien ist also oft nichts weiter als die Leistung der PR-Schaffenden. Das heißt nicht, die Medien seien von der PR einseitig abhängig, aber es heißt: "Die Medien sind auf den Input der Öffentlichkeitsarbeit ebenso angewiesen wie diese auf die Publikationsleistung der Medien angewiesen ist. PR-Schaffende müssen, um ihr Ziel zu erreichen, sich den Nachrichtenwerten und der Produktionsroutine der Journalisten anpassen und diese antizipieren. Journalisten honorieren solches Wohlverhalten mit zurückhaltender Transformation der PR-vermittelten Informationen."[94]

Bei der Zeitung, die bisher nur im Hinblick auf Werbung untersucht wurde und auch innerhalb der Öffentlichkeitsarbeit häufig noch als Marketinginstrument mißverstanden wird, muß zunächst die Unterscheidung in verschiedene Zeitungstypen und Verbreitungsarten berücksichtigt werden. Damit ist die Unterschiedlichkeit von Tages-, Wochen- und Sonntagszeitungen gemeint, dann auch die Unterschiedlichkeit des Verbreitungsgebietes: lokal, regional, überregional, schließlich auch die Unterschiedlichkeit der redaktionellen Zeitung im Gegensatz zu den gänzlich auf Werbeeinnahmen basierenden Anzeigenblättern. Anzeigenblätter scheinen für Öffentlichkeitsarbeit kaum geeignet, weil die redaktionellen Teile dort den Werbeanzeigen markant untergeordnet

---

93 Siehe René Grossenbacher: Hat die "Vierte Gewalt" ausgedient? Zur Beziehung zwischen Public Relations und Medien. Media Perspektiven 11/1986, 725-731. Vgl. auch ders.: Die Medienmacher. Eine empirische Untersuchung zur Beziehung zwischen Public Relations und Medien in der Schweiz. Solothurn 1986; Barbara Baerns: Öffentlichkeitsarbeit oder Journalismus? Köln 1985; Josef Hintermeier: Public Relations in journalistischen Entscheidungsprozessen. Düsseldorf 1982; Stephan Ruß-Mohl: Wohldosiert und leicht verdaulich. Amerikanische PR-Agenturen steuern zunehmend die Nachrichtenauswahl der Massenmedien. Die Zeit Nr. 40, v. 29.9.89, 34.
94 Grossenbacher, a.a.O., S. 730.

sind und eher das Image der Käuflichkeit vermitteln als imagebildendes Strukturwissen. Ähnliches gilt auch für sogenannte "Sonderveröffentlichungen" in Zeitungen, oft zu bestimmten Themen, wo ähnlich die redaktionellen Teile nur das Umfeld für werbliche Aktivitäten abzugeben haben. Erscheinungsweise und Verbreitungsgebiet dagegen sind zwei Faktoren, die je nach Art des kommerziellen Unternehmens bzw. der non-profit-Unternehmung ausschlaggebend sein können für Erfolg oder Mißerfolg zeitungsbezogener Öffentlichkeitsarbeit. Der Zeitungstyp meint, zumal nach Verbreitungsgebiet, stets auch eine bestimmte Teilöffentlichkeit, d.h. eine bestimmte soziale Schicht bzw. eine bestimmte, häufig auch geographisch bestimmte Mentalität, ein entsprechendes spezifisches Wertesystem. Frankfurter Allgemeine Zeitung und Stader Tageblatt, um nur zwei völlig willkürlich herausgegriffene Beispiele zu nehmen, unterscheiden sich im Hinblick auf die jeweils angesprochenen Teilöffentlichkeiten und Wertsetzungen ebenso grundsätzlich voneinander wie etwa das Stormarner Tageblatt in Oldesloe in Schleswig-Holstein und der Land- und Seebote in Starnberg in Bayern. In der Regel zielt Öffentlichkeitsarbeit entweder auf einen lokalen bzw. begrenzt regionalen Bereich oder aber auf die sogenannte Medienöffentlichkeit im überregionalen Sinn. Man kann vielleicht sagen: Je präziser die Teilöffentlichkeiten für PR-Maßnahmen eingegrenzt und bestimmt werden können, desto leichter fällt die Auswahl der entsprechenden Informations- und Meinungsträger.

Auch Strukturmerkmale wie die folgenden spielen eine wesentliche Rolle: die extreme und zunehmende Konzentration auf dem Zeitungsmarkt, die Aufteilung der Zeitung zumeist in Mantel und Lokalteil, die jeweilige Unterteilung in verschiedene Ressorts (Politik, Wirtschaft, Feuilleton, Sport, Lokales etc.), die Steuerung durch Presseagenturen. In der Regel wird beispielsweise von der Öffentlichkeitsarbeit nur ein einziges Ressort angesprochen - die Öffentlichkeitsarbeit eines großen Unternehmens zielt eher auf das Ressort Wirtschaft als etwa auf das Ressort Politik, und zwar in einer überregionalen Zeitung, wogegen die Öffentlichkeitsarbeit eines Kreisstadtkrankenhauses, in einer regionalen Zeitung, eher auf das Ressort Lokales abgestellt ist als etwa auf das Ressort Sport, usw. Man kann hier im Sinne der Strukturhomologie als dem Ideal der Imagegestaltung sagen: Je umfassender die Kenntnisse über Eigentumsverhältnisse und Organisationsstrukturen und Arbeitsweisen von Redaktionen, desto gezielter lassen sich die richtigen Ansprechpartner finden.

Diese persönlichen Kontakte sind vielleicht das wichtigste PR-relevante Merkmal beim Medium Zeitung. Der PR-Referent sollte seine journalistischen

Ansprechpartner kennen und ihnen bekannt sein - etwa durch regelmäßigen schriftlichen Kontakt oder möglichst persönlich -, denn er muß sie in der Regel erst davon überzeugen, daß seine Informationen Nachrichtenwert haben. Der Wert einer Nachricht bemißt sich meist nach Kriterien wie Aktualität, Neuheit, Bedeutung, Originalität - die Reihenfolge unterscheidet sich auch nach dem Zeitungstyp und dem Ressort. Daß der persönliche Kontakt im lokalen oder begrenzt regionalen Rahmen anders aussehen wird als bei überregionaler Öffentlichkeitsarbeit, liegt auf der Hand. Es sind vor allem jeweils andere systemrelevante Vertreter, mit denen diese Kontakte anzuknüpfen und zu entwickeln sind: Wenn es um den Bau einer neuen Brücke im Ortskern geht, spricht der Oberbürgermeister oder Pressereferent einer Stadt im Rahmen kommunaler Öffentlichkeitsarbeit eher den Redakteur der heimischen Zeitung, Ressort Lokales, an; wenn es um die Eröffnung einer Gemäldeausstellung oder eines Filmfestivals von internationalem Rang geht, wird er jedoch, neben dem Redakteur der heimischen Zeitung, Ressort Feuilleton, eher die Redakteure der überregionalen Presse, Ressort Feuilleton, und die Nachrichtenagenturen kontaktieren. Persönliche Kontakte dieser Art sind medial, d.h. systemspezifisch funktionalisiert und dürfen nicht als Beeinflussungsversuche mißverstanden werden, und wenn der PR-Beauftragte einer Organisation den Feuilleton-Chef einer lokalen Zeitung zum Essen einlädt, auch ganz ohne aktuellen Anlaß, ist das kein Bestechungsakt, sondern Teil seiner normalen Arbeit als PR-Berater und PR-Gestalter, d.h. im intersystemischen Handeln.

Bislang war das Medium Zeitung als Zielmedium gemeint: Durch entsprechende Informationen, über den jeweiligen Redakteur, wird Öffentlichkeitsarbeit mit Blick auf den redaktionellen Teil betrieben. Allerdings ist die Zeitung im Prinzip auch unmittelbar PR-Instrument, und zwar über die Image- oder Public-Relations-Anzeige, die in ihrer Bedeutung neben die Image-Broschüre und den Geschäftsbericht tritt: "Sie gehört im Investitionsgütersektor zu den wichtigsten gedruckten PR-Mitteln."[95] Aber auch im Zusammenhang mit Image-Kampagnen - so etwa von großen Chemieunternehmen oder internationalen Mineralölfirmen - wird die Zeitung als Träger von good-will-Anzeigen zu einem wichtigen Instrument der Öffentlichkeitsarbeit.

Zur Zeitung (und Zeitschrift) als Medium der Öffentlichkeitsarbeit gehört unabdingbar die Pressebeobachtung und Dokumentation, in der Regel mithilfe

---

95 Vgl. Dieter Pflaum im Lexikon der Public Relations, a.a.O., 319ff.

eines Ausschnittdienstes.[96] Es gibt Dienstleistungsunternehmen (z.B. Media-Control, Argus, Hermes u.a.), die sich darauf spezialisiert haben und den Medienmarkt bundesweit erfassen. Viel zu wenige Unternehmen nutzen diese Möglichkeit, und von den wenigen verzichten zudem noch die meisten auf eine permanente, systematische, quantitative und qualitative Analyse des Materials. Eine Erfolgskontrolle über die Nutzung des Mediums Zeitung (und Zeitschrift) als Medium der Öffentlichkeitsarbeit für ein Unternehmen, eine Institution, eine Organisation usf. ist anders gar nicht möglich. Ausgewählte Artikel, welche die Unternehmung in einem guten Licht erscheinen lassen oder den Eindruck erwecken, ein positives Image im alten Sinn des "guten Rufs" zu befördern, schmeicheln fraglos dem Ego des Leiters, Firmeninhabers, Geschäftsführers etc., vielleicht auch den Mitgliedern, Kunden, Lieferanten, Mitarbeitern und sogar einer begrenzten Teilöffentlichkeit der Systemumwelt, aber eine nüchterne Erfolgskontrolle können sie nicht ersetzen. Deshalb gehört zur Zeitung als PR-Medium zwangsläufig das entsprechende hauseigene Archiv.

Die Zeitung für die Öffentlichkeitsarbeit nach innen ist vor allem das Schwarze Brett - gleichsam die Wandzeitung. Große Unternehmen nutzen das Medium auch in Form einer hauseigenen oder Betriebszeitung, die allerdings in der Regel wöchentlich statt täglich erscheint. Das Schwarze Brett als eine andere Form des Mediums Zeitung findet sich heutzutage zwar in fast allen Firmen, Institutionen und Verbänden, kommerzieller wie nichtkommerzieller Art, aber es gehört immer noch zu den am stärksten unterschätzten PR-Medien überhaupt, zu dem bislang offenbar kaum eine wissenschaftliche Untersuchung durchgeführt worden ist.[97] Die Bandbreite der Formen und Gestaltungsweisen ist zudem enorm: Das Schwarze Brett reicht vom Verlautbarungsorgan der Geschäftsführung über den Zustand als Grab vergilbter und überholter, unwichtiger Reklamezettel oder als Kampffront des Betriebsrats bis zum lebhaften Kommunikationsaustausch für alle Mitarbeiter im Hause. Vielleicht drückt sich in der defizitären Nutzung des Schwarzen Bretts als PR-Medium für die Öffentlichkeitsarbeit nach innen am deutlichsten die häufig mangelhafte Zielkonzeption von mittelständischen Unternehmen und non-profit-Unternehmungen mittlerer Größe aus sowie der Verzicht darauf, die Mitarbeiter umfassender zu informieren und das Image nach innen zu verbessern. Häufig

---

96 Zur hochinteressanten Geschichte dieses Dienstleistungsbereichs siehe etwa Hartmut Volk: "Ausschnittdienste" in Schulze-Fürstenows Loseblatt-Sammlung, VII, 11-16.
97 Siehe dazu etwa Jutta Lieb: Bibliographischer Überblick über Themenbereiche der Öffentlichkeitsarbeit. Bardowick 1991.

wird den Mitarbeitern immer noch bestenfalls als Ausnahme PR-Funktion zugeordnet. Das Schwarze Brett dient idealerweise zunächst einmal der Information der Mitarbeiter oder Mitglieder mit einer klaren Zielsetzung: Transparenz des Betriebs- oder Vereinsgeschehens, Verhinderung oder Abbau von Vorurteilen und Ängsten, Abbau von Unzufriedenheit, Darstellung von Unternehmens- oder Organisationszielen und damit verstärkt Motivierung. Sodann aber kann das Schwarze Brett auch in dem Maße zum PR-relevanten Handlungsinstrument werden, in dem sich die Mitarbeiter (in einer eigenen Spalte) ihrerseits seiner aktiv bedienen. Kommunikation verläuft hier nicht einseitig "von oben nach unten", sondern auch umgekehrt und vor allem horizontal, von Teilgruppe zu Teilgruppe. Zielkonflikte, Rollenkonflikte und andere Konflikte der Mitarbeiter oder Mitglieder intern haben mit dem Schwarzen Brett ein Forum, um offengelegt und weitgehend ausgetragen zu werden. Insofern signalisiert die Gestaltung und Bedeutung des Schwarzen Bretts in einer Unternehmung nicht nur die Art des Führungsstils - eher autokratisch, eher demokratisch, eher laissez-faire -, sondern auch den Entwicklungsstand der innerbetrieblichen Öffentlichkeit. Wolfgang Friedrich machte in einer empirischen Studie indirekt auch den Zusammenhang von PR nach innen und dem Schwarzen Brett sichtbar, als er ermittelte, daß nur die Hälfte aller untersuchten mittelständischen Unternehmen ihr Schwarzes Brett tatsächlich auch als PR-Medium gezielt einsetzen, obwohl nach früheren Untersuchungen Mitarbeiter, die sich für ausreichend unterrichtet halten, ihre Informationen mit großem Abstand (40%) vom Schwarzen Brett und erst an zweiter Stelle von der Werkszeitschrift (27%) erhalten.[98] Friedrich konnte gemäß seiner übergeordneten Fragestellung grundsätzlich zwei Hypothesen bestätigen: Je eindeutiger die Ziele der Unternehmung formuliert werden, desto eher werden sie von den Mitarbeitern akzeptiert. Und: Je mehr Artikulationsmöglichkeiten für die Mitarbeiter bestehen, desto eher werden sie die Ziele der Unternehmung akzeptieren.[99]

Nicht nur für das Schwarze Brett gilt, daß es zu seiner PR-Funktion bislang kaum wissenschaftlich gesicherte Erkenntnisse zu geben scheint. Das trifft auch auf zahlreiche andere, verwandte Medien zu: auf das Plakat (nicht als Werbemedium, sondern als Medium der Öffentlichkeitsarbeit, nach außen wie nach

---

98 Wolfgang Friedrich: Erkenntnisse und Methoden interner Public Relations. Praktische Ansätze in mittelständischen Unternehmen. Diss. Nürnberg 1979.
99 a.a.O., 200.

innen), auf das Blatt bzw. Flugblatt, auf den Image-Prospekt, auf die Image-Broschüre.
- Das Plakat hat bestimmte Grundelemente, in denen seine Funktion zum Ausdruck kommt: großes Format, kurze und griffige Texte, knallige Farbe, unverwechselbares Symbol; das Plakat zielt auch bei der Öffentlichkeitsarbeit auf einen hohen Aufmerksamkeits- und Wiedererkennungswert. Man unterscheidet Allgemeine Anschlagstellen, Ganzsäulen, Großflächen und CityLight-Posters (Poster in Vitrinen oder hinter Glas), aber auch die sogenannten Sandwichleute, mit Plakaten am Körper. Neuere Formen umfassen auch Großbildschirme in Straßen, die Gestaltung von Kanaldeckeln, akustische Plakatwände oder verschiedene High-Tech-Systeme. Für die nähere Zukunft scheint die Solartechnik neue Möglichkeiten anzubieten.
- Das Flugblatt oder "Info" ist ein mobiles Medium: kleinformatig, meistens Din A-4, handlich, billig, tagesaktuell und schnell, dafür aber auch im Informationsgehalt eingeschränkt und flüchtig, d.h. zum raschen Wegwerfen verurteilt. In der Öffentlichkeitsarbeit wird es vor allem für PR nach innen angewandt.
- Der Prospekt und die Broschüre dagegen richten sich primär nach außen und können maßgeblich zur Imagebildung beitragen. Im kommerziellen Bereich ohnehin, aber auch für non-profit-Unternehmungen gehören diese beiden Medien zunehmend zur Selbstverständlichkeit. Umso schmerzlicher ist das übliche erschreckende Bild, das Prospekte und Broschüren unfreiwillig vom Unternehmen zeichnen. Dabei wird zum einen oft genug maßlos überzogen bzw. schlicht gelogen und sonstwie verfälscht; das fixierte Bild entspricht nicht der tatsächlichen Struktur einer Organisation oder Unternehmung, und der Prospekt oder die Broschüre ruft desto größeres Mißtrauen wach, je mehr finanzieller Aufwand getrieben wurde. Zum andern aber gibt es auch, gerade bei non-profit-Unternehmungen, immer wieder den Fall, daß Prospekte und Broschüren derart schlecht, unprofessionell, "billig" gemacht sind - in Wort und Bild, in Layout und Aufmachung und im ganzen Erscheinungsbild -, daß sie eher abstoßen, also Strukturhomologie verhindern, als imagebildend zu wirken. Das Bemühen um Imageverbesserung und Optimierung der Interaktion kehrt sich in beiden Fällen ins glatte Gegenteil.

Ein anderes Medium der Öffentlichkeitsarbeit ist der Brief: als Leserbrief, als Gegendarstellung, als Rundbrief, Mitgliederbrief, Mitarbeiterbrief oder auch Kundenbrief. Auch dieses Medium, wenngleich von geringerer Bedeutung, ist auf seine PR-Tauglichkeit bislang nur unzureichend untersucht worden.

- Beim Leserbrief, den auch Firmen, Verbände, Institutionen nutzen können, stehen eher Sachlichkeit und Knappheit im Zentrum als Parteilichkeit und Interpretation. Dieses Instrument empfiehlt sich nur in Ausnahmefällen als Mittel der Öffentlichkeitsarbeit, weil der Leserbrief traditionell bevorzugt persönliche Stellungnahmen individueller Absender enthält und Redaktionen mit Kürzungen bzw. dem Nichtabdruck gerade bei Unternehmungen, speziell bei kommerziellen, reagieren. Interessanterweise bieten sich neuerdings verstärkt Anzeigenblätter für kritische Leserbriefe zu brisanten Themen aus dem kommunalpolitischen Bereich an; ob sie sich hier als Mittel von Öffentlichkeitsarbeit bewähren, scheint allerdings eher fraglich. Hanns Anders schätzt, daß etwa jeder sechste bis zehnte Leserbrief "klar erkennen läßt, daß er von einer Person oder Stelle stammt, die damit Öffentlichkeitsarbeit verbindet."[100] Als Medium lassen Leserbriefe gerade in kritischen Situationen, etwa im Falle von Angriffen oder Negativschlagzeilen über eine Behörde, Firma oder einen Verband, erkennen, wieweit sich die entsprechenden Mitarbeiter privat und freiwillig und als Eigeninitiative, in Leserbriefform, dazu äußern - das heißt: wie erfolgreich die geleistete Öffentlichkeitsarbeit nach innen war bzw. wie weit sich Mitarbeiter oder Mitglieder mit ihrer Organisation identifizieren. Leserbriefe sind zugleich als Spiegel allgemein gesellschaftlicher Themen und somit als Hinweise daraufhin auswertbar, was in verschiedenen Teilöffentlichkeiten und Umweltsystemen gerade relevant ist und wo eine effiziente Öffentlichkeitsarbeit anknüpfen könnte.

- Gegendarstellungen dienen dem Schutz von Unternehmen und Institutionen vor falscher Berichterstattung durch die Presse (bzw. Hörfunk und Fernsehen) und der entsprechenden Beeinflussung der öffentlichen Meinung. Auf Gegendarstellungen besteht ein Rechtsanspruch sowohl von Einzelpersonen als auch von Organisationen - in der nächstmöglichen Ausgabe des Publikationsorgans und an gleicher Stelle. Auch Gegendarstellungen werden im Rahmen der Öffentlichkeitsarbeit nur bei wirklich gravierenden falschen Tatsachenbehauptungen erwirkt. Oft nutzt ein Gespräch mit dem Redakteur sehr viel mehr. In jedem Fall verweisen Gegendarstellungen, wenn sie sich häufen, auf ein grundsätzlich gestörtes Verhältnis zwischen Unternehmen und Redaktion, das zu weiteren Maßnahmen Veranlassung geben sollte. Die Gegendarstellung hat bestimmte formale Bedingungen zu erfüllen und muß im größeren Rahmen der juristischen Voraussetzungen und Regeln für die Öffentlichkeitsarbeit gesehen

---

100 Hanns Anders: "Der Leserbrief", in Schulze-Fürstenows Loseblatt-Sammlung, a.a.O., III, 251-264, hier 259.

werden.[101] Sie ergeben sich aus den unterschiedlichen Landespresse- und - rundfunkgesetzen.
- Der Brief kann als Kunden- oder Lieferanten- oder Interessentenbrief nach außen ebenfalls noch vielfach ungenutzte Möglichkeiten der Öffentlichkeitsarbeit eröffnen, ebenso wie als Mitglieder- oder Mitarbeiterrundbrief nach innen.

Weitere PR-Medien im Printbereich sind Heft, Buch und Aufkleber oder Button.
- Das Heft meint vor allem Geschäftsberichte, Jahresberichte, Sozialberichte u.ä., aber auch Einführungsschriften etwa für neue Mitarbeiter oder neue Mitglieder.
- Das Buch als Eigenpublikation einer Unternehmung kann sowohl die Geschichte beispielsweise eines großen Unternehmens darstellen als auch eine Festschrift anläßlich des hundertjährigen Bestehens eines Sportvereins sein oder die Biographie eines großen Politikers der eigenen Partei beschreiben. Das Buch als PR-Medium kann aber auch durchaus produktbezogen gestaltet werden, etwa als Kulturgeschichte der Seife (bei einer Seifenfirma), oder es kann die Entwicklungsgeschichte der heutigen Polizei seit ihren Anfängen im 19. Jahrhundert beschreiben. Auch dieses Medium wird im Rahmen der Öffentlichkeitsarbeit bislang noch viel zu selten genutzt.[102] Das Buch als Medium im Rahmen interner Öffentlichkeitsarbeit meint aber auch die vielfach vorhandenen innerbetrieblichen Werkbüchereien, die den Mitgliedern oder Mitarbeitern eine mehr oder weniger breite Auswahl der verschiedensten Lesestoffe zur unentgeltlichen Nutzung anbietet - ein Service, der stärker genutzt wird, als man sich das denken kann.[103] 1990 sollen immerhin 116 Werksbibliotheken mit einem Medienbestand von ca. 1,7 Mio Einheiten zur Verfügung gestanden haben.[104]
- Aufkleber, Button, Ansteckknöpfe, Fähnchen, Schautafeln, Transparente, bedruckte Luftballons u.ä. bis hin zu Filzdeckeln und anderen graphischen Literaturmedien sind weitere Medien, die vor allem veranstaltungs- und ereignis-

---

101 Vgl. etwa die entsprechenden Beiträge in: Öffentlichkeitsarbeit. Ein Handbuch, hrsg. v. G. Haedrich et al., a.a.O., Kap. X.
102 Siehe dazu Wolfgang A. Dolezal: "Wie eine Festschrift entsteht" und "Das Buch", in: Schulze-Fürstenows Loseblatt-Sammlung, a.a.O., III, 111-117 und 281-288.
103 Siehe etwa Gabriele Hefele: Die Werkbibliothek und ihre Benutzer. In: Börsenblatt für den Deutschen Buchhandel, Fr. Ausg., Nr. 85, v. 10.10.1980, W 1179 - W 1256 (Archiv).
104 Rita Kalbhenn in Schulze-Fürstenows Loseblatt-Sammlung, VIII, 101ff.

orientiert eingesetzt werden und oft im Hinblick auf sogenannte Gegenöffentlichkeiten Bedeutung haben.[105]

Gegenüber allen bisher neben der Zeitung erwähnten Medien aus dem Printbereich hat lediglich noch die Zeitschrift einen beachtlichen Entwicklungsstand als PR-Instrument erreicht; aber Effizienzforschungen fehlen auch hier weitgehend. Die Zeitschrift muß ähnlich differenziert gesehen werden wie das Medium Zeitung, und dabei spielt auch wieder die Differenz von Zielmedium und Instrumentalmedium eine wichtige Rolle. Für die Zeitschrift als Zielmedium gelten wieder medienspezifische Besonderheiten (wie z.B. Spannung als Kriterium), ferner die Wichtigkeit struktureller Marktverhältnisse (insbesondere die Aufteilung in zahlreiche themen-, fach- und zielgruppenspezifische Zeitschriften) und der personalinstitutionalisierte Kontakt zu den entsprechenden Redakteuren und Journalisten. Die großen Zeitschriften ("Basismedien") sind natürlich breiter angelegt und erreichen auch größere Lesergruppen. Auch hier gilt: "das persönliche Gespräch (...) ist das wichtigste Arbeitsinstrument überhaupt".[106] Wer in Zeitschriften und Illustrierten Image-Anzeigen schaltet, muß freilich mit vergleichsweise hohen Seitenpreisen rechnen, die sich mit steigenden Auflagen erhöhen (Stern ca. 90.000 DM, Hör Zu ca. 123.000 DM, Spiegel ca. 65.000 DM oder Brigitte ca. 81.000 DM).

Beliebter Verwendungszusammenhang für das Medium Zeitschrift ist die eigenständige Instrumentalisierung als Medium der Öffentlichkeitsarbeit: als Verbandsorgan für die Mitglieder, als Kundenzeitschrift (bzw. Händlerzeitschrift, Aktionärszeitschrift, Nachbarschaftszeitschrift und mit ähnlicher Funktionalisierung), schließlich als Werkzeitschrift für die Mitarbeiter, Pensionäre, Rentner und deren Familienangehörigen.

- Die Mitgliederzeitschrift ist in aller Regel durch den Mitgliedsbeitrag bereits abgedeckt und deshalb ebenso kostenlos wie die Kundenzeitschrift und die Werkzeitschrift. Gezielte Information als image-bildende Maßnahme steht hier zumeist im Vordergrund. Klassisches Beispiel dafür ist die ADAC-Motorwelt mit gigantischen 7,8 Mio Exemplaren Auflage, die regelmäßig allen ADAC-Mitgliedern zugeschickt wird.
- Es gibt aber auch die Kundenzeitschriften und andere funktionalisierte Zeitschriften dieser Art, entweder informativen oder aber auch rein unterhaltenden Charakters. Gutes Beispiel für letzteres wären die allseits bekannten

---

105 Vgl. etwa Florian Maderspacher und Harald Winzen: Gegen-Öffentlichkeit. Hamburg 1978.
106 Wolfgang A. Dolezal: "Die Publikums-Zeitschriften", in Schulze-Fürstenows Loseblatt-Sammlung, III, 265-275, hier 274.

Salamander-Comic-Hefte für Kinder. Kunden- und Händlerzeitschriften befinden sich freilich oft im grauen Übergangsfeld hin zu Werbungs-, Verkaufs-, Marketingzielen, und ihre PR-Funktion im allgemeinen Sinn muß gelegentlich bezweifelt werden.

- Die Werkzeitschrift - derzeit soll es rund 620 Werkzeitschriften (einschließlich Werkzeitungen) geben[107] - hat demgegenüber klare Aufgaben in der Öffentlichkeitsarbeit nach innen. Sie ist insoweit dem Schwarzen Brett vergleichbar und tritt dann an seine Stelle, wenn die Organisation eine bestimmte Größe überschritten hat oder nicht auf engstem Raum lokal konzentriert ist. Werkzeitschriften eignen sich auch besser als das Schwarze Brett zu ausführlicherer, differenzierterer Information der Mitarbeiter und bieten zugleich mehr Raum für Diskussions- und Mitarbeiterbeiträge. Mit der Werkzeitschrift in jeglicher Form werden oft nicht nur die Mitarbeiter, sondern auch die Pensionäre des Unternehmens sowie die jeweiligen Familienangehörigen angesprochen.[108]

4.2. Elektronische Medien

In der Regel kostenaufwendiger als bei den Printmedien ist der Einsatz elektronischer Medien. Auch hier macht die Unterscheidung in Instrumentalmedien (Foto/Dia, Tonbildschau, Telefon, Platte, Film/Video und Neue Medien) und Zielmedien (Hörfunk, Fernsehen, z.T. Kino) Sinn. Letztere sind wieder, analog zur Zeitung, zugänglich nur auf dem Weg über Journalisten bzw. Redakteure und Filmemacher - Franco P. Rota bringt das auf die Formel "'Connections' sind gefragt"[109] - sowie in Gestalt von Image-Spots. Sie haben räumlich-quantitativ große Reichweiten und sind teilweise gezielt streubar, z.B. Image-Spots im Kino. Eine Effektivitätskontrolle freilich, in der Regel durch aufwendige Umfragen, ist hier eher schwierig. Beim Hörfunk haben Besonderheiten wie etwa Mantelprogramme im Lokalfunk eine gewisse

---

107 Gisela Zander und Peter Michael Nelson: "Werkzeitschriften", in Schulze-Fürstenows Loseblatt-Sammlung, VIII, 1ff.
108 Siehe dazu beispielsweise Hans Schreiber: Werkzeitschrift - Öffentlichkeitsarbeit nach innen. Frankfurt/Main 1973; oder auch Klaus Haller: Werkzeitschriften in der Bundesrepublik Deutschland. Berlin 1982 (mit weiterführender Literatur).
109 Franco P. Rota: PR- und Medienarbeit im Unternehmen. Mittel, Möglichkeiten und Wege effizienter Öffentlichkeitsarbeit. München 1990, 132ff.

Bedeutung für überregionale Öffentlichkeitsarbeit.[110] Beim Fernsehen gibt es neben der redaktionellen Erwähnung und dem Image-Spot noch verschiedene Werbeformen wie z.b. Bandenwerbung in Sportstadien, Sponsorsendungen (etwa Game Shows) oder Product Placement, die aber aus dem genuinen Bereich von Öffentlichkeitsarbeit auszugliedern sind.

Eines der wichtigsten und vielfach unterschätzten PR-Medien überhaupt ist das Bild bzw. Foto oder Dia (man kann sich darüber streiten, ob das Foto zu den Print- oder zu den elektronischen Medien gerechnet werden muß).[111] Das liegt vor allem an den fast unbegrenzten Verwendungsmöglichkeiten dieses Mediums. Es gibt heute zum Beispiel kaum noch einen PR-Text ohne Foto-Beigabe. Medien wie die Zeitung und vor allem die Zeitschrift/Illustrierte, aber auch das Plakat und das Flugblatt eignen sich vorzüglich für die Integration von Fotos, mindestens zur optischen Auflockerung und Abwechslung. Über diesen Tribut an die Vorherrschaft des visuellen Zeitalters hinaus kann das Foto aber mehr sein als nur Illustration und optische Wiederholung des im Text Gesagten. Vielmehr läßt es sich gezielt zur Verstärkung, Ergänzung, als Beleg und Ausdruck für Authentizität und Dramatik einsetzen. Das Foto in diesem Sinn transportiert durchaus seine eigenen Informationen. Besonders deutlich werden kann das bei Image-Broschüren, in denen die Fotos als eigenständiger Informationsträger sehr viel wichtiger sind als die Textanteile. Entsprechend dominieren hier Fotos mit Spezialeffekten, und das Technisch-Handwerkliche am Medium Foto spielt eine herausragende Rolle. Die Verwendungszusammenhänge sind außerordentlich breit gestreut: Abgesehen von Pressefotos und Fotos innerhalb von Image-Anzeigen kann man unterscheiden in Werkfotos, Porträtaufnahmen, Luftaufnahmen, Fotos als Wandschmuck und Dias bis hin zur Tonbildschau, die sich vor allem bei Ausstellungen und Messen, Einweihungen, Firmenjubiläen, dem Tag der offenen Tür usf. effizient einsetzen lassen. Auch Fotowettbewerbe und Fotoausstellungen gehören mit zum medienspezifischen Instrumentarium der Öffentlichkeitsarbeit. Wichtige Aspekte dabei, schon erwähnt, sollen hier nur noch einmal in Erinnerung gerufen werden: juristische Fragen wie das Persönlichkeitsrecht, das Privatpersonen das persönliche Recht am eigenen Bild zubilligt; oder das Urheberrecht, das beim Abdruck von Bildmaterial die Interessen des

---

110 Vgl. etwa Marlene Wöste: "Programmzulieferer für privaten Hörfunk in der Bundesrepublik", in: Schulze-Fürstenows Loseblattsammlung, IV, 1-18.
111 Siehe dazu den guten Überblicksaufsatz von Eduard Sachße in Schulze-Fürstenows Loseblatt-Sammlung, III, 223-242. Sachße ist Leiter der Abteilung Öffentlichkeitsarbeit bei der Bayrischen Elektricitäts-Lieferungs-Gesellschaft in Bayreuth.

Fotografen schützt; oder auch die Aufgabe, ähnlich dem Pressearchiv auch ein Foto-Archiv einzurichten.

Das Telefon ist erst in jüngster Zeit als Medium entdeckt worden, und zwar fast ausschließlich als Marketing-Instrument: Potentielle Kunden werden angerufen und mit Angeboten konfrontiert. "Telefonverkäufer" heißt dieser "Beruf".[112] Nach deutschem Recht darf man nur angerufen werden, wenn man vorher sein Einverständnis ausgedrückt hat bzw. wenn bereits eine Geschäftsbeziehung besteht; unaufgeforderte Anrufe sind, speziell bei Privatpersonen, verboten. Was aber "Einverständnis" oder "Geschäftsbeziehung" genau heißt, ist umstritten. Oft gilt in der Praxis schon die Bestellung eines Katalogs vor zwei Jahren als Ausdruck für das Einverständnis mit einem Werbeanruf. Genaue Zahlen sind hierzu offenbar noch nicht zu erhalten. Angeblich gibt es in der Bundesrepublik (1991, alte Bundesländer) rd. 150.000 professionelle Tele-Marketing-Firmen sowie rund 500 Agenturen, die 1990 knapp zwei Milliarden Mark umgesetzt haben sollen.

Schon seit längerem ist die Bedeutung des Telefons, vor allem bei Anrufen als ersten Kontaktaufnahmen, bekannt: also ob die Dame oder der Herr in der Telefonzentrale höflich oder schnoddrig ist, hilfsbereit oder abweisend, freundlich oder distanziert usw. Bernd Ambiel beschreibt die Entwicklung des Telefons speziell zum PR-Medium als "konsequente und logische Weiterentwicklung der personalisierten Ansprache" aus der schriftlichen PR der letzten Jahre.[113] Er unterscheidet dabei in passive und in aktive Telefon-PR. Passive Telefon-PR heißt, daß man den angesprochenen Menschen die Möglichkeit bietet, das Informationsangebot durch kostenfreie Anrufe abzurufen. Vorläufer war das Angebot: "Melden Sie sich telefonisch bei uns, wir rufen dann zurück", doch analog zu den USA ist es inzwischen auch in Deutschland möglich, durch Vorwählen einer Nummer (0130) die Kosten des eigenen Anrufs - im Prinzip wie bei der telefonischen Fernsprechauskunft - auf den Anschluß der angerufenen Firma umlegen zu lassen (allerdings sind nur erst wenige Firmen diesem System beigetreten). In dieser Hinsicht gehört das Telefon zu denjenigen PR-Medien, die bislang noch viel zu wenig genutzt werden. Bei der aktiven Telefon-PR dagegen liegt die Initiative des Anrufs nicht beim Angesprochenen, sondern bei der Unternehmung, die sich gezielt an potentielle Interessenten wendet, um Informationen zu bekommen oder zu vermitteln. Ambiel nennt als die wichtigste Grundvoraussetzung für erfolg-

---

112 Siehe etwa M.R. Weber: Telefonmarketing: Das Telefon im Dienst des Unternehmens und seiner Kunden. Landsberg/Lech 1984.
113 In: Pflaum/Pieper (Hrsg.), Lexikon der Public Relations, a.a.O., 423ff.

reiche aktive Telefon-PR: "Es muß eine (besondere) Beziehung zwischen dem Anrufer und dem Angerufenen bestehen." Die Wirksamkeit dieser eher delikaten Telefon-PR beruhe auf der größeren Aufnahmebereitschaft beim Telefonläuten (man unterbricht z.b. seine Arbeit für das Telefon, nicht aber für die Lektüre eines PR-Briefes) - eine Bereitschaft, die man nicht ungestraft ausnutzen könne. Umgekehrt kann man dem Angerufenen durch den Anruf zeigen, daß man ihn persönlich für wichtig genug hält, daß man auch ein Ferngespräch mit ihm führt, um ihm eine Information zu vermitteln.

Aufwendiger ist das PR-Medium Schallplatte, auf der beispielsweise Originalreden ausgewählter Persönlichkeiten der Unternehmung oder Institution festgehalten werden (z.b. die Rede des Bundeskanzlers anläßlich eines besonderen Ereignisses). Aufwendiger sind auch Filme und Videos, wie sie im Rahmen von Image-Kampagnen oder sonstigen Methoden der Öffentlichkeitsarbeit eingesetzt werden (z.B. im Rahmen der Öffentlichkeitsarbeit für eine Stadt). Beim PR-Film spielt die Teilöffentlichkeit wieder eine herausragende Rolle. So unterscheidet man nicht nur in PR-Filme nach innen und nach außen, sondern weiter z.B. in PR-Filme für Lehrlinge, für Neueingestellte, für Außendienstmitarbeiter usf. (sogenannte Lehrfilme) bzw. für Werksbesucher, Kunden, Messebesucher, Verbände etc. (sogenannte Informations- und Sachfilme). Der Rückfall in die alte, personal orientierte Perspektive von Öffentlichkeitsarbeit ist hier wieder besonders leicht bzw. verbreitet: indem man "Teilöffentlichkeit" schlicht durch "Zielgruppe" ersetzt. "Zielgruppe" meint Personen als Subjekte oder Individuen, aber wenn man diese subjektiv oder individuell vom "guten Willen überzeugt" und "Vertrauen schafft", so heißt das noch keineswegs, daß damit in der entsprechenden Teilöffentlichkeit Strukturhomologie hergestellt ist, die sich entsprechend auch im Handeln äußert. Nur wenn (z.B.) der Lehrfilm für (z.B.) Außendienstmitarbeiter die spezielle objektive Situation und Bedürfnislage der Vertreter genau dieses Teilsystems des Unternehmens einbezieht, ihren Informations-, Kommunikations- und Handlungsformen entspricht, also sich deren Interaktionsgefüge angleicht, macht der Einsatz dieses Mediums Sinn. Da sich die Bewertung und Sinnbeurteilung einer Information oder Handlungsanweisung zwar im Individuum, aber stets in Abhängigkeit von der relevanten Teilöffentlichkeit begibt, hätte der Lehrfilm als PR-Medium erst dann seine Funktion erfüllt, wenn er bei den Außendienstmitarbeitern "als Subsystem" (und nicht etwa als Gruppe einzelner Menschen) wirksam geworden ist: "Akzeptanz" nicht bei Individuen oder Subjekten, sondern beim Subsystem.

Hermann Utermann skizzierte u.a. ein großes, bislang kaum erst genutztes Einsatzfeld für den PR-Film im weitesten Sinn, bei dem die den jeweiligen Teilöffentlichkeiten entsprechenden Sinn-Konzepte noch viel stärker zu differenzieren wären:[114] als Zugabe auf Video-Leihkassetten beispielsweise, als Schleifenprogramme in Kaufhäusern, als Teil von Unterhaltungsprogrammen in Zügen und Flugzeugen, aber auch in Diskotheken, als Teil von redaktionellen Programmen der Fernsehprivatsender usf. Hier bilden sich derzeit neue ästhetische Formen aus, die ähnlich den Videoclips der 70er und vor allem 80er Jahre auch den Kinospielfilm oder bestimmte Fernsehgenres sowie unsere Rezeptionsweisen und Erwartungen weiter prägen werden, z.B. die "Informercials": halbstündige Sendungen, die unterhaltsam ein Unternehmen oder eine Institution oder einen Tätigkeitsbereich darstellen, oder die "Intermezzi-Filme": kapitelweise gegliederte Unternehmensdarstellung unter Verwendung narrativer Formen im Rahmen eines dramaturgischen Bogens. Wie beim Foto und bei allen Bildmedien geht es hier um primär optische Information und emotionale Bindung im Sinne der Strukturhomologie.

Das Beispiel PR-Film macht erneut sichtbar, daß die Forschungen im Problemfeld "Medien" noch in den Anfängen stecken. Natürlich gibt es noch längst keine Geschichte des PR-Films, nicht einmal eine ausgebildete Typologie oder gar verläßliche Effizienzuntersuchungen. Das gilt nicht zuletzt auch für die sogenannten Neuen Medien, die ähnlich wie das Telefon bislang eher als Marketing-Instrumente denn als PR-Medien verwendet wurden.[115] Unter den Neuen Medien versteht man vor allem Bildschirmtext (Btx), Bildplatte, Bigfon, Bildtelefon, Kabel-, Satellitenfernsehen, Telefax usf., wobei für Öffentlichkeitsarbeit noch am ehesten Btx reflektiert wurde. Btx (eine englische Erfindung Anfang der 70er Jahre) wurde im Juni 1984 von der Deutschen Bundespost bundesweit eingeführt und bietet im Verbund von Telefon und Bildschirm die Nutzung gespeicherter Text-Bild-Informationen und anderer Dienste bestimmter Anbieter. Ebenso wie man über Btx Fahrpläne, Telefon-Nummern und Versandhausangebote abrufen bzw. Überweisungen und Bestellungen tätigen kann, ließen sich über Btx auch kurzgefaßte Firmenbiographien abrufen, Kurzdarstellungen der Firmenstruktur, Übersichten über das Produktprogramm, oder, bei non-profit-Unternehmungen, der Umfang der

---

114 "Public Relations-Film", in : Lexikon der Public Relations, 343-350. Siehe auch A. von Stürmer: Film ab. Hamburg 1989.
115 Siehe etwa Albrecht Koch: Presse- und PR-Arbeit mit Bildschirmtext. Remagen-Rolandseck 1981; Heribert Meffert: Bildschirmtext als Kommunikationsinstrument. Einsatzmöglichkeiten im Marketing. Stuttgart 1983; oder Heribert Meffert: Marketing und Neue Medien. Stuttgart 1985.

Dienstleistungen bei Behörden, Trainingszeiten bei Sportvereinen, Testergebnisse der Stiftung Warentest usf. Paul Maciejewski befand: "Die Präsenz im Btx-System stellt schon eine Form der Öffentlichkeitsarbeit dar, sie weist ein Unternehmen als innovationsfreudig und fortschrittlich aus." Er machte zugleich deutlich, daß Btx als PR-Medium, zumal bei der relativ geringen Akzeptanz und Verbreitung in der Gesellschaft noch heute, die gewünschten Teilöffentlichkeiten nur sehr partiell erreicht.[116]

4.3. Methoden, Strategien

Es gibt Methoden oder Strategien der Öffentlichkeitsarbeit, die bei den Medien noch nicht genannt wurden - sei es, daß sie verschiedene Medien gebündelt zum Einsatz bringen lassen (etwa die Pressekonferenz, der Tag der offenen Tür und das Jubiläum) oder daß sie das beschriebene Instrumentarium von Medien schlicht erweitern (vor allem Infostand, Ideenwettbewerb, Messe/ Ausstellung, Betriebsfest, PR-Besuch, Lobbyismus).[117]

Die ohne Frage wichtigste und auch am besten bewährte und erforschte Methode der Öffentlichkeitsarbeit ist immer noch die Pressekonferenz, umfassend verstanden als organisierte Information der Öffentlichkeit auf dem Weg über Journalisten. Sie reicht von der Presseeinladung über vorbereitete Pressetexte mit Fotos und Bildunterschriften bis zur kompletten Pressemappe (Text- und Bildmaterial, Graphiken, Tabellen etc.) und dem Presseinterview. Sie kann verschiedene Formen annehmen: Das einfache Pressegespräch umfaßt fünf bis acht Journalisten, ist demzufolge leichter zu organisieren, hat eine intimere Atmosphäre und eher informellen Charakter. Der Jour fixe ist ein regelmäßig stattfindendes Pressegespräch als feste Einrichtung (z.B. bei der Bundesregierung). Die große Pressekonferenz mit Teilnehmern, die auch von weither anreisen, findet in Hotels oder Kongreßzentren statt und umfaßt auch die Verköstigung der Gäste.

Die Pressekonferenz steht als Synonym für das personal institutionalisierte Gespräch, das viele als Herzstück aller Methoden der Öffentlichkeitsarbeit begreifen. Allerdings ist dabei wieder das Mißverständnis verbreitet, das

---

116 Lexikon der Public Relations, 38-40. Ähnlich auch Michael Lochner in: Schulze-Fürstenows Loseblatt-Sammlung, IV, 111-119 bereits im Januar 1985.
117 Eine Liste von rd. 150 "PR-Kommunikationsmedien" findet sich bei Reimar Fuchs und Horst W. Kleindiek: Öffentlichkeitsarbeit heute. Bochum 1984, 30. Aus der Kunterbunt-Zusammenstellung wird besonders deutlich, daß ein PR-spezifischer Medienbegriff noch nicht einmal ansatzweise ausgebildet ist.

"Gespräch" gleichsetzt mit dem "persönlichen Gespräch". Öffentlichkeitsarbeit zielt aber nicht auf die subjektive Interaktion, sondern auf die systemische. Es geht dabei immer darum, einzudringen in andere Systeme und Strukturhomologien herzustellen. Dabei werden zwar stets konkrete, einzelne Menschen angesprochen, und auch der Einsatz der Medien meint immer die Journalisten und die Rezipienten als Leser, Zuhörer und Zuschauer, - aber eben nicht als Individuen oder Privatpersonen, sondern als Vertreter und Mitglieder von Systemen, als Statthalter, Multiplikatoren, oder als Gatekeeper für Systeme. Das Gespräch bietet nur dann die Chance der Interaktion mit dem Ziel der Strukturhomologie, wenn der Mensch in seiner Funktion als Teil eines Systems und damit selbst als Medium fungiert.

Die auf Pressekonferenzen vermittelten Informationen werden vom Mediensystem sofort verwertet. Dieser große Vorteil besteht auch dann, wenn der Pressekonferenz keine eigene Aktualität innewohnt, d.h. wenn die Informationen auch früher oder später hätten veröffentlicht werden können. Das heißt: "Das Mediensystem reagiert (...) nicht auf eine reale Aktualität, sondern auf eine fiktive. Nicht das Ereignis als solches, sondern dessen Vermittlung, das Medienereignis 'Pressekonferenz', bestimmt zum großen Teil die Aktualität tagesaktueller Medien."[118] Die Pressekonferenz ist dabei vor allem dann erfolgreich, wenn sie in den politischen Metropolen stattfindet, einfach weil Medien auf Metropolen fixiert erscheinen, und wenn das Informationsmaterial aufbereitet ist. "Ein Veranstalter, der mit aufbereitetem Material operiert, erzielt fast doppelt soviele Zeilen wie einer, der auf diese Aufbereitung verzichtet".[119] Je mediengerechter die Materialien aufbereitet sind, desto häufiger werden sie gecovert und desto weniger werden sie verändert. Die Bedeutung des PR-Materials bei Pressekonferenzen kann man kaum besser unterstreichen. Umgekehrt: Wer darauf verzichtet, wer sich diese Mühe nicht macht, ist selbst schuld an suboptimaler Öffentlichkeitsarbeit und mangelhafter Interaktion.

Bestimmte Gruppen und Organisationen bedienen sich im Rahmen ihrer Öffentlichkeitsarbeit statt der Pressekonferenz mit den Journalisten als Multiplikatoren des Instruments Infostand, um ihre spezielle Teilöffentlichkeit zu konstituieren. Vor allem für kritische Teilpublika (Bürgerinitiativen, bestimmte Gruppierungen in der Bevölkerung wie z.B. Arbeitslose, Schwule und Lesben, Ausländer, Frauengruppen, politische Kleingruppen, Behinderte,

---

118 René Grossenbacher: Hat die "vierte Gewalt" ausgedient? Zur Beziehung zwischen Public Relations und Medien. Media Perspektiven 11/86, S. 725-731, hier 726.
119 Ebd., S. 727.

andere Benachteiligte und Unterprivilegierte) hat sich das Instrument Infostand im Sinne der Herstellung sogenannter Gegenöffentlichkeit bewährt. Der Infostand ist im Prinzip nicht weniger multimedial als die Pressekonferenz, bedient sich schriftlicher Materialien, auch der Medien Plakat und Flugblatt bis hin zum Dia, der live-Musik oder dem Straßentheater; sogar Filme und Videos können vorgeführt werden. Und auch hier steht nicht die einseitige Information im Vordergrund, sondern das offene Gespräch, der Austausch zwischen Standbetreuern und Passanten.[120]

Klassiker der Öffentlichkeitsarbeit für viele kommerzielle Unternehmen und auch für non-profit-Unternehmungen ist der Tag der offenen Tür.[121] Ziel ist die kalkulierte, selbstgesteuerte Präsentation des Unternehmens oder der Organisation, nicht nur medial vermittelt, sondern real, de facto, in der (üblicherweise lokalen bis regionalen) Öffentlichkeit, um Transparenz herzustellen, Wissen zu vermitteln, Attraktivität zu bewirken. Ob es sich dabei um die lokale Universität handelt, das örtliche Wasserwerk, die Stadtfeuerwehr, eine Fabrik oder die Bundeswehrkaserne, macht keinen prinzipiellen Unterschied. Neugierige Bürger Marke Otto Normalverbraucher, ganze Familien mit Kindern können kommen und sich "von innen" informieren, etwas "hautnah" selbst erleben und "sinnlich" nachvollziehen: in einem großen Hörsaal sitzen oder in einem Chemielabor Experimente beobachten; die komplizierten Prozesse der Wasserbeschaffung und -aufbereitung durchschauen; in einem Feuerwehrauto fahren oder selbst ein brennendes Gebäude löschen; die Technik einer vollautomatischen Produktionsanlage funktionieren sehen; in einem Panzer fahren oder in einem Hubschrauber fliegen, usw. Und erneut: Es geht dabei nicht um die Besucher als Individuen, sondern um sie als Vertreter einer bestimmten Teilöffentlichkeit, deren spezielles Strukturgefüge in Rechnung gestellt werden muß.

Davon zu unterscheiden sind Jubiläen und Betriebsfeste. Während sich der Tag der offenen Tür ausschließlich an die neugierige lokale Öffentlichkeit wendet, schließt das Jubiläum und vollends das Betriebsfest auch die eigenen Mitarbeiter als Zielgruppe ein. Das Jubiläum signalisiert nach außen wie nach innen Tradition und Geschichte, mithin Berechenbarkeit und Wertorientiertheit, Verläßlichkeit für Mitarbeiter und Kunden gleichermaßen. Anläßlich eines Jubiläums werden häufig verschiedene Medien und Maßnahmen wie z.B. eine Jubiläumsschrift oder eine Broschüre, eine Pressekonferenz, ein Betriebs-

---

120 Vgl. Peter Marchal und Ulrich K. Spura: Öffentlichkeitsarbeit im sozialen Bereich. Weinheim 1981, 164ff.
121 Vgl. Hans Schaller: Tag der Offenen Tür. Vom Umgang mit der Presse. Dortmund 1982.

fest, Fotos, ein Wettbewerb usf. gebündelt und zu einer größeren PR-Kampagne aufbereitet. Das Betriebsfest dagegen ist ebenso wie der Ideenwettbewerb eher eine PR-Strategie für die Human Relations, nach innen. Betriebsfeste verbessern das interne Klima, fördern das Wir-Gefühl und die Identifikation der Mitarbeiter mit dem Unternehmen, bauen Hierarchien ab, erhöhen die Motivation und Leistungsbereitschaft aller. Während Weihnachtsfeiern und ähnliches eher abteilungsspezifisch realisiert werden, bietet das Betriebsfest die Chance, daß sich auch Mitarbeiter ganz unterschiedlicher Bereiche begegnen: an einer Universität Angestellte der Verwaltung mit dem Lehrpersonal aus dem akademischen Bereich; in dem großen Betrieb Mitarbeiter aus der Herstellung mit Mitarbeitern im Außendienst usf. Gerade bei größeren Unternehmen oder Organisationen ist auf diese systeminterne Gesamtöffentlichkeit besonderer Wert zu legen. Der Ideenwettbewerb als eine wichtige innerbetriebliche PR-Maßnahme - prinzipiell ähnlich angelegt wie das Beschwerdewesen, das aber nicht den konstruktiven, sondern den negativen, kritischen Response kanalisiert - spricht prinzipiell ebenfalls die gesamte Unternehmung an, ist aber weniger aufwendig und kostenträchtig als das Betriebsfest und kann auch häufiger, zu bestimmten Anlässen, durchgeführt werden.

Große Messen und Ausstellungen[122] sind heute längst nicht mehr Domänen des Handels und der Industrie als Marketingstrategien, sondern hieran beteiligen sich auch Städte, Verbände, Universitäten, Vereine, zahlreiche andere non-profit-Unternehmungen und Interessengruppen, und entsprechend sind auch die Medien stark vertreten. Die Messe als Methode oder Strategie bedeutet die gezielte, fach- und interessespezifisch bereits eingegrenzte Präsentation des Unternehmens in interessierten Teilöffentlichkeiten - zumal in der Bundesrepublik Deutschland als dem international wichtigsten Messeland der Welt. Neben die rein wirtschaftlich motivierte Kommunikation ist dabei längst die Messe als PR-Medium getreten. Auch hier spielen Kontakte, Gespräche eine wichtige Rolle, aber zugleich ist es möglich, den eigenen Stellenwert in Teilöffentlichkeiten, das eigene Image, den eigenen Standort zu bestimmen.

Während bei der Pressekonferenz, dem Infostand, dem Tag der offenen Tür Multiplikatoren, Opinion Leaders, Interessierte eingeladen und zum Einblick ins Innere ermuntert werden, also ein Großteil der Intitiative für das Zu-

---

[122] Siehe etwa P. von Wedel: Messen. Vom Markt zum Marketing. Frankfurt 1977; Gabriele Weishäupl: Die Messe als Kommunikationsmedium unter besonderer Berücksichtigung der Öffentlichkeitsarbeit und Werbung einer Messegesellschaft. München 1980; J. Kunstenaar: Messehandbuch. Ein Leitfaden für Messebeteiligungen. Stuttgart 1983; Rudolf Dierkes: "PR für Messen und Ausstellungen" (1985), in: Schulze-Fürstenows Loseblatt-Sammlung, XVII, 201-230.

standekommen der Interaktion auch bei den Angesprochenen liegt, gibt es spezielle Strategien und Mechanismen der Öffentlichkeitsarbeit, bei denen die Initiative hauptsächlich den Unternehmen selbst überantwortet ist: vor allem der sogenannte PR-Besuch und der Lobbyismus. Der PR-Besuch ist der Besuch eines Managers, Unternehmers, Bürgermeisters, Politikers, hohen Verwaltungsbeamten, Vereinsvorsitzenden usf. in der Redaktion einer Zeitung, einer Zeitschrift, eines Radio- oder Fernsehsenders, bei einem Opinion Leader in einem Umweltsystem usf., um in Form des persönlichen Kontakts zwischen ihm als einem hochrangigen Vertreter einer Unternehmung und den Journalisten als Gate keepers, als den Schlüsselfiguren für die Nachrichtenübermittlung an die breite Öffentlichkeit, oder einem Opinion Leader das dialogische Kommunikationssystem zu entwickeln. Ute Pfestorf hat den PR-Besuch geradezu als "obligatorischen Bestandteil zielbewußter und planmäßiger Unternehmens-PR" definiert und zugleich auf die Notwendigkeit generalstabsmäßiger Planung und Vorbereitung hingewiesen, soll der Zeit- und Kostenaufwand in einem vernünftigen Verhältnis zum Ertrag stehen.[123] Der PR-Besuch wird als wichtige Methode der Öffentlichkeitsarbeit gerade von Spitzenvertretern von Unternehmen und Institutionen (Politiker ausgenommen) immer noch unterschätzt und viel zu selten eingesetzt.

Der ständige PR-Besuch, gleichsam zum Beruf gemacht, zeigt sich im Lobbyisten - nur daß hier die Ansprechpartner nicht bevorzugt die Entscheidungsträger der medialen Vermittlung sind, sondern die Entscheidungsträger im politischen Handeln. Über das Phänomen des Lobbyismus gibt es kaum verfügbare Informationen. Das liegt in der Natur der Sache, denn der Lobbyist in Washington, in Brüssel und in den nationalen Hauptstädten ist Vertreter von spezifischen Interessengruppen mit zwei Aufgaben, deren Erfüllung durch die Medienöffentlichkeit eher behindert würde. Erste Aufgabe des Lobbyisten ist es, seinen Auftraggeber über geplante Gesetzesvorhaben und administrative Maßnahmen in festgelegten Bereichen bereits möglichst frühzeitig zu informieren. Das kann z.B. Entscheidungen über Investitionsvorhaben, aber auch Absatzstrategien und die konkrete Produktion erheblich beeinflussen. Die neuen Abgasnormen der Europäischen Gemeinschaft wären in dieser Hinsicht ein gutes Beispiel.

Wichtiger freilich ist die zweite Aufgabe, und von hier aus erklärt sich das Negativ-Image des Lobbyisten in weiten Teilen der Öffentlichkeit - als wäre er jemand, der heimlich und in Form von Bestechung Einfluß nähme auf die Entscheidungen der Parlamentarier und Beamten. Tatsächlich aber sind fundierte

---

123 Lexikon der Public Relations, 328ff.

Sachberichte und Informationen oder Argumente das wichtigste Arbeitsinstrument des Lobbyisten, der versuchen soll, im Sinne der Interessen seiner Auftraggeber direkt Einfluß zu nehmen auf unternehmens- und branchenrelevante politische Entscheidungen. Der Lobbyist bemüht sich bei den Politikern und Verwaltungsbeamten um Einsicht für eigene Zwänge und Interessen, mithin ebenfalls um Strukturhomologie, und es kennzeichnet die Natur seiner Tätigkeit, daß er bei seinen Ansprechpartnern in aller Regel durchaus positiv eingeschätzt wird.

Naturgemäß dominiert beim Lobbyismus die Industrie. Am Beispiel der Europäischen Gemeinschaft ließ sich beobachten, wie die Interessenvertreter zunächst nur auf die Agrarpreise Bezug nahmen, dann aber zunehmend auch auf Abgaswerte für Autos, Sicherheitsnormen für Maschinen oder Regionalbeihilfen in Milliardenhöhe. Dabei geht es bevorzugt um die 518 Abgeordneten des Europaparlaments, insbesondere um die Mitglieder relevanter Ausschüsse wie z.B. der Ausschüsse "Wirtschaft" und "Umwelt". Ein gutes Beispiel wäre aktuell die Beteiligung des Philips-Konzerns an der Ausarbeitung europäischer Normen für das hochauflösende Fernsehen (HDTV). Bauern-Lobby, Autobranche, Pharma-Hersteller, aber auch Dachorganisationen wie der europäische Unternehmer- und Arbeitgeberverband oder der Verband der Pinsel- und Bürstenindustrie bis hin zu zahlreichen Einzelkonzernen haben zu einem explosionsartigen Anwachsen der "Euro-Lobby" geführt, von weniger als dreihundert noch vor wenigen Jahren bis heute über dreitausend Lobbyisten. Natürlich dürften hier auch Geld angeboten, kleine und größere Geschenke gemacht, Einladungen zu Reisen vermittelt werden u.ä., aber in der Regel wird Lobbyismus in Brüssel wie anderswo als Form genuiner Öffentlichkeitsarbeit betrieben: Abgeordnete werden mit Stellungnahmen zu Gesetzesentwürfen versorgt, man strebt gemeinsame Abendessen und sonstige Gesprächstermine an, um den politischen Entscheidungsträgern den eigenen Standpunkt zu vermitteln, was diese wiederum als wichtige Beiträge zur eigenen Meinungsbildung schätzen. Was im Fernsehen gelegentlich showartig als Podiumsdiskussion zwischen Politikern und Industrievertretern zelebriert wird, vollzieht sich im Umkreis der Parlamente tagtäglich, freilich ohne Beteiligung der Bürger. Die sehr kleine Zielgruppe oder angesprochene Teilöffentlichkeit dieser Art von Öffentlichkeitsarbeit sind die jeweiligen Politiker und Verwaltungsbeamten sowie deren Mitarbeiter, die freilich, demokratisch gewählt, als Statthalter der Bürger Geltung beanspruchen können. Insofern muß im Prinzip auch Lobbyismus als legitime Methode genuiner Öffentlichkeitsarbeit akzeptiert werden.

5. HANDLUNGSROLLEN DER PUBLIC RELATIONS

Öffentlichkeitsarbeit als System-Umwelt-Interaktion wird als Interaktion in Gesellschaft verstanden, mithin als soziale Interaktion, bei der Medien (-systeme) Steuerungsfunktionen haben. Informieren, Kommunizieren, Handeln sind also nicht personal bestimmt, sondern systemisch vorgegeben: in Gestalt von Rollen, die auch medial konditioniert sind. Ebenso wie auf der Bühne, im Theaterstück, nicht der Schauspieler als Privatperson interessiert, sondern der "Charakter", den er kraft seiner Rolle im Handlungskontext darstellt, interessiert bei der Öffentlichkeitsarbeit nicht die individuelle Persönlichkeit (etwa des PR-Machers), sondern seine Funktion gewissermaßen als Aktant. Nicht die persönliche Zustimmung des Gesprächspartners, nicht seine subjektive Überzeugtheit, nicht sein individuelles Vertrauen schaffen Strukturhomologie, sondern nur die Interaktionen gemäß den Interessen, Werten, Strukturregeln der Systeme selbst. Die individuelle Persönlichkeit interessiert allenfalls im Blick auf seine Fähigkeiten, die entsprechende Handlungsrolle auszufüllen.

Was heißt "Rolle"? Man kann eine Rolle als einen sozial vorgegebenen Verhaltenskomplex auffassen, der auf stabilisierten Werten beruht, die ihrerseits zu Verhaltensnormen geronnen sind. Öffentlichkeitsarbeit wird dabei als Handlung aufgefaßt, die sich nicht in verbaler Kommunikation erschöpft, sondern in realem Tun niederschlägt; PR ist nicht (nur) Reden, sondern Verhalten. Der Sinn von Handlungen wird dabei zwar systemisch je unterschiedlich vorgegeben, aber die System-Umwelt-Interaktion bleibt ihrerseits den Rahmenbedingungen und impliziten Wertsetzungen der generellen Medien(systeme) unterworfen. Je stabiler eine Handlungsrolle im System, d.h. je gefestigter seine Struktur (PR nach innen), desto aussichtsreicher die mediale Konditionierung und die Interaktion mit der Umwelt (PR nach außen) und desto erfolgreicher die Imagegestaltung. Die Strukturhomologie als Ziel (Image) und die Komplementarität von Erwartung und Verhalten als Ziel (Rolle) meinen demnach ein und dasselbe.

Zur Handlungsrolle als Schlüsselbegriff für eine zukünftige Theorie der Public Relations gehören zahlreiche Merkmale wie insbesondere die Ebene der Intersubjektivität der Bedeutung von Symbolen und Regeln, ohne die sinnvolle Interaktion nicht möglich ist; die Normierung des Verhaltens und, komplementär, der Verhaltenserwartung, ohne die man gar nicht wüßte, wann Interaktion geschieht; und nicht zuletzt auch das Bestehen von Sanktionen bei Rollenabweichungen. Sie können hier noch nicht weiter spezifiziert werden, weil es klar ausgebildete Handlungsrollen der Public Relations bislang nicht gibt. Die Konfusion über diverse Begriffe wie "Öffentlichkeitsarbeit" oder "corporate identity" spiegelt nichts weiter als die Konfusion über die sich gerade erst entwickelnden PR-Handlungsrollen. Ein PR-spezifiziertes Rollenverhalten, das wichtige Steuerungsfunktionen sowohl für das einzelne System als auch für die Gesamtgesellschaft übernehmen müßte, scheint vor allem deshalb noch nicht ausgebildet, weil weder die Eigenart der PR-Handlung selbst noch die Komponente eines übergeordneten Wertesystems, in dem Öffentlichkeitsarbeit ihren stabilen Platz hätte, noch auch die öffentlichkeitskonstitutive Bedeutung der Medien in ausreichender Klarheit festgelegt und verbreitet ist.

Im Verlauf der Entstehung der Public Relations als eines gesellschaftlichen Phänomens, seit Beginn dieses Jahrhunderts, mit der Veränderung der Industrie- zur Informationsgesellschaft, haben sich verschiedene Handlungsrollen gleichwohl bereits angedeutet - ein Prozeß, der wohl noch längere Zeit andauern wird. Handlungsrollen entwickeln sich funktional, arbeitsteilig in einem Zustand gesellschaftlicher Überkomplexität und dienen der Regulierung unüberschaubar und unkontrollierbar gewordener Interaktionsprozesse. Handlungsrollen bilden, wenn sie spezifiziert, identifiziert, relativ stabil oder etabliert sind, Teil- bzw. Subsysteme; erst damit begründen sie den Systemcharakter des Handlungsbereichs, den sie differenzieren. Man darf heute noch nicht als gegeben annehmen, was vermutlich erst sehr viel später der Fall sein wird: die Herausbildung von Public Relations selbst als System, ähnlich den Systemen Werbung und Journalismus. Ebenso wie frühere Jahrhunderte im Verlauf vieler Jahrzehnte andere Handlungsrollen und Systeme hervorgebracht haben - das 18. Jahrhundert beispielsweise das Literatursystem, zeitversetzt mit Handlungsrollen wie Autor, Verleger, Buchhändler, Kritiker und Leser -, wird also, vielleicht Anfang des 21. Jahrhunderts, das PR-System entstanden sein, mit verschiedenen Handlungsrollen, die sich derzeit nur erst ungefähr und wohl auch noch nicht vollständig absehen lassen.

Im folgenden sollen zumindest drei zukünftige Handlungsrollen der Öffentlichkeitsarbeit voneinander unterschieden werden:
- erstens die Rolle der Gestaltung der Öffentlichkeitsarbeit (PR-Gestalter),
- zweitens die Rolle der Initiierung, Beratung und Steuerung bei der Gestaltung der Öffentlichkeitsarbeit (PR-Berater),

- und drittens die Rolle der wissenschaftlichen Erforschung der Grundlagen, Formen und Wirksamkeit der Gestaltung der Öffentlichkeitsarbeit und ihrer Organisation und Steuerung (PR-Wissenschaftler).

Entscheidend dabei ist wieder die systemspezifische Funktion, nicht etwa die personale Ausprägung: Der PR-Berater ist nicht "der" (alleinige) PR-Macher, schon gar nicht als Person, sondern "Macher"funktion haben alle drei Rollen, als Handlungsrollen; die System-Umwelt-Interaktionen, intern wie extern, werden von allen Beteiligten gestaltet. Nur die - im Sinne des jeweiligen Systems parteiliche - Initiierung, Organisation, Steuerung dieser Gestaltung liegt bei wenigen. Diese wiederum bedienen sich kontinuierlich der Ergebnisse wissenschaftlicher Untersuchungen, die gegenüber den systemspezifischen Interessen, Werten und Zielen, als dem Status quo, gleichsam als überparteiliche Instanz, Kritik- und Korrektivfunktion zu übernehmen haben.

Dem scheint in zweifacher Hinsicht Bedeutung zuzukommen. Bezogen auf Imagegestaltung als Zentralkategorie für Öffentlichkeitsarbeit im Sinne von Interaktion in Gesellschaft heißt das: Ohne wissenschaftliche Imageanalyse kein systemspezifisches Imagekonzept, und ohne Konzept und Steuerung keine von allen realisierte Imagegestaltung. In der Zielhierarchie dieser untrennbaren Rollentrias nimmt die Imagegestaltung selbstverständlich oberste Priorität ein, während die PR-Forschung, an dritter Stelle, besonders deutlich Instrumentalfunktion innehat. Umgekehrt verhält es sich naturgemäß in der Praxis der PR-Arbeit: Die wissenschaftliche Image-Analyse (erstens) erhellt Art, Ausmaß und Stand der internen und externen Interaktionen eines Systems. Die Initiierung, Planung, Organisation und Steuerung bei der Optimierung der Interaktionen obliegt dann (zweitens) dem PR-Berater. Und die Gestaltung der Öffentlichkeitsarbeit selbst wäre erst (drittens) der letzte Schritt.

Diese Rollendifferenzierung hat nicht nur ihre hierarchische bzw. pragmatische Systematik, sondern ließe sich auch historisch wenden und als Struktur der PR-Geschichte begreifen. Bislang gab es zu diesem Problemfeld kaum Brauchbares. Man weiß über die Geschichte der Public Relations fast noch weniger als über die Geschichte des Wortes "öffentlich" und über die Geschichte der "Öffentlichkeit" als gesellschaftlichem Phänomen. Vor allem einigen verbreiteten Phaseneinteilungen der angeblichen PR-Geschichte ist größtes Mißtrauen entgegenzubringen. Wenn zum Beispiel pauschal behauptet wird, eine anfänglich eher produktorientierte PR (1. Phase: Absatzförderung) sei dann von einer eher unternehmensorientierten PR (2. Phase: Konfliktlösungsstrategie) abgelöst worden, die sich heute bereits zu einer gesellschaftsorientierten PR gewandelt habe (3. Phase: Interpretation der Öffentlichkeit

gegenüber der Unternehmensleitung), - dann wird nur wieder der defensive Charakter der Perspektive deutlich, der durchgängig auch die eingangs genannten falschen Definitionen von "Öffentlichkeitsarbeit" prägt. Ähnlich willkürlich sind Versuche, welche die PR-Geschichte wie folgt beschreiben:[124]
1. Stufe: Manipulation (Vertuschen, Schönfärben, Schleichwerbung)
2. Stufe: Information (einseitig, auf Druck von außen, ohne innere Überzeugung, um positives Image aufzubauen)
3. Stufe: Kommunikation (dialogorientiert, zur Vertrauensbildung, segmentiert nach Teilöffentlichkeiten)
4. Stufe: Konfliktmanagement (Kommunikation planendes, vorausschauendes Marketinginstrument)
5. Stufe: Umweltintegration (Interdependenz mit öffentlichen Anliegen; Bereitschaft, gesellschaftsrelevante Aufgaben zu erfüllen usf.)

Auch hierbei handelt es sich um ein unhistorisches, theorieloses und vorwiegend defensives Konstrukt ohne Realitätsbezug.

Demgegenüber scheinen die drei Handlungsrollen der Öffentlichkeitsarbeit eine Historisierung anzubieten, die sich nach der Effizienz oder den jeweiligen Freiheitsgraden der jeweiligen Handlungsrolle richtet. Aus dieser Sicht befänden wir uns derzeit gerade im Übergang von einer ersten Phase, in der die Gestaltung der Öffentlichkeitsarbeit nur partiell durchgesetzt oder verbreitet war, vor allem bei großen kommerziellen Unternehmen, und sich noch eher instinktiv im Sinne praktischer PR-Kunde vollzog, zu einer zweiten Phase, in der die Gestaltung der Öffentlichkeitsarbeit auch zahlreiche mittelständische Unternehmen sowie Organisationen im non-profit-Bereich erfaßt hat und sich zugleich zunehmend professionalisiert. Der "Profi" ist verstärkt der "professionell" Ausgebildete.[125] Andere Momente wie z.B. ein bestimmtes, allgemein anerkanntes Grundwissen, eine Standesethik[126] oder eine berufsspezifische Prüfung, die den Eintritt ins Berufsleben regelt,[127] befinden sich derzeit in der Entwicklung. Die Einrichtung von als solchen instituionalisierten

---

124 Franz M. Bogner: Das neue PR-Denken. Strategien, Konzepte, Maßnahmen, Fallbeispiele effizienter Öffentlichkeitsarbeit. Wien 1990, 50f.
125 Siehe dazu vor allem den Beitrag von Stefan Riefler: "PR, eine Profession?" (1989) in Schulze-Fürstenows Loseblatt-Sammlung, V, 301-322, und die dort angegebene Literatur.
126 Vgl. dazu vor allem Günter Bentele: Ethik der Public Relations als wissenschaftliche Herausforderung - einige Überlegungen. Bamberg 1991 (erscheint demnächst).
127 Vgl. dazu etwa den Versuch von "Unitrain" in Zusammenarbeit mit dem Deutschen Institut für Public Relations und dem Institut für Journalistik der Universität Hamburg, gezielt zum "Fachreferent/Fachreferentin für Öffentlichkeitsarbeit" auszubilden.

PR-Studiengängen bzw. PR-Studiengangelementen, also die Akademisierung des PR-Berufs, spielt dabei keine geringe Rolle. Der "PR-Profi" hat in naher Zukunft Öffentlichkeitsarbeit nicht nur in der Praxis realisiert, sondern er hat auch an einer Universität oder Fachhochschule mit einem solchen Schwerpunkt studiert. Damit hätte sich auch die dritte Phase bereits angedeutet, die als Herausbildung einer sich verstärkt auf Aspekte und Probleme der Öffentlichkeitsarbeit richtenden Wissenschaft oder gar als Entstehung einer genuinen PR-Forschung beschrieben werden könnte, der eine weitere gesellschaftliche Verbreitung des PR-Handelns konform ginge. Ebenso wie die naive PR-Praxis allmählich an ihre Grenzen stieß und damit eine Professionalisierung erzwang, scheint der sich abzeichnende Beruf des PR-Beraters, nur viel schneller, auch gleich schon eine Verwissenschaftlichung seines Aufgabenbereichs zu fordern.

5.1. PR-Gestalter als universelle Aufgabe

Die Rolle des PR-Gestalters - in seiner Funktion als eigentlicher Image-Träger - ist bislang fast ausnahmslos übersehen worden. Das liegt wohl auch daran, daß die Geschichte der Öffentlichkeitsarbeit noch weitgehend unerforscht oder einseitig als personalisierte Machergeschichte konzipiert ist. Einige Befunde aus der bisher geschriebenen PR-Geschichte mögen die großen Defizite und die genannten Akzente verdeutlichen.

Das Wort "public relations" gab es schon früher - nach Albert Oeckl definierte es Dorman Eaton 1882 in den USA als "to mean relations for the general good", und im amerikanischen Yearbook of Railway Literature soll es 1897 erstmals in seiner heutigen Bedeutung gebraucht worden sein.[128] Elisabeth Binder setzt in ihrer wegweisenden historischen Studie mitrecht die Geschichte der Öffentlichkeitsarbeit mit Frühformen des PR-Berufs in den USA an, exemplarisch bei Lee und Bernays, bleibt damit aber ebenfalls der Macherperspektive weitgehend verhaftet. Immerhin nennt sie auch einige gesamtgesellschaftliche Phänomene der Zeit. Demnach waren Hintergrund für die Arbeit von Leuten wie Lee und Barnays die Anfang des 20. Jahrhunderts in den USA verschärft ausgetragenen Konflikte zwischen einem kritischen Journalismus, der die kapitalistischen Praktiken der Industrie und die machtpolitischen Einflußnahmen des Staates anprangerte, einerseits und den großen

---

128 Albert Oeckl: Die historische Entwicklung der Public Relations. Der kurze Beitrag findet sich fast gleichlautend sowohl im Lexikon der Public Relations, a.a.O., 1989, 113-117, als auch im Taschenbuch Öffentlichkeitsarbeit, a.a.O., 1989, 11-15.

Industrieunternehmen bzw. die Regierung unter Präsident Wilson andererseits, die Journalisten als "whitewasher" engagierten, um ihr Image wieder aufzupolieren bzw. Propaganda für sich zu betreiben. Der anfängliche Bezug der PR zum wirtschaftlichen und zum politischen System und die Schnittstelle zwischen Öffentlichkeitsarbeit und dem journalistischem System wird damit bereits deutlich.

Ivy Lee begann seine Arbeit 1898 als Wirtschaftsreporter beim New York Journal. Ab 1903 wechselte er zu Firmen wie die Pennsylvania Rail Road, Chrysler, Guggenheim und schließlich Rockefeller. Er war reiner Praktiker. Ab 1916 benutzte er den Ausdruck "public relations" als Oberbegriff für seine verschiedenen Arbeitsbereiche und eröffnete in New York ein Büro als Public Relations Consultant. 1921 gab er eine Publikation mit dem Titel "Public Relations" heraus. - Edward L. Bernays arbeitete ebenfalls zunächst als Journalist, für zwei medizinische Fachzeitschriften, bevor er ab 1913 zur Publicity wechselte. Er war Presseagent am Broadway für Schauspieler und Sänger, später Public Relations-Berater. Er gilt als Pionier der Public Relations, weil er dem neuen Beruf eine theoretische Basis gab: 1923 fand an der New York University unter seiner Leitung der erste Kurs in Public Relations statt, und im selben Jahr erschien bereits seine erste theoretische Auseinandersetzung unter dem Titel "Crystilizing Public Opinion". Für ihn war "public relations" weniger eine Kunst wie für Lee als eine zu erlernende Technik und Wissenschaft. Als allgemeine Begründung des neuen Berufs nannte er die wachsende Bedeutung der öffentlichen Meinung innerhalb der Gesellschaft. Er beschreibt den neuen Beruf als Vermittler zwischen Öffentlichkeit und Wirtschaft und führt bereits ethische Standards für ihn ein, die später von Public Relations-Gesellschaften verschiedener Länder aufgegriffen wurden.

Auch in Deutschland soll es seit der Jahrhundertwende analoge Entwicklungen gegeben haben - bei Unternehmen wie Alfred Krupp, den IG Farben, Henkel, Bahlsen, AEG, Siemens, Bayer und dem Bremer Kaufmann Roselius; sodann bei Nachrichtenbüros, der Markenartikeltechnik eines Hans Domizlaff und durchaus auch in der NS-Zeit; historiographische Vorarbeiten dazu liegen bislang jedoch kaum vor. Anfang der 50er Jahre erschienen "Public Relations", unter diesem Namen, freilich noch als rein amerikanische Erfindung, mit der es sich auseinanderzusetzen galt. Wie vor allem die Publikationen von Carl Hundhausen, u.a. PR-Chef der Firma Krupp, in den Jahren 1937 bis 1951 zeigen, wurde zunächst - ohne viel Wirkung - versucht, Public Relations in die bereits bekannte Werbelehre einzuordnen.[129] Albert Oeckl setzt den Beginn

---

129 Exemplarisch Carl Hundhausen: Werbung um öffentliches Vertrauen. Essen 1951.

der Verbreitung des Begriffs "Öffentlichkeitsarbeit" in der Bundesrepublik Deutschland nach dem Krieg mit dem Februar 1951 an. Hier hatte er angeblich selbst als Leiter der Presseabteilung des neugegründeten Deutschen Industrie- und Handelstags diese Eindeutschung von "Public Relations" im Geschäftsbericht für 1950 erstmals nach außen hin angewendet. Weitere Publikationen von Oeckl, aber auch von Carl Hundhausen, Hans-Edgar Jahn, Friedrich H. Korte und Friedrich Mörtzsch trugen zur Verbreitung bei.[130] Ein nächster Schritt war die Gründung der Deutschen Public Relations-Gesellschaft DPRG als berufsständische Organisation am 8.12.1958 in Köln. Im selben Jahr fand in Brüssel der erste Public Relations-Weltkongreß statt. Damit wurde die Geschichte von Public Relations in Deutschland auch zu einer Institutionen- und Verbandsgeschichte (weitere Beispiele: Akademie Führung und Kommunikation in Rödermark bei Frankfurt; Deutsches Institut für Public Relations in Hamburg; Public Relations Akademie in Wiesbaden; Fortbildungsakademie der Wirtschaft in Köln; Initiative Communication in Heidelberg; der Deutsche Verband für Public Relations in Landsberg-Lech; neuerdings auch "Unitrain", ein Verein zur Förderung der wissenschaftlichen Weiterbildung zum Fachreferenten für Öffentlichkeitsarbeit in Hamburg). Diese Geschichte ist freilich ebenfalls bislang kaum aufgearbeitet. Wenn man vorsichtig bilanzieren würde, wären hier vor allem die Fortschritte in den Ausbildungsgängen bis Ende der 80er Jahre festzuhalten. Mit der Entwicklung eines eigenen Berufsbildes ab 1990 befindet sich die "Branche" weiterhin auf dem Weg zur Professionalisierung. Und erst damit wäre endgültig eine andere Handlungsrolle gemeint, die des professionellen PR-Beraters. Lee, Bernays, Hundhausen, Oeckl und die vielen anderen, die unmittelbar aus der Praxis kamen, waren eigentlich primär PR-Gestalter, die mit ihrer Weitsicht lediglich den Beruf des PR-Beraters mehr oder weniger konzeptualisierten.

Aus systemtheoretischer Sicht erscheint es vorschnell und kurzschlüssig, auf die Rolle des PR-Beraters zu reduzieren, was tatsächlich das Gesamtsystem, in allen seinen Teil- und Subsystemen, zunehmend geprägt hat und bereits heute entscheidend strukturiert: die Notwendigkeit der bewußten und vielfältig gestalteten Interaktionen mit jeweils allen relevanten gesellschaftlichen Umweltsystemen und Teilöffentlichkeiten. Vermutlich muß man, zumindest exemplarisch, erst noch auf viele konkrete und detaillierte Studien zur Geschichte einzelner Wirtschaftsunternehmen, Parteien und Gewerkschaften sowie anderer Institutionen zurückgreifen, um den allmählichen Wandel greifen und angemessen beschreiben zu können, den die interne strukturelle Veränderung der

---

130 Siehe die bibliographischen Nachweise bei Jutta Lieb, a.a.O.

Organisationen und ihrer Interaktionen nach außen auf breiter, gesamtgesellschaftlich sich auswirkender Linie bewirkt hat. Die Rolle des PR-Gestalters wurde allmählich zu einer universellen Aufgabe, die jeden im System, auf jeder hierarchischen Ebene, unmittelbar betrifft. Dabei erscheint der verkürzende Blick auf die Rolle des PR-Beraters auch noch aus einem zweiten Grund durchaus verständlich: In dem Maße, in dem Öffentlichkeitsarbeit, im Sinne der Imagegestaltung, zunehmend eben nicht mehr (allein oder primär) Sache der Chefs, Leiter, Führer, Direktoren, Geschäftsführer, Bosse war, die mit ihren Unternehmungen jeweils identifiziert werden konnten, wurde diese Aufgabe zu einer Art Leerstelle - die in Verkennung ihrer strategischen Funktion und Bedeutung für das System zunächst einmal abgeschoben oder delegiert wurde an bereits bestehende Teil- und Subsysteme, an Pressestellen, Werbe- und Propagandaabteilungen, an Agenturen, Berufsverbände, Vereine, Privatberufler. Beides also, in Kombination miteinander, dürfte den Blick auf die fundamentale Handlungsrolle des PR-Gestalters verdeckt haben: der "einsame" PR-Gestalter, der sich aber individuell, als Wegbereiter zukünftiger professioneller Öffentlichkeitsarbeit, bereits mit dem Schein des PR-Beraters schmücken konnte, und die organisatorischen Veränderungen bei der Aufgabenverteilung, die sich systemspezifisch im Gefolge der fortgesetzten gesellschaftlichen, anonymisierenden Ausdifferenzierung vollzogen.

Aufgrund fehlender Forschungen ist die Rolle des PR-Gestalters als universelle Aufgabe, deren Wahrnehmung von Umweltsystemen und Teilöffentlichkeiten zunehmend auch eingefordert wird, bislang nur wenig konturiert. Gleichwohl dürfte sie so fundamental sein wie die Rolle beispielsweise des Lesers für die Herausbildung des Systems Literatur. Ebensowenig wie es ein System Literatur ohne die Handlungsrolle Leser geben kann, ist Öffentlichkeitsarbeit oder Imagegestaltung ohne die eigentlichen Imageträger - nämlich alle Mitglieder einer Organisation vom obersten Leiter bis zum kleinsten Angestellten und Arbeiter - vorstellbar. Bei der System-Umwelt-Interaktion besteht ja die Schnittstelle bzw. das Überschreiten der Systemgrenze im Agieren der Systemmitglieder in anderen Rollen (z.B. Vater in der Familie oder Vorstandsmitglied im Verein etc.), in anderen Systemen oder in anderen Teilöffentlichkeiten (z.B. kirchliche, gewerkschaftliche oder politische Aktivitäten). So lange die Diskussion sich exklusiv auf die Rolle des PR-Beraters bezieht, wird dessen Aufgabe prinzipiell bestenfalls gleichrangig (wenn nicht gar untergeordnet) zu allen anderen Teil- oder Subsystemen einer Organisation definiert und erhält damit nur eine relative Wichtigkeit; nur deshalb können Werbung oder Marketing, zumindest in Industrieunternehmen, immer noch sehr viel wichtiger erscheinen als PR. (Die unterschiedlichen Geldbeträge, die systemintern dafür aufgewendet werden, sprechen da eine deutliche Sprache.) Auch das Problem der Positionierung von Öffentlichkeitsarbeit im System läßt sich damit letztlich nicht plausibel machen. Nur in dem Maße, in dem die Mitglieder eines Systems nicht als Manövriermassen mißverstanden, in dem Image-Gestaltung stattdessen als universelle Aufgabe, als Rolle eines jeden Systemmitglieds selbst begriffen wird, kann die Rolle des PR-Beraters überhaupt sinnvoll und als Spezifikum differenziert werden: läßt sich PR-Beratung als Managementfunktion ausweisen.

5.2. PR-Berater und die Praxis professioneller Projektplanung

Die für die Anfänge der Öffentlichkeitsarbeit konstatierte Nähe zum Journalismus, vielleicht aber auch der Tatbestand, daß fast bis zur Hälfte die PR-Stellen noch heute aus dem Journalismus heraus neu besetzt werden,[131] macht den Irrtum verständlich, bei PR handelte es sich um einen Kommunikationsberuf. Die allermeisten Aufgabenbereiche der Öffentlichkeitsarbeit im Sinne der PR-Beratung und Steuerung der Imagegestaltung müssen primär bis ausschließlich als Handlungsaufgaben begriffen werden (Planung, Beratung, Organisation, Steuerung, Bewertung). Dies ist neben der fatalen Personalisierung von PR vielleicht einer der wichtigsten Fehler bei den Professionalisierungsbemühungen im Bereich Öffentlichkeitsarbeit: PR auf Kommunikation zu reduzieren oder darin ihre zentrale Aufgabe zu definieren. Der PR-Berater ist nicht "Informations-Manager" oder "Kommunikations-Manager" oder "Publicity"-Manager oder ähnliches, sondern er ist - übrigens völlig unspektakulär - "Interaktions-Manager".

Die meist implizite irrige Annahme, Öffentlichkeitsarbeit habe im Kern mit Journalismus zu tun, ist wohl auch der Hauptgrund für die falschen Erwartungen, die man hinsichtlich "Wahrhaftigkeit" oder "Ehrlichkeit" an die PR-Macher richtet. Während der Journalist - im Rahmen des vom jeweiligen Meinungsträger gestecken politisch-ideologischen und medienspezifischen Handlungsspielraums - sich primär dem Leser oder Reziepinten bzw. der Wahrheit und Aufklärung und konstruktiven Meinungsbildung oder auch der Unterhaltung funktional verpflichtet fühlt, unterliegt der PR-Berater ausnahmslos und stets dem Primat seiner Organisation; nur unter dieser Prämisse kommen

---

131 Siehe z.B. Peter Szyszka: Journalisten in der Öffentlichkeitsarbeit? In: Reinecke/Eisele (Hrsg.), 90-98, hier 92.

die Interessen, Werte, Ziele von Umweltsystemen und Teilöffentlichkeiten überhaupt in den Blick. Insofern könnte das Berufsbild des PR-Beraters in der Tat sehr viel homogener gestaltbar sein als das des Journalisten. Der PR-Berater ist weder Journalist noch Sozialwissenschaftler, weder Jurist noch Betriebswirt, weder Psychologe noch Medien"macher", weder Künstler noch Designer, weder Medien- oder Publizistikwissenschaftler noch Kommunikationstheoretiker, weder Meinungsforscher noch Werbe- oder Marketing-Fachmann; und er ist auch nicht von jedem etwas. Selbst der Ansatz der Deutschen Public Relations Gesellschaft als etablierter Standesvertretung bleibt noch allzusehr den traditionellen Berufsbildern verhaftet (hier: PR-Berater als Mischung aus Journalist, Grafiker, Ghostwriter).[132] Seine Rolle besteht vielmehr in der systemspezifischen Initiative, Planung, Beratung, Organisation, Steuerung, Bewertung von Öffentlichkeitsarbeit, wobei er imstande ist, souverän auf das Arsenal der genannten Berufe bedarfsentsprechend jeweils zurückzugreifen. Er kennt und überschaut das Potential dieser Bereiche und weiß sich seiner funktional, d.h. systemangemessen, zu bedienen. Das schließt vor allem auch die Nutzung von PR-Agenturen ein, die in der Praxis bislang noch, zumindest teilweise, die Funktion des PR-Beraters - zwangsläufig unzureichend, da von außen und nicht dem System zugehörig - mit übernehmen.[133] Daß es sich beim PR-Berater um eine Management-Aufgabe handelt, ergibt sich unmittelbar aus dem Charakter der internen und externen "Interaktionen in Gesellschaft", die naturgemäß nur aus ganzheitlicher Sicht initiiert, überschaut, geplant, gesteuert und evaluiert werden können.

Diese Tätigkeit nimmt in der Praxis, zumindest bislang, bevorzugt offenbar die Gestalt einzelner Projekte an. Da die PR-Praxis in dieser Hinsicht bereits fundiertes Erfahrungswissen angesammelt hat, sei im folgenden idealtypisch die Reihe von Schritten vorgestellt, die bei jeder Projektplanung mehr oder weniger berücksichtigt werden müssen und die in der Praxis-Literatur, die meistens von sechs oder zehn Schritten spricht, nicht mehr strittig sind.[134] Sie

---

132 Vgl. Schulze-Fürstenows Loseblatt-Sammlung V, 11-40, 268ff.
133 Es wäre denkbar, daß auch die PR-Agentur als gesonderte Handlungsrolle ausdifferenziert werden muß, ähnlich wie es im System Werbung heute der Fall ist. M.E. besteht dafür bislang noch kein Anlaß, weil die Grenzen zwischen Werbe- und PR-Agentur noch fließend sind und nicht absehbar ist, wann oder wie sie sich prinzipiell auseinanderentwickeln können.
134 Siehe dazu etwa Günther Schulze-Fürstenow: "Konzeptions-Modell für gesellschaftsorientierte Public Relations", in: Schulze-Fürstenows Loseblatt-Sammlung (1987), X, 11-18; Albrecht Koch: "Planung und Durchführung einer PR-Maßnahme am Beispiel eines Markenartikels", in: Lexikon der Public Relations, 209-214; Harry Nitsch:

sollen hier - als vier Grundschritte - im einzelnen vorgestellt und erläutert werden. Natürlich hängt die Planung von Projekten konkret davon ab, welcher Art das Projekt ist, welche Ziele bei welchen Umweltsystemen bzw. in welchen Teilöffentlichkeiten erreicht werden sollen, welche Medien und Methoden eingesetzt werden, welche finanziellen Mittel zur Verfügung stehen usw. Man kann dabei davon ausgehen, daß ein PR-Projekt in aller Regel anhand eines konkreten Anlasses initiiert wird. Da kann es um die Erhöhung von Marktanteilen oder die Erschließung neuer Teilöffentlichkeiten gehen, da kann ein schlechtes Image nach außen oder auch ein Problem innerhalb des Systems, im Sinne der Corporate Culture, den Ausschlag geben, und vieles andere mehr. Ausgangspunkt ist fast immer der kritische Befund, daß irgendetwas nicht in Ordnung ist, d.h. systemspezifisch optimiert werden muß.
- Schritt Nr. 1 ist die Ist-Analyse.
Es geht hier um eine kritische Bestandsaufnahme und Bewertung der gegebenen Situation und Umstände, sowohl intern als auch extern, d.h. auf die eigene Unternehmung bezogen und mit Blick auf verschiedene Umwelt-Systeme. Welche Stärken lassen sich festhalten (hier wird einem meistens etwas einfallen)? Welche Schwächen sind zu notieren (hier fällt einem oft nur wenig ein)? Öffentlichkeitsarbeit meint im Kern Strukturhomologie. In der Praxis lautet entsprechend die Frage: Welche Konflikte bestimmen den Ausgangspunkt des PR-Projekts und machen es überhaupt notwendig? Wo liegt wirklich das Problem? Wie verhalten sich die Eigeninteressen, Sinnkonzepte und Strukturelemente zu den Interessen, Sinnkonzepten, Strukturelementen von Teilöffentlichkeiten oder "der" Öffentlichkeit? Wo gibt es Widersprüche, Gegensätze, Überlappungen?

Die Ist-Analyse ist schonungslos offen und färbt nicht schön. Deshalb hat es große Vorzüge, wenn ein PR-Projekt mit Unterstützung außenstehender PR-Wissenschaftler oder einer PR-Agentur durchgeführt wird, die nicht "betriebsblind" sind und den Finger leichter in die Wunde legen können. (Absolute Vertraulichkeit ist dabei eine Selbstverständlichkeit.) Eines der größten Probleme bei der Ist-Analyse nämlich ist die kritische Unterscheidung von objektivem Zustandsbild, Selbstbild und Fremdbild. Das objektive Zustandsbild muß keineswegs mit dem Selbstbild oder dem Fremdbild übereinstimmen; auch wenn es einem Unternehmen objektiv wirtschaftlich gut geht, kann es das Image eines angeschlagenen Unternehmens haben (und natürlich umgekehrt).

Dynamische Public Relations, a.a.O., 133-151; Gertrud Achterholt: Corporate Identity. In zehn Arbeitsschritten die eigene Identität finden und umsetzen.Wiesbaden 1988; Franz M. Bogner: Das neue PR-Denken. Wien 1990; u.a.

Was bei der Ist-Analyse zählt, ist primär das, was "die anderen" über die Unternehmung wissen und denken, d.h. das Bild des Systems innerhalb der systemeigenen Teilöffentlichkeiten sowie bei den Umweltsystemen und den entsprechenden externen Teilöffentlichkeiten. Das bedeutet, daß eine Ist-Analyse nicht allein "im stillen Kämmerlein" durchgeführt werden kann, obwohl dem selbstkritischen Brainstorming, der vorbehaltlos selbstkritischen Beschreibung, Bewertung und Interpretation des Ist-Zustandes eine entscheidende Bedeutung zukommt. Das Fremdbild muß nämlich zunächst einmal erhoben werden, und natürlich möglichst nicht von einem selbst, sondern von parteilosen bzw. überparteilichen Dritten.

Die Ist-Analyse impliziert also den Einsatz demographischer Mittel und spezieller (sozial-) psychologischer Methoden. Teilöffentlichkeiten können sein: z.B. die Gesamtbevölkerung einer Region, die Kunden, bestimmte Altersgruppen oder soziale Schichten, die Mitarbeiter oder Mitglieder insgesamt oder bestimmter Abteilungen, auch die Medienmacher und Journalisten oder bestimmte andere Opinion Leaders. Demographische Mittel können sein: z.b. Fragebogen, persönliche Tiefeninterviews, Telefoninterviews, Straßeninterviews. Methoden können sein: z.B. einfache Fragen, etwa zum Bekanntheitsgrad und zu Urteilen und Wertungen, Fragenbatterien zu unterschwelligen Assoziationen, komplexere Verfahren wie das Polaritätenprofil oder andere Assoziationstests. Entsprechend sind die statistischen Auswertungen aufwendig, von der simplen Skalierung nach Ratings bis zur Chi-Quadrat-Zerlegung und anderen Signifikanztests.

Einer der Grundfehler bei der Ist-Analyse ist weniger, daß man geneigt ist, sich etwas vorzumachen und bereits im Ansatzpunkt den Selbstbetrug zu praktizieren, sondern: daß auf diesen ersten Schritt der umfassenden Informationsgewinnung nicht genügend Zeit, Geld, Gewicht gelegt wird. Von der Qualität der Ist-Analyse aber, gewissermaßen von der Diagnose, hängt die vernünftige Planung und alles Weitere entscheidend ab. Fällt die Phase der Ist-Analyse zu kurz aus oder werden zentrale Merkmale (die geschichtliche Entwicklung der Unternehmung, die Machtverhältnisse, die finanzielle Situation, Betriebsklima, Marktsituation, Konkurrenzen, bisherige Ziele und Zukunftsaussichten, bisherige Öffentlichkeitsarbeit etc.) ausgespart, wird sich das spätestens bei der Effizienz der PR-Maßnahmen rächen. Ziel der Ist-Analyse ist es, die gravierenden Mängel und Diskrepanzen zu ermitteln, um sie gezielt zu beseitigen.

- Schritt Nr. 2 ist die Soll-Bestimmung.
Die bei der Bestandsaufnahme gesammelten Daten, Informationen, Meinungen, Fakten müssen gegliedert, analysiert und im Hinblick auf die Aufgabenstellung interpretiert werden. Welche Subziele oder Zwischenziele für die Öffentlichkeitsarbeit lassen sich intern und extern benennen? Welche Umweltsysteme spielen dabei eine Rolle? Welche Teilöffentlichkeiten müssen entsprechend angesprochen werden? Was kann und soll realistischerweise erreicht werden? Was läßt sich an meßbaren Zielen spezifizieren? Die Soll-Bestimmung darf sich nicht allein auf die Darstellung oder Präsentation (nach innen oder außen) hin orientieren, sondern muß auch die Wirklichkeit einbeziehen - Öffentlichkeitsarbeit impliziert gerade auch die reale Veränderungsmöglichkeit. Die Soll-Bestimmung meint also strategische Entscheidungen auch im Sinne evtl. notwendiger Selbstkorrekturen. Beide Fragerichtungen sind demnach tangiert: Im Hinblick auf welche Ziele muß die Öffentlichkeit oder Teilöffentlichkeit umgestimmt werden? Im Hinblick auf welche Ziele sind Veränderungen des Unternehmens selbst notwendig?

Hauptfehler hier dürfte sein, daß die Bestimmung der unternehmenspolitischen Ziele oft nur mangelhaft oder allzu unverbindlich gehalten ist. Bei kommerziellen Unternehmen wird auf die explizite Zielbestimmung viel zu wenig Sorgfalt verwendet, und vor allem die gesellschaftsorientierte Zielbestimmung des Unternehmens läßt zumeist zu wünschen übrig oder fehlt gänzlich. Der Hauptfehler bei non-profit-Unternehmungen hier besteht darin, daß die Ziele schlicht als selbstverständlich unterstellt werden. Man verkennt, daß auch die Polizei, die Gewerkschaften, die Landesregierung, die Umweltschutzorganisation usf. jeweils einer kontinuierlichen Zielfortschreibung bedürfen (der Bundesgrenzschutz oder der Deutschlandfunk oder die Partei der Grünen, die das alle versäumt haben, sind da nur aktuelle Beispiele).

Ziele müssen hierarchisch aufgegliedert sein, um verschiedenen Teilöffentlichkeiten oder Umweltsystemen abgestimmt aufeinander entsprechen zu können. Ausgehend von einem Hauptziel oder einem Zielkomplex an der Spitze müssen - bäumchenähnlich - die diversen Subziele oder Teilziele integrativ und damit widerspruchsfrei bestimmt werden. Die häufig unterschlagenen Ziele für die Öffentlichkeitsarbeit "nach innen" müssen dabei an exponierter Stelle stehen.
- Schritt Nr. 3 ist die Umsetzung.
Nach der Bestandsaufnahme und der Zielbestimmung folgt logisch die Umsetzung: zunächst die Planung des PR-Projekts in Strategie und Taktik, dann seine Realisierung. Die Planung beschreibt den Weg zum Erreichen der festgelegten

Ziele, angefangen von den zu vermittelnden Aussagen bzw. den durchzuführenden Korrekturen über den jeweiligen Einsatz von Medien und Methoden gemäß den anzusprechenden Zielgruppen und Umweltsystemen bis hin zum Finanzbedarf und einem exakten Zeitplan. Ein solcher strategischer Generalstabsplan umfaßt drei bis sechs Jahre, manchmal auch einen noch längeren Zeitraum. Daraus werden wiederum kurz- und mittelfristige Aktions- und Zeitpläne abgeleitet, die entsprechend konkreter und detaillierter sein müssen und zugleich die Flexibilität im eigenen Handeln möglich machen sollen, d.h. die Anpassung an sich möglicherweise verändernde Umstände und Rahmenbedingungen.

Ausgehend von der sachlichen Programmplanung erfolgen Terminplanung und Finanzplanung. Die Programmplanung orientiert sich an verschiedenen Bereichen oder Teilöffentlichkeiten, Opinion Leaders oder Institutionen, Teilzielen oder Mittel und Medien; sie bedarf einer ausgefeilten Organisation und Kompetenzverteilung. Die Terminplanung muß gesellschaftliche Eckdaten (z.B. Ferien/Urlaubstermine) und andere zeitabhängige Faktoren berücksichtigen (z.B. "Sommerloch" bei der Presseberichterstattung). Die Finanzplanung sollte für das gesamte Projekt mehrjährig gesichert sein, um unnötigen Kräfteverschleiß beim "Kampf um Mittel" zu vermeiden. Andererseits empfiehlt es sich aber auch nicht, unabhängig von den konkret vorgesehenen Maßnahmen einen Pauschalbetrag als Etat zu bestimmen, der etwa auf Prozentanteilen vom Umsatz oder Gewinn basiert, weil das zur Verschwendung verleiten kann.

Der Planung als theoretischer Umsetzung folgt die Realisierung als praktischer Durchführung; beides läßt sich logisch eigentlich nicht voneinander trennen. Die aufgestellten Pläne und projektierten Maßnahmen werden umgesetzt: Es wird gehandelt.
- Schritt Nr. 4 schließlich ist die Wirkungskontrolle.
Wirkung kann man kurzfristig und materialiter nach Presseartikeln definieren (Spaltenumfang bzw. Zeit der Berichterstattung in Radio und Fernsehen). Gelegentlich wird die Wirkung von Öffentlichkeitsarbeit so gemessen, daß man sie analog zur Werbung setzt: Der Wert der erfolgreichen PR-Maßnahme (z.B. eines zweispaltigen Artikels in einer überregionalen Zeitung) wird nach dem Betrag gewichtet, den eine Werbeanzeige in der Größe des Artikels in dieser Zeitung gekostet hätte. Dieses Verfahren ist zwar operationalisierbar, widerspricht aber im Kern dem eigentlichen Anliegen der langfristig aufgebauten Öffentlichkeitsarbeit und macht auch praktisch keinen Sinn. Das Verhindern eines negativen Artikels über eine Unternehmung beispielsweise

als Folge engagierter Öffentlichkeitsarbeit kann von sehr viel größerem Wert für das Unternehmen gewesen ein, obwohl das nach dieser Rechnung (Null Zeilen und Spalten) gar nicht zu Buche schlagen würde. Oder ein Gespräch mit einem Journalisten, das sich ebenfalls nicht in Zeilen und Spalten niederschlägt, kann langfristig sehr viel mehr bewirken als ein einzelner Artikel.

Dennoch darf man auf die Wirkungskontrolle von Öffentlichkeitsarbeit keineswegs verzichten. Nichtobjektive Indizien dabei lassen sich durchaus festhalten: das Echo auf bestimmte PR-Maßnahmen in der Presse oder bei Opinion Leaders; Reaktionen aus der angesprochenen Teilöffentlichkeit bei Gesprächen oder in Form von Anrufen und Zuschriften; Veränderungen im Betriebsklima gemäß Mitarbeiterfluktuation; Bewerbungen bei Stellenausschreibungen; allgemeine Veränderungen in der "Atmosphäre". Dabei kann man sich aber leicht täuschen. Verläßlich sind letztlich allein wissenschaftliche Forschungen. Sie sind in der Regel zwar aufwendig, aber zuverlässig praktizierbar: Im Sinne des Vorher-Nachher-Vergleichs wird mit Verfahren, die möglichst dieselben sein sollten - beispielsweise das Polaritätenprofil oder die Regressionsgerade -, in größeren Zeitabständen (etwa sechs Jahren) das Fremdbild im Sinne einer erneuten Ist-Analyse ermittelt. Abweichungen können unter Bezugnahme auf die durchgeführte PR-Kampagne entsprechend interpretiert werden.

Große Unternehmen wie Nestlé, aber auch lokale und regionale Unternehmen wie etwa die Stadtsparkasse Kassel haben diese effiziente und verläßliche, wenngleich nicht billige Form der Wirkungskontrolle im Sinne einer wirklich langfristig angelegten Öffentlichkeitsarbeit längst zur Selbstverständlichkeit werden lassen. In der Folge ist es ihnen möglich, die Wirksamkeit auch einzelner Medien oder Maßnahmen differenziert zu beurteilen und gut wirkende Strategien auszubauen bzw. schlecht wirkende Strategien zu verbessern oder zu ersetzen. Daß von non-profit-Unternehmungen vergleichbare Wirkungskontrollen bislang praktisch nicht vorgelegt wurden, signalisiert eine fatale Fehleinschätzung der Notwendigkeit von Öffentlichkeitsarbeit durch diesen Typ von System.

Exkurs zum Berufsfeld heute:
Man darf die Handlungsrolle mit einer gängigen Arbeitspraxis nicht ineins setzen, weil Praxis stärker vom konkreten, historisch sich wandelnden Berufsfeld bestimmt wird. Wie sehr das derzeitige Berufsbild des PR-Beraters den rollenspezifischen Belangen hinterherhinkt und insoweit einer Neufassung bedarf, kann der derzeitige Diskussionsstand signalisieren, der bezeichnenderweise noch sehr stark vom (falschen) Konzept personalisierter Öffentlichkeitsarbeit

und vom (falschen) Bild des PR-Beraters als Kommunikationsberuf geprägt ist.

Man hat immerhin erkannt, daß PR-Berater in einer immer stärker als solche sich ausweisenden Informations- und Mediengesellschaft in sprunghaft steigendem Maße benötigt werden. Eine entsprechende Zunahme der einschlägigen Stellenausschreibungen ist deshalb zu erwarten. Die Fachzeitschrift Journalist, die Stellenofferten für Journalisten aus elf Jahrgängen systematisch ausgewertet hat, ermittelte, daß nach Zeitungen (31,8% der Ausschreibungen) und Zeitschriften (25,9%) immerhin PR-Stellen in kommerziellen Unternehmen mit 22,1% an dritter Stelle standen, gefolgt von PR-Stellen im öffentlich-rechtlichen Bereich auf Rang 4 (8,3%). Unterschieden nach Tätigkeitsfeldern, stand PR mit 30,5% aller Stellenausschreibungen sogar an zweiter Stelle (hinter Fachredaktionen mit 37,3%), gefolgt vom Lokalredakteur auf Platz 3 (13,7%).[135]

Für den PR-Berater gibt es seitens der DPRG und der PRVA bestimmte Anforderungsprofile, die allerdings in Gestalt eines unstrukturierten Konglomerats zahlreicher "Voraussetzungen" und "Persönlichkeitsmerkmale" gehalten sind.[136] Dem Entwicklungsstand entsprechend dominieren dabei immer noch Vorstellungen vom PR-Berater als "Alleskönner" oder einer "Eierlegendenwollmilchsau".[137] Wollte man versuchen, hier eine Ordnung zu konstruieren, ließen sich die folgenden idealtypischen Qualifikationen in der angegebenen Reihenfolge benennen:

1. Kommunikationskompetenz (Kontaktfreudigkeit; Artikulationsfähigkeit; verbale und textliche, auditive und visuelle Gestaltungsfertigkeiten; Vertrautheit mit verschiedenen Textformen, Kommunikationsformen und Medien)
2. Organisations- und Führungskompetenz (ausgeprägte analytische Fähigkeiten; Urteilskraft; Selbstsicherheit; Initiative; Verantwortungsbereitschaft; Weitsicht; Fähigkeit zur Menschenführung; Kooperationsfähigkeit; Toleranz)
3. Sachkompetenz (fundierte Allgemeinbildung; neben wirtschaftlichen, politischen und juristischen Kenntnissen vor allem auch Kenntnisse der Medienlandschaft und der PR-Wissenschaft; Kreativität; holistische Perspektive).

---

135 Klaus-Dieter Altmeppen / Armin Scholl: Journalistischer Stellenmarkt: Im Labyrinth der Alleskönner. In: Journalist 3/90, 10-14.
136 Siehe insbesondere Heinz Flieger: Public Relations als Profession. Wiesbaden 1987, 26f. und 33; Schulze-Fürstenow: Loseblatt-Sammlung V, 51 und 319.
137 Vgl. Dieter Gaarz: Eierlegendewollmilchsau gesucht - Anmerkungen und Fragen zu Qualifizierung und Professionalisierung von Public Relations. In: Klaus Dörrbecker und Thomas Rommerskirchen (Hrsg.), Blick in die Zukunft: Kommunikations-Management. Perspektiven und Chancen der Public Relations. Rolandseck 1990, 50-62.

Daraus läßt sich ersehen, daß Berufsbild und Rolle durchaus bereits Affinitäten zueinander aufweisen.

Zum Verdienst: Da es noch kein klares Berufsfeld mit allseits akzeptierten Tätigkeitsmerkmalen gibt, lassen sich auch keine spezifischen Einkommen oder gar tariflich abgesicherten Beträge nennen. Grundsätzlich muß man von einem gewissen Widerspruch zwischen Wirklichkeit und Anspruch ausgehen. In der Wirklichkeit der PR-Arbeit ist die Bezahlung vielfach, vor allem im nonprofit-Bereich, eher niedrig - PR-Arbeit wird durch Pressesprecher oder nebenher geleistet, sie wird eher schlecht als recht betrieben, teils als Werbung mit anderen Mitteln durchgeführt und ist in der Regel nicht an der Spitze der Unternehmenshierarchie angesiedelt. Hier dürften die Bruttoeinkommen zwischen 1.500 und 3.000 Mark für (bislang noch eher nichtakademische) Berufsanfänger liegen. In den nächsten Jahren, im Verlauf der weiteren Professionalisierung des Berufs, werden Anfangsgehälter in diesem Bereich wohl eher leistungsbezogen ausgehandelt werden müssen, d.h. eigene Arbeitsproben, Berufspraktika und entsprechende Zeugnisse (die in der Regel durch Telefonanrufe verifiziert werden) spielen eine wichtige Rolle.

Der Anspruch an die Honorierung zumal des PR-Managers dagegen, wie ihn u.a. die Deutsche Public Relations Gesellschaft 1988 gemäß einer Umfrage bei PR-Agenturen mit mehr als zehn Mitarbeitern ermittelt hat, liegt sehr viel höher.[138] Als Durchschnittswerte (für Freiberufler, ohne Mehrwertsteuer) werden hier u.a. genannt:

- PR-Chefberatung (pro Stunde 225 Mark)
- PR-Beratung durch Projektleiter (160 Mark)
- PR-Text (120 Mark)
- PR-Grafik (120 Mark)
- PR-Dokumentation (77 Mark)
- Ideenskizze für PR-Projekt (3.000 Mark)
- Konzeption mit Präsentation (7.250 Mark)
- Lokale/regionale Pressekonferenz (8.000 Mark)
- Überregionale Pressekonferenz (14.000 Mark)
- Pressefoto ohne Versand (1.000 Mark)
- kontinuierliche PR-Beratung und Betreung, ohne Durchführung (mtl. 5.500 Mark)

---

138 Vgl. die Angaben bei Schulze-Fürstenows Loseblatt-Sammlung (1988), X, 54f.

5.3. PR-Wissenschaftler, PR-Wissenschaft als Fach

Die Handlungsrolle des PR-Wissenschaftlers ist gegenüber der Rolle des PR-Beraters wohl noch diffuser ausgeprägt und wird hier nur der Vollständigkeit halber erwähnt. Benno Signitzer datierte jüngst (1990) die Anfänge einer systematischen "PR-Wissenschaft" im bundesdeutschen Sprachraum etwa auf das Jahr 1970.[139] Manfred Rühl definierte im selben Jahr PR-Forschung als Funktion einer PR-Theorie bzw. Metatheorie und Methodologie von Öffentlichkeitsarbeit und verlegt damit im Grunde den Beginn für die USA (mit Blick auf die theoretischen Ansätze dort von James E. Grunig, Carl H. Botan/ Vincent Hazleton et al.) auf die 80er Jahre, für die Bundesrepublik Deutschland (mit Blick auf Rühl/Ronneberger) auf das Jahr 1992.[140] Beide betrachten Public Relations allerdings als Kind allein der Kommunikationswissenschaft, und es muß bewußt bleiben: Je breiter oder allgemeiner die Definition von PR, desto früher wäre naturgemäß auch der Beginn der wissenschaftlichen Forschung anzusetzen. Während in Österreich (vor allem in Wien und in Salzburg) PR-Forschung schon in den 70er Jahren betrieben wurde, wäre für den bundesdeutschen Raum aus kritischer Sicht durchaus der Anfang der 90er Jahre anzusetzen:
- In dieser Zeit wurde der erste "Entwurf" einer "Theorie der Public Relations" vorgelegt (Ronneberger/Rühl) - unbeschadet zahlreicher theoretischer Äußerungen von Franz Ronneberger schon lange vorher.[141]
- Zugleich erschien ein erster umfassender "Bibliographischer Überblick über Themenbereiche der Öffentlichkeitsarbeit" (Lieb) - unbeschadet zahlreicher wichtiger Vorarbeiten insbesondere von Heinz Flieger.[142]
- Und vor allem gab Günter Bentele, im Rahmen der Arbeitsstelle Öffentlichkeitsarbeit an der Universität Bamberg, eine erste systematische Übersicht über "Public Relations in Forschung und Lehre" heraus: Ergebnisse einer Umfrage im deutschsprachigen Raum zu Schriften, Veröffentlichungen,

---

139 Benno Signitzer: Umrisse einer künftigen Public-Relations-Wissenschaft: ihre Funktion im Professionalisierungsprozeß. In: Dörrbecker/Rommerskirchen (Hrsg.), a.a.O., 282-295, hier 282.
140 Manfred Rühl: Public Relations - Innenansicht eines emergierenden Fachtypus der Kommunikationswissenschaft. Bamberg 1990 (Analysen und Synthesen, Universität Bamberg, Bd. 3).
141 Das Buch erschien Anfang 1992 im Westdeutschen Verlag, Opladen, war aber bereits für 1990 angekündigt worden.
142 Gemeint sind vor allem Heinz Fliegers Bibliographien 1983, 1985 und 1990 (alle Wiesbaden: Verlag für deutsche Wirtschaftsbiographien Heinz Flieger).

Lehrveranstaltungen, Forschungsvorhaben und Tagungen zu allen einschlägigen Themen und Problemen des Bereichs Öffentlichkeitsarbeit. Damit sind auch zahlreiche andere Bemühungen im Verlauf der 80er Jahre gleichsam gebündelt worden.

Welche Bedeutung der Rolle des PR-Wissenschaftlers, die eng mit der Akademisierung der Öffentlichkeitsarbeit an deutschen Universitäten zusammenhängt, für die Rolle des PR-Beraters und die Praxis der Imagegestaltung zukommen wird, muß heute noch offenbleiben. Betrachtet man freilich andere Bereiche wie etwa die Entwicklung der Medien seit Anfang dieses Jahrhunderts und die Bedeutung, die eine sich herausbildende Kommunikationsforschung, Publizistikwissenschaft, Wirkungsforschung und Medienwissenschaft gewonnen haben, oder wirft man singulär einen Blick auch nur auf die Entwicklung der Imagestudien im Bereich Marketing seit den späten 50er Jahren und den Rang, den Psychologie und Statistik hier inzwischen einnehmen, so steht zu vermuten, daß im Zuge der Systematisierung, der Theoriebildung, der Differenzierung und Spezifizierung der Frageperspektiven, Methoden und Resultate der gesamte PR-Bereich immer stärker auch von der Handlungsrolle des PR-Wissenschaftlers tangiert werden dürfte. Dabei liegt es auf der Hand, daß die zahlreichen Verwertungsmöglichkeiten in besonderem Maße wieder ethische Reflexionen notwendig machen.

Überzeugender Beleg für diese Tendenz ist die zunehmende Etablierung von Öffentlichkeitsarbeit als Fach an bundesdeutschen Universitäten und Hochschulen. Wie der Überblick von Bentele belegt, stehen dabei, nach dem Scheitern des Modellversuchs in Berlin,[143] die Universitäten Bamberg und Hamburg an erster Stelle, gefolgt von den verschiedenen Ansätzen in Lüneburg, Mannheim, Leipzig und zahlreichen weiteren PR-Akzenten in diversen Instituten für Publizistik oder Kommunikationswissenschaft. Universitätsübergreifende Kooperationsansätze verdeutlichen, daß die Phase der Professionalisierung des PR-Beraters von der Phase der Akademisierung bzw. Verwissenschaftlichung des Bereichs Öffentlichkeitsarbeit wohl nicht mehr getrennt werden kann.

---

143 Vgl. Wolfgang Armbrecht und Günter Barthenheier: Modellversuch Öffentlichkeitsarbeit. Abschlußbericht. Berlin: FU Berlin, 1984.

6. ÖFFENTLICHKEITSARBEIT UND SINN

Die schwierigste, weil grundlegende Kategorie einer zukünftigen Systemtheorie der Public Relations ist vermutlich "Sinn". Der Sinn von PR, Sinn überhaupt liegt nicht einfach vor, sondern muß stets neu ins Auge gefaßt werden. Sinn ist keine Gegebenheit, sondern instabil. Sinn wird konstituiert - nicht durch einen Kontext, nicht durch ein Subjekt, nicht durch irgendein kosmisches oder sonstiges Prinzip, sondern selbstreferentiell, durch das System selbst, und im Rekurs auf andere Entwürfe von Sinn in Umweltsystemen. Öffentlichkeitsarbeit betreibt jedes Unternehmen, jede Organisation, jede Institution unaufhörlich, ganz unabhängig davon, ob sie es will oder nicht, ob es bewußt geschieht oder nicht. "Sinn" dieser Interaktion ist jedoch nur auf den ersten Blick die Imagegestaltung, verstanden als Strukturhomologie, da diese sich ja ihrerseits wieder als funktionalisiert erweist, und schon gar nicht markieren die üblicherweise genannten personalisierten Ziele von Öffentlichkeitsarbeit - wechselseitiges Verständnis, Vertrauen, partnerschaftlicher Austausch, sozialer Konsens undsoweiter - das letzte Ziel, auf das Öffentlichkeitsarbeit aus systemtheoretischer Sicht angelegt ist. PR als Interaktion in Gesellschaft läßt sich letztlich auch nicht aus der Vorteilhaftigkeit der Beziehungen zwischen den Systemen, also mit der Vorstellung wechselseitiger Gratifikation, erklären,. sondern allein aus dem Zwang heraus, sich in der Gesellschaft selbst zu erhalten: indem Komplexität reduziert wird und Probleme, intern entstanden oder extern herangetragen, gelöst werden. Der Sinn von Öffentlichkeitsarbeit als System-Umwelt-Interaktion liegt ausschließlich in der Systemerhaltung und Systemoptimierung im Ablauf historischer Veränderungen.

Vielleicht lassen sich im Hinblick auf den Sinn von Public Relations zwei Ebenen unterscheiden, von denen aber die eine nicht ohne die andere denkbar ist: Öffentlichkeitsarbeit bezogen auf das einzelne System - und hier müssen verschiedene Arten von Öffentlichkeitsarbeit gemäß verschiedenen Arten von Sinn voneinander abgegrenzt werden; und Öffentlichkeitsarbeit bezogen auf die Gesamtheit aller Systeme, mithin auf Welt - die Frage nach dem Verhältnis von PR und Ethik.

Zunächst zur ersten Ebene: Der Sinn der PR-Arbeit eines Systems ist im Kern die Selbstreproduktion und Optimierung dieses Systems. Das heißt zunächst einmal, daß die Lösung einzelner Probleme als solche untergeordnet ist.

Daraus läßt sich u.a. ableiten und begründen, warum die sogenannte "Krisen-PR", ad hoc aus der Schublade gezogen, suboptimal ist und letztlich dem eigentlichen Anliegen von Öffentlichkeitsarbeit diametral zuwiderläuft. Es heißt auch, daß Sinn die Abgrenzung des Systems von seiner Umwelt gemäß eigenen Intentionen darstellt. Aus der prinzipiellen Beliebigkeit der Sinnzuweisungen in jedem System folgt, daß Public Relations als solche prinzipiell wertfrei oder wertunabhängig ist - aber natürlich parteilich, je nach den obersten Werten des jeweiligen Systems. Auf dieser Ebene der Sinn-Reflexion diffamiert nicht der bloße Tatbestand von PR, sondern allenfalls die Werte, von denen aus sie instrumentalisiert und gestaltet werden.

Man muß hier noch einen Schritt weitergehen und zwei verschiedene Arten von Sinn von Öffentlichkeitsarbeit voneinander abgrenzen, weil es in unserer Gesellschaft zwei verschiedene Arten von System gibt: kommerzielle Unternehmen und non-profit-Unternehmungen. Die Unterschiedlichkeit dieser beiden Arten von System, aus der sich unterschiedliche Interaktionen zu den entsprechenden Umweltsystemen ergeben, läßt sich einmal von den internen Zielen, also den Funktionen der Strukturen her begründen, dann aber auch von der Art der Interaktion. Mit Zielen ist die Hierarchie von Werten gemeint. Oberste Priorität hat gleichbleibend bei allen kommerziellen Unternehmen selbstverständlich die Erwirtschaftung von Gewinnen. Das ist bei der Industrie nicht anders als beim Handel, bei den Banken und Sparkassen nicht anders als bei den Versicherungen, beim Handwerk, den Ärzten, Apothekern, Architekten und allen anderen Selbständigen, Privatunternehmern und Gewerbetreibenden. Nur nebenbei: Wer die Erwirtschaftung von Gewinnen als solche diffamiert oder ablehnt, ist sich nicht darüber im Klaren, daß es ohne kommerzielle Unternehmen praktisch keine Arbeitsplätze, keine Steuern und damit letztendlich keine organisierte Gesellschaft gemäß unserem Verständnis geben kann. Mit der Unterscheidung in kommerziell versus non-profit ist hier also keine Gesellschaftskritik gemeint, sondern eine Typisierung. Kommerzielle Unternehmen als der eine Grundtypus von "System" unterscheiden sich von non-profit-Unternehmungen als dem anderen Grundtypus in dem einen gleichbleibenden Ziel der Gewinnerwirtschaftung oder Mehrwertproduktion. Natürlich differieren hier die Bereiche, Güter, Produkte, Dienstleistungen usf. ebenfalls voneinander, insbesondere für uns als Verbraucher oder Nutznießer, und natürlich müssen auf unterschiedlichen Hierarchieebenen und gemäß der internen Systemstruktur ganz verschiedene partielle Sinnkonzepte unterschieden werden, aber sie unterscheiden sich nicht in ihrem letzten Ziel vom System her. Non-profit-Unternehmen dagegen zeichnen sich durch maximale

Unterschiedlichkeit gerade in ihren obersten Zielen aus. Die Landesregierungen, die Parteien, die Kirchen, die Bundeswehr, der Kurort, die Gemeinden, die Verbände, die Polizei, die Bürgerinitiativen, das Theater, die öffentlichen Betriebe, die Institutionen der Sozialarbeit usf. - sie charakterisieren sich durch je eigene und im Verlauf der Geschichte sich wandelnde Interessen und oberste Prioritäten.

Auch von der Art der System-Umwelt-Interaktion ergibt sich bei kommerziellen Unternehmen und non-profit-Unternehmungen ein unterschiedlicher Sinn. Damit ist ihre prinzipiell andere Art von "Gesellschaftlichkeit" gemeint. Die Erwirtschaftung von Gewinn im Sinne eines Mehrwerts (Grundtypus 1) mündet in der Regel in Privatbesitz (Kapital, Grund und Boden usf., aber durchaus auch Lohn, Gehalt etc.). Privatbesitz ist in Gesellschaften westlicher Prägung nicht demokratisiert, sondern eben "privat", d.h. das Erreichen des obersten Zieles nutzt letztlich "einem" Menschen bzw. jedem Menschen nur als einzelnem. Dies ist ja einer der Gründe für die Hochschätzung des Individualismus in unserer Art von Gesellschaft. Daß dann evtl. auch andere etwas davon haben, ist ein (meist begrüßter) Nebeneffekt. Non-profit-Unternehmungen dagegen (Grundtypus 2) streben ohne Ausnahme mit oberster Priorität Ziele an, deren Erreichen nicht nur einem, sondern stets "vielen" Menschen nutzt und die auch nur in dieser Gemeinsamkeit erreichbar sind.

Kommerzielle Unternehmen als Systemtyp charakterisieren sich also strukturell durch die Einheitlichkeit und Unveränderbarkeit ihres obersten Ziels sowie funktional durch ihren primär individualistischen Grundzug. Non-profit-Unternehmungen als Systemtyp dagegen kennzeichnen sich strukturell durch Vielheit und Wandelbarkeit ihrer obersten Ziele und funktional durch ihren prinzipiell kollektiven Grundzug. Auf diesem Hintergrund läßt sich verstehen, warum Systeme vom Grundtypus 1 einer elaborierteren Öffentlichkeitsarbeit nach außen wie nach innen sehr viel mehr bedürfen als Systeme vom Grundtypus 2, die gemäß ihrem obersten Ziel und vom Grundzug her bereits deutlicher als "gesellschaftlich", als kollektiv ausgewiesen sind. In dem Maße also, in dem ein System von seiner Funktion oder obersten Norm und von seiner Struktur her durch seine Umwelt geprägt ist, mit seinen Umweltsystemen von Anfang an bewußt zu interagieren gezwungen ist, sind Public Relations naturgemäß weniger gestaltungsbedüftig. Dies ist ein wichtiger Grund für den Tatbestand, daß kommerzielle Unternehmen in Sachen Öffentlichkeitsarbeit sehr viel weiter entwickelt sind als non-profit-Unternehmungen, die ihrerseits vielfach noch meinen, gänzlich darauf verzichten zu können.

6.1. Öffentlichkeitsarbeit kommerzieller Unternehmen (Beispiele)

Kommerzielle Unternehmen sind im Vergleich mit non-profit-Unternehmungen weit entwickelt in ihrer Öffentlichkeitsarbeit, aber das heißt nicht etwa, daß die Notwendigkeit von PR hier bereits von allen erkannt und umgesetzt wurde. Das Gegenteil ist der Fall: Nur ein kleiner Teil der Unternehmen (ich schätze: maximal 20%) hat die Bedeutung von Öffentlichkeitsarbeit eingesehen, und ein noch kleinerer Teil hat diese Einsicht bereits praktisch umgesetzt. Man muß hier differenzieren: zunächst einmal in die verschiedenen Gruppen Industrie, Handel, Banken/Sparkassen, Versicherungen, Handwerk und Selbständige, Privatunternehmer und Gewerbetreibende wie Ärzte, Architekten u.a. Sodann wäre zu unterscheiden in Groß-, Mittel- und Kleinbetriebe. Vor allem Großbetriebe betreiben heute bereits systematisch Öffentlichkeitsarbeit, insbesondere in der Industrie und bei den Banken und Sparkassen. Das bedeutet u.a., daß sich die Öffentlichkeitsarbeit kommerzieller Unternehmen zumeist auf die Motivierung der Mitarbeiter nach innen und auf die sog. Medienöffentlichkeit nach außen richtet. Regionale oder gar lokale Öffentlichkeit ist noch weitgehend unterentwickelt, aber auch PR in mittleren und kleinen Betrieben.

Gerhard L. Laube hat bei einer vergleichenden Untersuchung der Public Relations in mittelständischen und in Großunternehmen nachgewiesen, daß "die aus der mittelständischen Betriebsgröße resultierenden Faktoren, nämlich die Funktionshäufung mittelständischer Unternehmensführer, die Funktionshäufung mittelständischer Führungskräfte und die finanziellen Restriktionen mittelständischer Unternehmungen restriktiv auf den Bereich der PR wirken. Die aus der Unternehmensumwelt erwachsenden Einflüsse aus der marktlichen Umwelt und aus der Öffentlichkeit beeinflussen hingegen die mittelständische PR-Arbeit signifikant positiv."[144] Mit abnehmender Betriebsgröße steigt also der Anteil der Unternehmen, die auf PR verzichten bzw. sich mit Product Publicity oder Werbung zufrieden geben. Laube schlägt entsprechend als Strategien, die PR-Arbeit mittelständischer Unternehmen zu verbessern, vor:
- erstens eine explizite Formulierung von Unternehmens- und PR-Zielen durch die Unternehmensführer, um die PR-Arbeit zu konzeptualisieren, längerfristig zu gestalten und auf das Unternehmen in seiner Gesamtheit auszudehnen;

---

[144] Gerhard L. Laube: Betriebsgrößenspezifische Aspekte der Public Relations. Frankfurt/Main 1986, 327.

- zweitens die PR-Verantwortlichen im Unternehmen organisatorisch als Stabsstelle bei der Unternehmensführung anzusiedeln und durch diese Kompetenzausweitung die Arbeit erheblich effizienter zu gestalten;
- drittens konsequentere Aufgabenverteilung bei den PR-Verantwortlichen zu praktizieren;
- viertens die Vorteile persönlicher Kommunikation zu nutzen, unternehmensintern wie -extern mit Vertretern der Presse und der öffentlichen Meinung, ohne zusätzliche finanzielle Belastungen.

Öffentlichkeitsarbeit kommerzieller Unternehmen insgesamt ist aber auch dann einer Reihe von Gefahren ausgesetzt, wenn sie bereits eingeführt und systematisch betrieben wird. Die Sekundärliteratur nennt vor allem die folgenden drei:
- erstens falsche Erwartungen: Öffentlichkeitsarbeit soll sich zu schnell "lohnen", soll zu schnell Resultate zeitigen, d.h. wird zu selten als langfristige Strategie gesehen. Oder aber sie wird vernachlässigt und dann als Ad-hoc- oder Krisen-Public-Relations betrieben.[145]
- zweitens ein falsches Grundverständnis: Öffentlichkeitsarbeit ist häufig zu wenig zielgruppen- bzw. teilöffentlichkeitsorientiert. Oft wird sie auch noch mißverstanden als neue Art von Werbung oder wird zumindest vermengt mit Werbe- und Marketingstrategien.[146]
- drittens in der Organisation: Öffentlichkeitsarbeit wird in der innerbetrieblichen Hierarchie zu niedrig angesiedelt, statt als Aufgabe des Top-Management aufgefaßt zu werden.[147]

Zur Verdeutlichung der Öffentlichkeitsarbeit kommerzieller Unternehmen sollen einige knappe Beispiele dienen, die auf entsprechende Vorarbeiten und Darstellungen in der Literatur zurückgreifen:
- für die Industrie "Hoechst" und "Akzo";
- für den Handel die Beispiele "REWE" (Kette) und der "Buchhandel" (Branche);

---

145 Siehe etwa Gert P. Spindler: Das Unternehmen in kritischer Umwelt. Wiesbaden 1987; Klaas Apitz: Konflikte, Krisen, Katastrophen. Wiesbaden 1987; DPRG (Hrsg.): Krisen in Wirtschaft und Gesellschaft - Aufgaben für Public Relations. Baden-Baden 1987.
146 Vgl. etwa Joachim H. Bürger und Hans Joliet (Hrsg.): Die besten Kampagnen: Öffentlichkeitsarbeit. Landsberg 1987, sowie die beiden Folgebände.
147 Siehe ausführlicher etwa die Beiträge von Gernot Brauer und von Heinz Flieger in Günther Haedrich et al. (Hrsg.): Öffentlichkeitsarbeit. Dialog zwischen Institutionen und Gesellschaft. Ein Handbuch. Berlin 1982, Kap. VI; W. Reineke: Öffentlichkeitsarbeit im Wandel. Stuttgart 1987; K.J. Stöhlker: Öffentlichkeitsarbeit ist eine Managementtechnik. Zürich 1987; Wolfgang Reineke: Das Führungsbrevier. Köln 1988.

- für die Banken/Sparkassen die "Stadtsparkasse Kassel".

Die Bandbreite der Aktivitäten und der Möglichkeiten wird damit nur sehr unzureichend angedeutet. Verwiesen sei deshalb auf die zahlreichen Fallstudien in der Literatur, die freilich in der Regel viel zu oberflächlich, unkritisch und isoliert beschreiben.
- Beispiel 1: Hoechst.[148]

Das Image des Konzerns und generell der Chemiebranche ist angeschlagen. Entsprechende Untersuchungen zeigen ambivalente Urteile - einerseits werden Wirtschaftskraft, Sicherheit des Arbeitsplatzes und Innovationsfähigkeit positiv bewertet, andererseits aber wird verantwortungsbewußtes Handeln gegenüber Mensch und Umwelt oder die sachliche Information der Öffentlichkeit immer stärker infrage gestellt. Die Akzeptanz des Unternehmens in der Bevölkerung ist gesunken. Hoechst wird damit zum Handeln gezwungen, weil der unternehmerische Freiraum durch das Überwiegen kritischer Stimmen immer stärker eingeschränkt zu werden droht. Die Öffentlichkeitsarbeit wurde entsprechend unter das Motto gestellt: "Vertrauen wiedergewinnen". Im einzelnen soll Hoechst als ein Unternehmen persönlich integrer Menschen erscheinen, man will durch Leistung überzeugen, sich dialogbereit nach allen Seiten zeigen, sich zu Irrtümern und Fehlern bekennen, die Sorgen der Menschen ernst nehmen.

Der Akzent wurde dabei auf Standort-PR gelegt. PR-Chef Dominik von Winterfeldt: "Wir versuchen, mit den in unmittelbarer Nähe unserer Werke liegenden Nachbarn einen lebhaften, regelmäßigen Dialog zu führen, sei es mit Werksbesichtigungen oder der Teilnahme an Bürgerversammlungen. Dabei beziehen wir unsere Fachleute aus den unterschiedlichsten naturwissenschaftlichen Disziplinen mit ein." Hoechst will damit lokal Akzeptanz von Produktion, Projekten und Produkten erreichen. Maßnahmen sind u.a.: 1. die Herausgabe der Zeitschrift "Blick auf Hoechst" mit einer Auflage von 660.000 Exemplaren für den gesamten Einzugsbereich der bei Hoechst Beschäftigten - erscheint seit über 20 Jahren achtmal jährlich, charakterisiert durch einen hohen Bekanntheitsgrad und eine intensive Leser-Blatt-Bindung; 2. die Jahrhunderthalle mit zahlreichen von Hoechst gesponserten Veranstaltungen; 3. weitere Projekte wie "Zeitung in der Schule" - Schüler erhalten kostenlos 4 Wochen lang Zeitungen und schreiben dann selbst Artikel, u.a. für "Blick auf Hoechst"; ferner Ausstellungen z.B. über Umweltschutz, Rock-Konzerte, Nachbarschaftsgespräche zu Themen wie "Gesünder leben" oder "Das gesunde Kind", Matineeveranstaltungen mit Vorführung eigenhergestellter Filme, usw.

---

148 Reineke/Eisele, a.a.O., 127ff.

Die Zentralabteilung für Öffentlichkeitsarbeit bei Hoechst besteht aus 44 Mitarbeitern - der Bereich der internen Kommunikation ist hier ausgegliedert und dem Ressort Personal- und Sozialwesen zugeordnet; das sei keine programmatische Trennung, sondern sie habe sich historisch herausgebildet. Abgesehen von dem Abteilungsbüro, das zuständig ist für die technisch-organisatorische Abwicklung, die Etatkontrolle und die Personalbetreuung, ist die PR-Abteilung Hoechst in fünf Sparten aufgegliedert: erstens "Wirtschaft, Gesellschaft und Politik" (Kontakte zu politischen Institutionen und Kirchen, Herausgabe der Geschäftsberichte, Organisation der Bilanz-Pressekonferenzen etc.); zweitens PR für die Einzelbereiche Pharma, Kunststoff, Fasern, Farben, Lacke etc.; drittens Funk, Film und Fernsehen (mit eigenem Fernsehstudio); viertens "Ausland" und fünftens "Publikationen" (gibt u.a. die Image-Zeitschrift "Hoechst Heute" heraus).

Der PR-Chef berichtet hier direkt an den Vorstandsvorsitzenden. Von Winterfeldt betrachtet seine Abteilung selbst als eine Art Gewissen im Unternehmen: "Wir sagen sehr deutlich unsere Meinung, wenn wir Dinge, wie sie im Unternehmen gedacht werden, nicht für richtig ansehen." Tatsächlich hat er zur Konzernspitze hin primär die Aufgabe zu vermitteln, wie die öffentliche Meinung über Hoechst aussieht, wie sie verbessert werden muß, was ihr schaden könnte usf., d.h. er repräsentiert für das "System" in einer Art permanentem Szenario die kritische "Umwelt", und insofern hat er taktische Funktionen. Sodann aber kommen ihm, nach außen hin, Defensivaufgaben zu, denn natürlich wird der Konzern auf profitable Produkte - wie gesundheits- und umweltschädlich sie auch sein mögen - ebenso wenig verzichten wie auf langfristig strategisch wichtige Grundlagenforschung, z.B. Genmanipulationen, auch wenn diese von der Bevölkerung abgelehnt wird. Öffentlichkeitsarbeit könnte, wenn überhaupt, allenfalls dann als Faktor wirksam werden, der das Handeln im Unternehmen selbst beeinflußt, wenn eine existentielle Bedrohung des Unternehmens durch Kritik von außen zu befürchten ist. Ansonsten hat PR hier wie anderswo explikative und kompensative Aufgaben: soll entlasten z.B. dadurch, daß aufgezeigt wird, in welchem Ausmaß Hoechst auch zum Beispiel lebensrettende Medikamente entwickelt und herstellt.

Das Beispiel Hoechst macht die Möglichkeiten und Grenzen von PR in industriellen kommerziellen Unternehmen deutlich: die Instrumentalisierung der Öffentlichkeitsarbeit im Sinne der Konzernziele. Auf der einen Seite wird Öffentlichkeit, werden die Mitarbeiter und die Anwohner, die Chemiekritiker und die Journalisten und auch die Repräsentanten des öffentlichen Lebens, die Vertreter der sogenannten gesellschaftlich relevanten Kräfte, wirklich ange-

sprochen und einbezogen. Es finden Dialoge statt, man bemüht sich um Glaubwürdigkeit, Transparenz, um Akzeptanz. Insofern werden "die Sorgen der Menschen ernstgenommen". Auf der anderen Seite aber hat das natürlich kaum oder keinen Einfluß auf die Produktion, soweit sie profitabel ist. Und hier dominieren selbstverständlich entsprechend Parteilichkeit, Abwiegeln, Schönfärben, Herunterspielen, auch Verschweigen. Insofern werden "die Sorgen der Menschen" nicht in dem Sinne ernst genommen, daß man ihnen im Handeln entspricht. Der mit "PR" angestrebte "Konsens" des Unternehmens mit der Gesellschaft, des Systems mit seiner Umwelt findet im Denken statt, nicht im Handeln. Eine Strukturhomologie wird im Ernst gerade nicht angestrebt, deshalb besteht die scheinbare Imageverbesserung zumindest teilweise auch nur im Übertünchen. Daß diese Pseudo-Öffentlichkeitsarbeit zumindest temporär gleichwohl funktioniert, hat vielerlei Gründe (weil viele Menschen bestimmte Zusammenhänge nicht durchschauen, weil viele betrogen werden wollen, weil wir von unterschiedlichen, gegensätzlichen Motivationsbündeln und Bedürfnissen geprägt sind usw.). Für einen Rüstungsbetrieb wie MBB dürfte das übrigens noch markanter gelten. Deshalb ist zur Zeit auch besonders interessant, wie Daimler Benz mit dem guten Image von Mercedes das schlechte Image des erworbenen Rüstungskonzerns MBB auf Dauer verkraftet.
- Beispiel 2: Akzo.[149]
Einer der größten Chemiekonzerne der Welt ist Akzo (14 Milliarden Mark Umsatz, weltweit 70.000 Beschäftigte). Akzo entstand Ende der 60er Jahre aus der Fusion der beiden niederländischen Firmengruppen AKU und KZO, vermehrt um weitere Unternehmen, die inzwischen angekauft und fusioniert wurden. Der Konzern sah Mitte der 80er Jahre zwei Probleme, die im Bereich Öffentlichkeitsarbeit zur Aktivität zwangen: Erstens arbeiteten die vielen Firmen weitgehend nebeneinander und verschenkten damit Synergieeffekte, vor allem in den Bereichen Forschung und Entwicklung, Vertrieb und Marketing. Der Vorstandsvorsitzende Aarnout Loudon befand: "Nur die finanziellen Ziele hielten uns zusammen. Wir bestanden weitgehend aus einer Föderation von Unternehmensbereichen"... Zweitens war der Name Akzo außerhalb der Niederlande ebenso unbekannt wie die Produktpalette des Konzerns, und das erwies sich auf amerikanischen und südostasiatischen Märkten als gravierender Nachteil; bekannte Konzerne wie BASF und ICI kamen dort aufgrund ihres Renommees sehr viel besser weg. Es galt demnach für Akzo, eine Corporate-Identity-Strategie zu entwickeln, um die Kooperation innerhalb

---

149 Wolfgang Hirn: Ein Riese zeigt Flagge. In: Manager Magazin, H. 8 (1988), 128-132.

des Konzerns zu optimieren und sich nach außen hin als einheitlicher Großkonzern zu profilieren.

1988 wurde entsprechend eine CI-Kampagne gestartet, die mit einem Betrag von 30 Millionen Mark auf drei Jahre angelegt war. Die Londoner CI-Agentur Wolff Olins entwickelte ein neues, einheitliches Bild des Riesen. Die Probleme begannen schon beim Namen ("Akzo"), der im angelsächsischen und mediterranen Sprachraum als Zungenbrecher wirkte und aufgrund der Buchstabenkombination ("KZ") auch in anderen Ländern negative Assoziationen wachrief. Gleichwohl wurde er beibehalten. Das Logo aber (Schrift, Bild, Farbe) wurde radikal geändert, immer wieder variiert und getestet an 100 ausgewählten Führungskräften und 200 Opinion Leaders in verschiedenen Ländern.

Der Fahrplan der Kampagne sah zwei Phasen vor: die interne und die externe Stoßrichtung. Weihnachten 1987 wurden zunächst die rund 250 Führungskräfte von Akzo informiert und eingeschworen. Einen Tag danach wurden alle PR-Fachkräfte, samt Referenten und Sekretärinnen, der Bereiche und Teilfirmen des Konzerns entsprechend eingewiesen. Diese 150 Personen waren als Multiplikatoren vorgesehen. Anfang 1988 gab es gezielte Informationsveranstaltungen in allen Teilfirmen, jeweils vom Hauptabteilungsleiter aufwärts, und einen Monat später wurden dann die Beschäftigten in den Werken selbst durch Reden, Broschüren und Videos über das neue Bild von Akzo unterrichtet. Im März begann die zweite Phase, extern, mit entsprechenden Pressekonferenzen. Gleichzeitig wurden Kunden und Lieferanten - in Deutschland allein mehr als 70.000 - per Rundbrief und Informationsbroschüre informiert. Dann folgte eine weltweite Werbekampagne über drei Jahre hinweg, mit Serien von Anzeigen in allen wichtigen Zeitungen und Zeitschriften.

Das Beispiel macht mehreres deutlich: daß Öffentlichkeitsarbeit nach innen und Öffentlichkeitsarbeit nach außen eigentlich gar nicht getrennt werden können; daß dem Corporate Design eine besondere, gerade auch wirtschaftliche Bedeutung zukommt; und daß Corporate Identity wie hier instrumentalisiert gesehen werden muß und in der Tat eher einen Teil von Werbung darstellt als ein Stück Öffentlichkeitsarbeit. Nicht zuletzt wird ersichtlich, daß solche marketing-gelenkten Imagekampagnen dem Ziel der Strukturhomologie kaum entsprechen, auch wenn sie langfristig angelegt sind, weil nicht hinreichend unterschieden wird in die verschiedenen Teilsysteme nach innen und nach außen, weil deren je spezifischen Strukturen nicht explizit einbezogen sind, vor allem weil es sich explizit (intern) um Rationalisierungsstrategien und (extern)

um Marketingmaßnahmen handelte; effizienzorientierte Strukturveränderungen nach innen und designorientierte Profilierung als Einheit nach außen sind aber das genaue Gegenteil von Strukturhomologie als Imagegestaltung.
- Beispiel 3: REWE[150]
Beim Handel sehen die Aufgaben im Bereich Öffentlichkeitsarbeit größtenteils völlig anders aus, wie das Beispiel REWE verdeutlicht. Dieser Handelskette sind mehr als 7.000 Einzelhandelsgeschäfte angeschlossen. REWE repräsentiert einen Umsatz von über 23 Milliarden Mark. Dabei finden sich unter einem Dach die unterschiedlichsten Vertriebstypen: kleinflächige Nachbarschaftsgeschäfte, Discounter, Supermärkte bis hin zu Verbrauchermärkten. Das heißt: REWE ist sehr heterogen, genossenschaftlich organisiert, besteht aus überwiegend selbständigen Kaufleuten. Entsprechende Maßnahmen spielen sich nicht im nationalen oder gar internationalen Bereich ab, sondern im regionalen bzw. lokalen Rahmen. Hinzu kommt: Einzelne Vertriebstypen bevorzugen in ihrem Verbreitungsgebiet ein eigenes, spezifisches Erscheinungsbild. Wie also war die Aufgabe zu lösen: sich als REWE übergreifend zu profilieren, ohne die zahlreichen Besonderheiten zu leugnen?

Übliche Strategien schieden aus: Die Sortimentszusammenstellungen sind bei den allermeisten Lebensmittelhändlern gleich; REWE-Spezifisches war hier nicht auszumachen. Auch freundliche Bedienung, außergewöhnliche Frische der Produkte, gute Qualität, große Auswahl bis hin zu Sonderangeboten sind alltägliche Merkmale, mit denen alle Lebensmittelhändler werben. Untersuchungen hatten jedoch ergeben, daß die Verbraucher ein Bedürfnis nach qualifizierten Informationen zu den Nahrungsmitteln haben, die sie täglich einkaufen und nutzen.

Auf diesem Hintergrund wurde eine Warenkunde-Kampagne entwickelt, mit der sich REWE in der Öffentlichkeit als besondere Handelskette zu profilieren suchte. Damit wurde die Qualitätsebene angesprochen, und das Image, gut informiert zu sein, sollte auf REWE und deren Produkte abfärben. In einer aufwendigen Anzeigenserie mit Plakaten etc. wurde über zahlreiche Produkte als solche informiert. Beispiel: "Ohne Wein ist es einfach Essig". In diesem Fall werden verschiedene Flaschen visualisiert und mit erläuternden Kurztexten versehen: über Rotwein-Essig, Weißwein-Essig, Branntwein-Essig, Zitronen-Essig, Sherry-Essig, Kräuter-Essig usf. Daneben informiert eine längere Textpassage wie folgt: "Wenn Alkohol lange offen steht, wandeln Bakterien ihn mit der Zeit um. Das ist dann Essig. Allerdings gibt es seit mehr als 2000

---

150 Vgl. Joachim H. Bürger und Hans Joliet (Hrsg.): Die besten Kampagnen: Öffentlichkeitsarbeit. Landsberg 1987, 219-224.

Jahren Techniken, diesen Prozeß zu beschleunigen, gleichzeitig aber dem Essig möglichst viel vom ursprünglichen Aroma zu erhalten. Denn es ist zwar auch gelungen, Essig-Säue synthetisch, also künstlich, herzustellen. Nämlich Essig-Essenz. Doch das ist nichts als die reine, konzentrierte Säure. Ein gutes Essig-Aroma setzt ein gutes und duftendes Weinbouquet voraus. Eher herb oder eher mild, je nachdem, ob Rotwein oder Weißwein die Grundlage waren. Der Säuregehalt beträgt mindestens 6%. Aber auch Geduld gehört zur Würze"... Undsoweiter. Man erfährt noch sehr viel mehr über Methoden der Essig-Gewinnung, auch den Grund dafür, warum Großmütter vor Essig gewarnt haben (nämlich: Essig wurde damals in Kupfer-, Aluminium- oder Zinngefäßen aufbewahrt, und diese Metalle gaben schädliche Stoffe an den Essig ab). Und ganz am Schluß heißt es im Text: "Die nötige Auswahl (an Essigen) finden Sie bei der REWE und ihren Kaufleuten. Und wenn Sie mehr über Essig wissen wollen - weitere Tips gibt's im neuen REWE-Warenkundebuch "Gut eingekauft" für nur 9,80 DM. - Wir kaufen gut ein, damit Sie gut einkaufen. Die REWE und ihre Kaufleute."

Auch hier werden wieder charakteristische Züge der Öffentlichkeitsarbeit in kommerziellen Unternehmen deutlich: u.a. die Notwendigkeit, ein eigenes Profil zu haben, das allerdings mit dem Image verwechselt wird; tendenziell die Vermischung von Öffentlichkeitsarbeit und Werbung; aber auch Strategien, besondere Probleme wie die erwähnte Heterogenität eines Systems seinen vielen Umweltsystemen gemäß zu lösen. Aber auch bei diesem Beispiel ist das Eingehen auf ein Informationsbedürfnis der Verbraucher eher ein Werbetrick als echte Information über relevante Strukturmomente von REWE.

- Beispiel 4: Buchhandel[151]

Wie dies auch eine ganze Branche betreffen kann, läßt sich am Beispiel des Buchhandels verdeutlichen. Erst nach dem Krieg wurde aus dem "Buch"handel der Buch"handel". Die Buchhandlung wurde nicht mehr als altertümliche Bildungseinrichtung definiert, sondern als Informationszentrum, das für alle da ist. Aktionen zum Thema "Lesen macht Spaß" mit Aufklebern, Briefbögen und Anzeigen sowie bestimmte Slogans prägten die neue Selbstdarstellung, z.B. "Das Gute an Büchern ist, daß Ihr Buchhändler viele in seinem Laden hat und alle besorgen kann" oder "Bücher - Erfahrungen, die man kaufen kann". Ein wichtiger Schritt war 1977 die Einführung des dreibogigen "B" durch den

---

151 Vgl. Ernst-W. Bork: Public Relations im verbreitenden Buchhandel. In: Peter Vodosek (Hrsg.): Das Buch in Wissenschaft und Praxis. 40 Jahre Deutsches Bucharchiv München. Wiesbaden 1989, 408-424. Siehe auch ders.: PR im Buchhandel. Öffentlichkeitsarbeit im Sortiment und Verlag. Weil der Stadt/München 1979.

deutschen Buchhandel ("Bücher beim Buchhändler"), mit dem die Branche u.a. auch auf die Konkurrenz zunehmenden Buchverkaufs in Kaufhäusern und anderen Geschäften reagierte. Dagegen hat man auf die alarmierenden Daten aus den verschiedenen empirischen Umfragen zum Buchmarkt in den 70er und 80er Jahren kaum mit neuen PR-Anstrengungen reagiert.

Für die 90er Jahre sollen vor allem die Vorteile aufgezeigt werden, die das Buch als Medium aufweist: optimale, jederzeit bequem wiederholbare Fachinformation; Gebrauchsanweisung zur Gartenpflege, Tierhaltung, Autoreparatur; Problemlöser zum Hausbauen, Geld anlegen, Freizeit richtig genießen; interessantere Unterhaltung als das Fernsehen; Lebensberater und Ratgeber in vielen Fragen; Kapitalanlage als Faksimile-Ausgabe, Erstausgabe, Rarissimum, signiertes Exemplar; Buch als Geschenk von bleibendem Wert, billiger als der obligate Strauß Blumen, die Flasche Alkohol oder die Pralinenschachtel. Hier wird deutlich, daß insbesondere der Zusatznutzen des Buchs bevorzugt ins Zentrum der Aufmerksamkeit gerückt werden soll.

Es wird davon ausgegangen, daß bestimmte Aspekte des Buchs in der Bevölkerung überhaupt nicht genügend bekannt sind: der feste Ladenpreis beispielsweise, die Sorgen der Verlage, die Probleme der Konzerne ebenso wie der Kleinstverleger, Auslieferungsprobleme, Probleme des Taschenbuchmarkts, die Raubdrucke, das Problem der Einzelbestellung, die Anschaffungsetats der Bibliotheken und öffentlichen Büchereien, usf. "Der Buchhandel braucht Einstimmung auf Buch, Buchhandel und Lesen. Die Öffentlichkeit muß den Buchhandel und seine Anliegen, seine Leistungen und sein Angebot richtig einordnen und verstehen. (...) Die Arbeit des Buchhandels muß erwünscht, notwendig und unentbehrlich sein. Dann erhält der Buchhandel eine Image-Verbesserung oder eine Image-Verjüngung."[152]

Allerdings ist anzunehmen, daß die Bemühungen des Börsenvereins und der Stiftung Lesen in dieser Richtung in keiner Weise genügen können. Die Buchhändler selbst, aber auch die Autoren, die Kritiker, die Bibliothekare und andere Instanzen des Mediums Buch sind immer noch allzu sehr der Meinung, daß es sich beim Buch um einen Wert gleichsam "an sich" handelt, den per Öffentlichkeitsarbeit zu propagieren und zu profilieren überflüssig sei - eine fatale Einstellung, wie bereits heute absehbar ist. PR nach innen findet demnach praktisch überhaupt nicht statt. Und der Buchhandel hat noch nicht realisiert, daß es "die" Öffentlichkeit nicht gibt, weshalb eine Imagegestaltung im Sinne einer Strukturhomologie auch nach außen noch gar nicht möglich scheint.

---

152 Bork: Public Relations im verbreitenden Buchhandel, 418.

- Beispiel 5: Stadtsparkasse Kassel[153]
Als letztes Beispiel für die Öffentlichkeitsarbeit kommerzieller Unternehmen sei die Stadtsparkasse Kassel genannt. Bei einem Wechsel in der Vorstandsspitze wurden die internen und externen Rahmendaten sorgfältig überprüft und durch eine Situationsanalyse aufgehellt. Veränderungen bei den Kunden und die Verschärfung der Konkurrenz - zwei der hirarchisch dominierenden Umweltsysteme - zwangen dazu, die Unternehmensziele neu festzulegen, intern stärker zu rationalisieren und sich stärker von Mitbewerbern abzugrenzen. Es ging um Originalität, Unverwechselbarkeit und Nicht-Kopierbarkeit. Aufgrund ihrer Bindung an das Gemeinwesen im Sinn der Gemeinnützigkeit schien die Sparkasse "geradezu prädestiniert für eine diesem Grundsatz verpflichtete Öffentlichkeitsarbeit"; Öffentlichkeitsarbeit wurde "als Ausdrucksform der öffentlich-rechtlichen Stellung der Sparkasse" im Raum Kassel begriffen.

Plakataktionen, Imageprospekte, Anzeigen in der Presse und an Straßenbahnen, besondere Gags wie Holzwürfel mit dem Sparkassen-Logo, Thekenaufsteller und Slogans wie "Sie sind einfach nett zu mir" im Rahmen verschiedener Imagekampagnen (hier "Freundlichkeit") wurden integriert. Die Stadtsparkasse wurde systematisch als "Partner der Bürger" in und um Kassel bzw. für Kassel aufgebaut. Dabei wurde auf vier verschiedene Zielfelder besonderer Wert gelegt:
1. die Stadtgestaltung - künstlerische Objekte wie Plastiken und Brunnen wurden gespendet, Fassadenmalereien wurden gefördert, die Dokumenta wurde gesponsert;
2. Soziales - gemeinnützige Vereine wurden gefördert, Aktionen und Projekte der Wohlfahrtspflege wurden gesponsert;
3. Jugend und Sport - Rockkonzerte wurden ermöglicht, Spielfeste organisiert und gesponsert, lokale Vereine erhielten gezielt Zuwendungen und Sachunterstützung;
4. Kultur - Kunstsammlungen und Museen wurden finanziell unterstützt, künstlerorientierte Veranstaltungen wurden gefördert (zum Filmregisseur Friedrich Wilhelm Murnau, zum Musiker Heinrich Schütz u.a.), dazu gab es Empfänge und Bücher, daneben zahlreiche Ausstellungen, außerdem das

---

153 Siehe Hans-Karl Nelle: Öffentlichkeitsarbeit - ein notwendiges Instrument der Geschäftspolitik. Stuttgart 1987. Vgl. dazu den ganz anderen Ansatz früherer Arbeiten wie z.B. von Kurt von Heydenaber: Sparkassenwerbung und Öffentlichkeitsarbeit. Stuttgart 1977; oder, noch früher, z.B. von Eberhard Floss: Öffentlichkeitsarbeit im Bankenwesen. Frankfurt/Main 1974.

jährliche Reuter-Forum (Vorträge und Diskussionen zu aktuellen Themen, mit Top-Referenten) und zahlreiche Aktivitäten wie "Zauber der Musik", "Internationaler Geigenbauwettbewerb Louis Spohr" oder Maßnahmen der Denkmalpflege.

Sechs Jahre nach Beginn der systematisch-strategischen Öffentlichkeitsarbeit der Sparkasse Kassel konnte durch empirische Untersuchungen ein gewaltiger Schritt nach vorne bestätigt werden bei dem Bemühen, den Bürgern vor Ort das Engagement der Stadtsparkasse für alle Einwohner Kassels, für die Allgemeinheit zu verdeutlichen und Einsicht in die eigenen Geschäftsbemühungen zu vermitteln. Im Jubiläumsjahr 1982 wurde das Konzept weiterentwickelt, mit einem neuen Signet und einer umfangreichen Batterie von Maßnahmen. Die erneute empirische Überprüfung der Bemühungen sechs Jahre später erwies Öffentlichkeitsarbeit um ein weiteres als "eine Investition, die sich rechnet": Die geschäftliche Basis konnte erhalten und verbreitert werden, und die positive Abgrenzung gegenüber konkurrierenden Sparkassen und Banken durch ein spezifisches Image war gelungen. Es zeigte sich, daß vor allem die lokale Kunstförderung, die Förderung der Jugendarbeit und die Kulturförderung der Stadtsparkasse besonders bekannt geworden waren. Attribute wie "ausgeprägte soziale Verantwortung", "allgemein nützlich", "nachwuchs- und gesundheitsorientiert" waren in das Image der Stadtsparkasse Kassel integriert worden.

6.2. Sponsoring als Interaktionsform

Das zuletzt genannte Beispiel verweist auf eine Interaktionsform bzw. eine Strategie der Imagegestaltung, die sich ausschließlich für Öffentlichkeitsarbeit kommerzieller Unternehmen anbietet. Sie wird derzeit besonders häufig und wirksam eingesetzt, hat aber auch eine für kommerzielle PR grundsätzliche Bedeutung.

Es gibt dazu eine Fülle spezieller Literatur aus der neueren Zeit (Beispiele):
1986:
"Unternehmen als Mäzene" von Marion Hüchtermann und Rudolf Spiegel (Köln); im selben Jahr "Sponsoring" von Dieter H. Dahlhoff (Bonn); im selben Jahr "Die Mission des Mäzens" von Klaus Daweke und Michael Schneider (Opladen);

1987:

"Sponsoring" von Manfred Bruhn (Wiesbaden; ein erster guter Überblick, mit Schwerpunkt auf Sport); im selben Jahr "Kunstförderung in der Industrie" von Erwin K. Scheuch, Heinz H. Fischer und Franz Bauske (Köln) sowie, von denselben Autoren, "Die Wirtschaft als Kunstförderer" (Köln); im selben Jahr "Kunst und Wirtschaft", hrsg. v. Helmut H. Haschek et al. (Wien);

1988:

"Die volkswirtschaftliche Bedeutung von Kunst und Kultur" von Marlies Hummel und Manfred Berger (Berlin); im selben Jahr "Sponsoring in der Bundesrepublik" von Manfred Bruhn und Thomas Wieland (Oestrich-Winkel); im selben Jahr "Musikmäzenatentum und Sponsoring", hrsg. v. Hermann Rauhe (Regensburg); im selben Jahr "Kunst Sponsoring" von Martin Schwarz (Wien); im selben Jahr "Kunstsponsoring" von Friedrich Loock (Wiesbaden) ; im selben Jahr "Vom Mäzen zum Sponsor" von Christoph Behnke (Hamburg); im selben Jahr "Kultursponsoring" von Peter Roth (Landsberg);

1989:

die Dissertation "Kulturförderung durch Unternehmen in der Bundesrepublik Deutschland" von Heinz H. Fischer (Köln); im selben Jahr die Bestandsaufnahme "Renaissance der Mäzene?" von Karla Fohrbeck (Köln); im selben Jahr "Sport- und Kultursponsoring", hrsg. von Arnold Hermanns (München); im selben Jahr "Kulturförderung, Kultursponsoring", hrsg. v. Manfred Bruhn und H. Dieter Dahlhoff (Frankfurt/Wiesbaden); im selben Jahr "Sponsoring und emotionale Erlebniswerte" von Stefan Erdtmann (Wiesbaden); im selben Jahr "Sponsoring bei Schweizer Firmen, Banken und Versicherungen" von Frank Hänecke (Zürich); im selben Jahr "Kunstsponsoring in internationalen Unternehmen" von A. Eichenauer (Wien); u.a.

1990:

"Corporate Collecting", hrsg. v. Werner Lippert (Düsseldorf/Wien).

Wenn 1988 das Jahr der "Corporate Identity"-Arbeiten war, dann war 1989 das Jahr der "Sponsoring"-Arbeiten.

Auch hier ist die Definitionsfrage problematisch. Das amerikanische Wort "sponsor" meint ursprünglich den Verantwortlichen, dann den Bürgen, dann erst den Förderer. Udo Kalweit definiert im "Lexikon der Public Relations": "Sponsoring ist die gezielte Bereitstellung von Geld- oder Sachleistungen für Einzelpersonen, Organisationen und Veranstaltungen zur Erreichung autonomer Ziele."[154] Unterschieden wird dabei in aller Regel in drei Einzelbereiche:

---

154 Pflaum/Pieper, 1989, 410.

- erstens Sportsponsoring (öfters auch unter der Bezeichnung "Sportwerbung" behandelt),
- zweitens Kultursponsoring (wobei speziell das "Kunstsponsoring" im Vordergrund steht),
- und drittens Soziosponsoring (das heute gelegentlich vom sogenannten "Ökosponsoring" abgegrenzt wird).

Schon daran wird deutlich, daß es sich bei "Sponsoring" um höchst unterschiedliche Bedeutungskomplexe handelt.

Dieter Pflaum präzisierte anhand des Kultursponsoring: "Das Sponsoring ist gekennzeichnet durch das Vorherrschen unternehmensbezogener Kommunikationsziele, wobei vom Gesponserten Gegenleistungen erwartet werden. Man findet Sponsoring hauptsächlich in größeren bzw. in managergeführten Unternehmungen. Demgegenüber kennzeichnet das Mäzenatentum eine Vorherrschaft eher kulturbezogener Interessen, wobei eine Gegenleistung nicht erwartet wird. Deshalb ist es nicht gerechtfertigt, Sponsoring und Mäzenatentum gleichzusetzen. Das Mäzenatentum wird hauptsächlich von kleineren Unternehmungen praktiziert."[155] Doch diese Abgrenzung ist kaum überzeugend, wie u.a. Christoph Behnke deutlich machte:[156] Das Wort "Mäzen" geht auf den Römer Maecenas zurück (ca. 70 vor Christus bis 8 nach Christus), der Dichter wie Vergil, Horaz und Properz großzügig und scheinbar uneigennützig mit finanziellen Mitteln förderte - wofür diese ihn dann öffentlich rühmten. Heute weiß man, warum ausgerechnet Maecenas und nicht etwa andere Förderer der Künste aus seiner Zeit (z.B. Valerius Messala, Assinius Pollio oder Agrippa) so populär wurde - Maecenas hatte als oberster Polizeichef die Aufsicht über die Entwicklung des Schrifttums (Karla Fohrbeck[157] setzt ihn mit einem Propagandaminister gleich), und indem er sich bewährte Dichter heranzog, bildete er sich - und seinem Herrn, dem Augustus - gleichsam eine offizielle Presse. Maecenas war also keineswegs der uneigennützige Gönner, der altruistisch motivierte Förderer der Musen, als den ihn dann später die Renaissance in Italien, im Zuge der glorifizierenden Wiederbelebung der Klassik, ansah.

Andere Definitionsversuche zielen auf die Unterscheidung z.B. von klassischem Mäzen, Kunstvermittler-Mäzen, Förderer und Sponsor oder auf noch differenziertere Typologien, je nach dem zugrundeliegenden oder dominieren-

---

155 Ebd., 147.
156 Vom Mäzen zum Sponsor. Eine kultursoziologische Fallstudie am Beispiel Hamburgs. Hamburg 1988, 17ff.
157 Karla Fohrbeck: Renaissance der Mäzene? Interessenvielfalt in der privaten Kulturfinanzierung. Köln 1989, 39.

den Interesse oder Motiv des Geldgebers. Karla Fohrbeck nennt Begriffe wie Mäzen, Patron, Stifter, Auftraggeber, Förderer, Spender, Investierer, Sponsor usf., macht aber zugleich deutlich, daß sich die Vielzahl der Begriffe inzwischen abgenutzt hat.[158] Eine exakte Terminologie ist auch für "Sponsoring" noch längst nicht ausgebildet - einmal wird es als Teil von PR behandelt, dann wiederum als Teil von Werbung, dann als Teil von Marketing usf.; oder man definiert Product Placement als spezielle Form des Sponsoring, dann aber auch Sponsoring wiederum als neue Form von Product Publicity usf. Was als kleinster gemeinsamer Nenner von "Sponsoring" bleibt, ist das "Prinzip von Leistung und Gegenleistung".[159] Im folgenden soll Sponsoring, im Sinne der allermeisten Autoren, in zweierlei Hinsicht eingeschränkt verstanden werden: Erstens werden staatliche Förderung, das sogenannte Spendenwesen und auch Stiftungen wie die Stiftung Volkswagenwerk, die Daimler-Benz-Stiftung, die Robert Bosch-Stiftung oder die Fritz-Thyssen-Stiftung, die ihre Förderung gleichsam institutionalisiert haben, ausgeklammert, d.h. die Bedeutung von Sponsoring wird beschränkt auf nicht institutionalisierte Förderungen durch private kommerzielle Unternehmen. Man kann heute davon ausgehen, daß der "Spender" sich zunehmend zum "Sponsor" entwickelt. Zweitens werden auch Werbung und alle Formen der Schleichwerbung, einschließlich des sogenannten Product Placement[160], abgetrennt, d.h. die Bedeutung von Sponsoring liegt in der Förderung nichtkommerzieller Personen, Projekte, Institutionen, Organisationen etc. Damit wird Sponsoring im Kern als ein Spannungsfeld kommerzieller und nichtkommerzieller Interessen und Zwänge sichtbar, das sich dadurch kennzeichnet, daß sich die Gegensätze nicht zugunsten des einen oder anderen einfach abbauen lassen.

Ein solcher Begriff des Sponsoring ist hinreichend präzise und teilweise auch bereits verbreitet. Zur Geschichte des Sponsoring gibt es bislang aber noch kaum ernsthafte Beiträge; sie ist nicht einmal in Umrissen erkennbar. Alle entsprechenden Thesen werden bislang noch aus den jeweils vorgängigen Publikationen einfach abgeschrieben und nach Belieben unterschiedlich bewertet. So unterschied Brigitte Conzen bissig die folgenden zwei Versionen:[161] Am

---

158 Ebd., 46f.
159 Vgl. Manfred Bruhn: Sponsoring. Unternehmen als Mäzene und Sponsoren. Frankfurt/ Main 1987, 16.
160 Siehe insbesondere Beate Scherer: "Product Placement" im Fernsehprogramm. Baden-Baden 1990. Vgl. auch Ralph Berndt: Product Placement im Kultursponsoring. In: Hermanns (Hrsg.): Sport- und Kultursponsoring, 205-218.
161 Brigitte Conzen: Der Mäzen. In: Werner Lippert (Hrsg.): Corporate Collecting. Düsseldorf 1990, 27ff.

Anfang habe, als Version 1, die idealisierende Auffassung des Mäzens gestanden, vor der sich der Sponsor eher negativ ausgenommen habe. So werden beide eher programmatisch voneinander abgegrenzt: Der Mäzen - heißt es - fördert diskret und bleibt ungenannt, der Sponsor fördert öffentlichkeitswirksam und wird hervorgehoben ("tue Gutes und rede darüber"); der Mäzen hat eher kulturbezogene Interessen, der Sponsor eher unternehmensbezogene; der Mäzen unterstützt eher neue, unbekannte, unkonventionelle Kunst, der Sponsor eher etablierte, bekannte, unumstrittene Kunst; der Mäzen fordert keine Gegenleistung, wohl aber der Sponsor; der Mäzen fördert wenig systematisiert oder professionalisiert, der Sponsor dagegen systematisch und professionell.[162] Als typisch für den Mäzen wird besagter Gaius Maecenas genannt. - Wem das nicht paßt, so Conzen, der vertrete Version 2: Maecenas sei ja gar nicht uneigennützig gewesen, sondern habe als Polizeichef handfeste Interessen vertreten. Conzen schreibt: "Mäzene werden so lange auf ihre 'eigentlichen' Interessen hin durchleuchtet und seziert, daß von ihnen nichts mehr übrigbleibt. Klappe zu, Affe tot." Und da erscheint dann der Sponsor nur als legitimer Nachfahre und Erbe des Mäzens früherer Tage - ohne jeden prinzipiellen Unterschied zwischen beiden.

Beides aber - der Sponsor als Gegenpol zum Mäzen bzw. der Sponsor als identisch mit dem früheren Mäzen - wird von ihr als wenig hilfreich abgelehnt. Stattdessen fordert sie Einsicht in die Überzeugung, "daß Mäzen und Sponsor meistens nicht 'in Reinkultur' auftreten, sondern viele Schattierungen das Bild der privaten Kulturförderung kennzeichnen." Sie skizziert die Problematik wie folgt: "Wenn nach dem Verhältnis von Kultur und Wirtschaft gefragt wird, so tritt die Diskussion auf der Stelle: Man spricht von Chancen und meint neue Geldquellen und spricht von Gefahren und nennt hier Manipulation und Einflußnahme. Chancen in der Zusammenarbeit von Kultur und Wirtschaft liegen nicht dort, wo die Wirtschaft als Dukatenesel oder Melkkuh betrachtet wird. Sie liegen auch nicht darin, daß immer mehr Ausstellungen und Festivals finanziert werden. Entscheidend sind Qualitäten und nicht Quantitäten. (...) Klischees gilt es hier in beiden Richtungen zu korrigieren: Weder ist die Wirtschaft nur vordergründig machtorientiert noch haben Künstler immer die Moral gepachtet oder wollen immer die Welt und die Gesellschaft verändern." Dieser Rekurs auf die "Qualität" des Gesponserten und des Sponsoring macht eines der wichtigsten theoretischen Grundprobleme

---

162 Vgl. etwa Heinz H. Fischer: Kulturförderung durch Unternehmen in der Bundesrepublik Deutschland. (Diss.) Köln 1989, 228.

des Sponsoring aus und kann nur jeweils im konkreten Fall entschieden werden.

Conzen bezieht sich im wesentlichen auf Kultursponsoring, das jedoch quantitativ bislang noch kaum zu Buche schlägt. 1988 sollen nach bisherigen Schätzungen rund 250 Millionen Mark im Rahmen privater Kulturförderung ausgegeben worden sein (gegenüber 8,5 Milliarden Mark durch öffentliche Förderung; Bruhn sprach für 1986 demgegenüber von nur 20-80 Mio Mark für Kultursponsoring[163], wieder andere Zahlen pendeln um 200 Mio). Andere Formen des Sponsoring wie vor allem das sogenannte Sportsponsoring nehmen sich dagegen ganz anders aus. Man hat vereinzelt die unterschiedlichen Formen des Sponsoring in Zusammenhang mit dem Wertewandel der letzten 30 Jahre gebracht und daraus auf die Geschichte des Sponsoring in der Bundesrepublik geschlossen. Demnach habe Anfang der 70er Jahre das Sportsponsoring begonnen, Anfang der 80er Jahre das Kultursponsoring und Anfang der 90er Jahre das Soziosponsoring.[164] Aber auch dieser historische Ansatz ist bislang nicht ernsthaft belegt worden. Dasselbe gilt auch für seine Variation: 60er Jahre Phase der Schleichwerbung, 70er Jahre Phase der Sportwerbung, 80er Jahre Phase des Sportsponsoring, 90er Jahre Phase des Kultur- und Soziosponsoring.[165] Ob nun, wie oben, begriffshistorische Überlegungen zu theoretischen Bestimmungen genutzt werden oder, wie hier, systematische Unterscheidungen zu historischen Phasen umgedeutet werden: Eine Geschichte des Sponsoring, mindestens für die Bundesrepublik, gibt es bislang noch nicht (und m.W. auch nicht für die USA oder England, wo Sponsoring eine lange Tradition hat, nicht zuletzt Soziosponsoring).

Auch von einer Theorie des Sponsoring kann man noch nicht eigentlich sprechen, aber aus den bisherigen Erfahrungen wurden in der Literatur doch bestimmte Merkmale mit theoretischer Gültigkeit abgeleitet, die eine prinzipielle Bedeutung des Sponsoring für Öffentlichkeitsarbeit kommerzieller Unternehmen sichtbar werden lassen. Unter Bezugnahme auf die drei verschiedenen Formen des Sponsoring lassen sich als die entsprechenden Gesichtspunkte übergreifend wenigstens benennen: die Instanzen und ihre Interessen oder Ziele; die Leistungen; und ihre Strategien, Formen und Medien.

---

163 Sponsoring, 1987, 24.
164 Beispielsweise Bruhn: Sponsoring, 1987, 22.
165 Manfred Bruhn: Kulturförderung und Kultursponsoring - neue Instrumente der Unternehmenskommunikation? In: Manfred Bruhn / H. Dieter Dahlhoff: Kulturförderung - Kultursponsoring. Frankfurt/Main 1989, 37.

Zu den Instanzen sind zuallererst der Sponsor und der Gesponserte zu rechnen, dann aber auch die Sponsoring-Agentur, die Teilöffentlichkeit(en) des Sponsors und des Gesponserten sowie z.T. die eingesetzten Medien und Mittel. Beim Sponsor muß unterschieden werden, wer als Sponsor auftritt - das kann ein Unternehmensname sein, aber auch eine Dachmarke oder eine Produktmarke usf. Sponsoren sind heute noch überwiegend Unternehmen der Konsumgüter- und Dienstleistungsbranchen. Sponsoring findet sich in großen Unternehmen häufiger als in mittleren oder gar kleinen. Gleichwohl gilt: Sponsoring verbreitet sich allmählich auch in anderen Branchen und in mittleren Unternehmen. Man unterscheidet mit Blick auf die Sponsoren zwischen einseitigem Sponsoring (nur in einem Bereich, z.B. nur in einer Sportart) und vielseitigem Sponsoring (z.B. Sport ebenso wie Kultur), mit Blick auf die Gesponserten zwischen Exklusiv-Sponsoring und Co-Sponsoring, letzteres mit oder ohne Konkurrenzklauseln, die ggf. regeln, aus welchen Branchen weitere Sponsoren kommen dürfen. Sponsoring kann passiv sein, d.h. nur sporadisch, temporär, mit einem kleineren Betrag, punktuell, oder aber aktiv, d.h. systematisch, mit vergleichsweise hohem Budget (z.B. Coca Cola, Bayer, Hoechst, Jägermeister, Agfa, Boss; Commodore verwendet 30% des Werbeetats auf Sponsoring; verbreiteter sind 5-10%), oder schließlich auch focussiert, d.h. das gezielte, intensive und dauerhafte Sponsoring eines bestimmten einzelnen Bereichs (z.B. Mercedes, BAT, American Express). Aktives und focussiertes Sponsoring setzen systematische Entscheidungsprozesse und Strategien voraus (Ist-Analyse, Sponsoringziele und -Zielgruppen, Strategien, Instrumentarium und Einzelmaßnahmen, schließlich Wirkungsmessung als Langzeituntersuchung). Sodann unterscheidet man in professionelle, semi-professionelle und klassische Sponsoren. Professionelle Sponsoren haben ein originäres Interesse am Gesponserten oder seiner Aktivität - z.B. der Hersteller von Sportgeräten und Sportkleidung an Sportlern, Sportvereinen und Sportereignissen; der Computer-Hersteller an Computerforschung; die Werbeagentur an Sozialwissenschaften; der Hersteller von Kindergartenspielzeug an Kindergärten; der Hersteller von speziellen Transportfahrzeugen an Behindertenorganisationen, usf. Semi-professionelle Sponsoren sind die erwähnten Stiftungen (Volkswagen, Thyssen, Bosch etc.). Klassische Sponsoren schließlich haben kein produkt- oder sachlich bezogenes Interesse an dem Gesponserten, sondern verfolgen damit andere Ziele. Der Sponsor gibt entweder Geld (einmalig oder laufend) oder Sachmittel (Ausstattung, Verpflegung u.ä.) oder auch Dienstleistungen (organisatorische Durchführung von Veranstaltungen, Übernahme von Fahrten usf.).

Beim Gesponserten kann es sich um eine Einzelperson handeln, eine Gruppe, eine Organisation, eine Veranstaltung usf. Gefördert werden Spitzensportler, Künstler, Wissenschaftler bzw. Sportmannschaften, Theatergruppen, Musikensembles, Bürgeraktionen bzw. Sportvereine, Theater, Museen, Zoos, Krankenhäuser, Hochschulen, Wohlfahrtsorganisationen usf. Verbreitet ist das Sponsoring von sportlichen, kulturellen und sozialen Ereignissen, z.B. der Olympischen Spiele und anderer Wettkämpfe, künstlerischer Ausstellungen und Aufführungen, wissenschaftlicher Kongresse und Publikationen. In diesen Fällen tritt der jeweilige Veranstalter, der das Finanzierungsrisiko zu tragen hat, als der Gesponserte auf. Entsprechend ist das Sponsoring fortlaufend für eine bestimmte Zeitdauer oder aber einmalig. Auch beim Gesponserten wird unterschieden in Professionelle (z.B. Golf-Berufssportler), Semi-Professionelle (z.B. bei Nebeneinkünften) und Amateure. Der Gesponserte hat sich zu Gegenleistungen verpflichtet: Sie können beispielsweise beim Sport von personenbezogener Werbung (z.B. Trikotwerbung bei Sportlern) oder Werbung am Veranstaltungsort (z.B. Bandenwerbung, Eintrittskarten, Plakate) reichen über die Nutzung von Titeln (sog. "Titel-Sponsoring", etwa als offizieller Ausstatter der Olympischen Spiele) bis hin zum persönlichen Einsatz der Gesponserten (z.B. Spitzensportler bei Verkaufsförderungsaktionen, Künstler in der Anzeigenwerbung).

Als Berater und Vermittler wird öfters eine Sponsoring-Agentur einbezogen (weniger allerdings beim Kultur- und beim Soziosponsoring). Nach Bruhn fördert sie die Planung, Organisation, Durchführung und Kontrolle.[166] So kann einer Sponsoring-Agentur beispielsweise die Vermarktung von Titel-Rechten und Werbemöglichkeiten bei Golf- oder Tennismeisterschaften übertragen werden. So hat z.B. das Deutsche Nationale Olympische Komitee eine eigene Gesellschaft gegründet, die Deutsche Sport-Marketing GmbH, um seine Rechte zu vermarkten.[167]

Die Beziehungen zwischen Sponsor und Gesponsertem sind von gegenseitigem Nutzen geprägt ("do ut des"). Von einer "Partnerschaft" sollte man hier schon deshalb nicht sprechen, weil die beiden Instanzen nicht gleichrangig sind, weder von der Macht her noch von der existentiellen Notwendigkeit ihrer Beziehungen zueinander; aber eine Zweiseitigkeit von Interessen, die sich nicht widersprechen dürfen, liegt in jedem Falle vor, jedoch nicht in den

---

166 Sponsoring, 1987, 29.
167 ′Ausführlicher informieren konkrete Beiträge über Aufgaben, Strategien und Formen der Sponsoring-Agenturen im Sammelband "Kulturförderung - Kultursponsoring" von Bruhn/Dahlhoff 1989.

jeweiligen Personen, sondern in den jeweiligen Systemzielen bzw. Systemleistungen begründet. (Natürlich wäre es ausgeschlossen, wenn etwa die Mineralölindustrie als Sponsor der Grünen aufträte oder wenn sich Friedensgruppen von MBB sponsern ließen.) Entscheidend ist: Der Sponsor ist stets ein privates kommerzielles Unternehmen, der Gesponserte hat keinerlei kommerzielle Interessen. Wenn es sich beim Gesponserten ebenfalls um ein kommerzielles Unternehmen handeln würde, läge nicht Sponsoring vor, sondern ganz normale Koproduktion. Die Beziehungen zwischen Sponsor und Gesponsertem sind desto enger und der gegenseitige Nutzen desto ausgeprägter, je weiter die Interessen auseinander liegen und je mehr sich die Teilöffentlichkeit(en) des Sponsors und des Gesponserten überlappen. Bruhn nennt hier drei wichtige Affinitäten, die gegeben sein müssen: Produktaffinität, Zielgruppenaffinität und Imageaffinität.[168] "Produkt" statt "System", "Zielgruppe" statt "Teilöffentlichkeit" und "Image" im Sinne einer Wirkung bei Rezipienten statt einer "Strukturhomologie" - das indiziert, daß Sponsoring bei Bruhn eigentlich gar nicht als PR-spezifisch angesehen wird.

Für die Gesponserten ist Sponsoring mehr oder weniger ausschließlich ein Finanzierungsinstrument. Für die Sponsoren spielen unmittelbare kommerzielle Interessen in der Regel keine Rolle, denn Sponsoring ist nicht bezogen auf singuläre Produkte im Sinne von Werbung und wirkt deshalb auch nur mittel- und langfristig (ab zwei Jahren). Denkbare Ziele - Bruhn nennt sie in Anlehnung an Steffenhagen[169] "psychografische Ziele"[170] - wären hier:
- Steigerung bzw. Stabilisierung des Bekanntheitsgrades bei einer oder mehreren Zielgruppen;
- Imageverbesserung in dem Sinn, daß Imagemerkmale des Gesponserten auf den Sponsor übertragen werden (Stichwort "Imagetransfer");
- Schaffung von Goodwill in dem Sinn, daß ein Unternehmen durch sein Engagement belegen will, daß es gesellschaftliche Verantwortung übernimmt - also im Rahmen von Imagebildung für Teilöffentlichkeiten außen oder auch die Medienöffentlichkeit;
- Kontaktpflege mit sehr spezifischen und kleinen Zielgruppen, die über die klassische Werbung nicht erreichbar sind;
- Motivation der Mitarbeiter im Sinne von Öffentlichkeitsarbeit für Teilöffentlichkeiten innen.

---

168 in Bruhn/Dahlhoff 1989, 66f.
169 H. Steffenhagen: Kommunikationswirkung. Kriterien und Zusammenhänge. Hamburg 1984.
170 a.a.O., 86.

Nach Manfred Bruhn stehen insbesondere die beiden zuerst genannten Ziele (Bekanntheitssteigerung, Imagestabilisierung) im Vordergrund.[171]

Einige Beispiele für diese und andere Sponsoring-Ziele bei den drei Arten Sport-, Kultur/Kunst- und Soziosponsoring erlauben vielleicht eine Veranschaulichung und zugleich Differenzierung:

- Sportsponsoring:

Coca Cola Light sponsort Tennis, um die entsprechende Zielgruppe anzusprechen; Puma nutzt Spitzensportler für Werbemaßnahmen; Portas betreibt Fußballsponsoring, um den Bekanntheitsgrad zu steigern; Ambre Solaire und Trevira betreiben Tennissponsoring aus Gründen der Image-Plazierung.

- Kultursponsoring:

Die Allianz sponsort Ausstellungen, um die Publicity für sich zu nutzen. McDonalds tut dasselbe, aber um lokal und regional Goodwill zu schaffen; die Dortmunder Aktien Brauerei betreibt Musiksponsoring in Gestalt regionaler Förderung junger Künstler aus Imagegründen; Shell sponsort Literatur, um die gesellschaftspolitische Verantwortung des Unternehmens zu zeigen.

- Soziosponsoring:

Siemens sponsort die Wissenschaft im Bereich Forschung und Lehre, um eigene Mitarbeiter und Führungsnachwuchs zu rekrutieren; Nixdorf sponsort Universitäten wegen der Möglichkeit, verstärkt Forschungsarbeiten an die Hochschulen zu vergeben, usf.

Die Steuervorteile beim Sponsoring können hier nicht ausführlicher dargestellt werden, aber es muß bewußt sein, daß die Steuerfrage für den Sponsor einen wichtigen Aspekt seines Engagements darstellt.[172] Was den Medieneinsatz beim Sponsoring angeht, so hat Manfred Bruhn dazu eine umfassende Übersicht vorgelegt, auf die hier pauschal verwiesen werden soll.[173]

Im einzelnen unterscheiden sich die drei Bereiche des Sponsoring erheblich voneinander, quantitativ und qualitativ. Auch dazu einige Zahlen und Gesichtspunkte:

---

171 Manfred Bruhn: Planung des Sponsoring. In: Arnold Hermanns (Hrsg.): Sport- und Kultursponsoring. München 1989, 17.

172 Vgl. dazu etwa Petra Heist: Die steuerliche Behandlung des Kultursponsoring. In: Bruhn/Dahlhoff 1989, 367ff. Außerdem Klaus G. Brinkmann: Die steuerliche Behandlung des Kultur-Sponsoring. In: Peter Roth (Hrsg.): Kultursponsoring. Landsberg/Lech 1989, 165ff. Außerdem Walter Schmalzing: Steuerliche Aspekte des Sponsoring. In: Hermanns (Hrsg.), a.a.O., 259ff.

173 Manfred Bruhn: Planung des Sponsoring. In: Arnold Hermanns (Hrsg.): Sport- und Kultursponsoring. München 1989, 24-25.

- Zum sog. Sportsponsoring:[174]
Zahlen: a) zu Einzelpersonen: Wimbledon-Sieger Boris Becker erhielt 1985 für Trikotwerbung 150.000 DM von BASF, 100.000 DM von der Uhrenfirma Ebel, 350.000 vom Sportausstatter Ellesse, 600.000 vom Sportartikelhersteller Puma, geschätzte 3 Mio. DM für 3 Jahre aus dem Vertrag mit der Deutschen Bank (Gegenleistung: Verwendung in der Unternehmenswerbung, Treffen mit ausgewählten Kunden). Ein Spitzenfahrer der Formel 1-Klasse erhält eine Jahresgage von 250.000 bis 1 Mio DM, Sportler wie Karl Heinz Rummenigge und Toni Schumacher erhalten jährlich ca. 100.000. Franz Beckenbauer hat einen Vertrag auf Lebenszeit. Ivan Lendl erhält ca. 500.000 DM jährlich. Steffi Graf hat mit Opel einen Vertrag über 1 Mio DM abgeschlossen. - b) zu Mannschaften: Ein Fußball-Bundesligaverein kann zwischen 300.000 und über 1,2 Mio jährlich erhalten für Trikotwerbung, ergänzt durch rd. 1,7 Mio DM jährlich durch Bandenwerbung und andere Werbemaßnahmen, plus die Einnahmen aus den Fernsehübertragungsrechten. Bayern München erhielt für die letzte Saison von Opel 5 Mio DM, der Hamburger Sportverein von Sharp 2,75 Mio, Borussia Dortmund 1,5 Mio von Continentale, Werder Bremen 1,2 Mio von Portas, Eintracht Frankfurt von Hoechst 1 Mio, ebenso viel wie der VFB Stuttgart von Südmilch oder der 1. FC Köln von Samsung. - c) zu Sportveranstaltungen: Viele wie die Olympischen Spiele und Motorsport-Rennen werden zu 100% gesponsert, d.h. wären ohne Sponsoren nicht durchführbar. Ähnlich ist die Situation bei Golfturnieren (90% gesponsert), Tennisturnieren (50%), Reitturnieren (50%). IBM zahlte 300.000 für die Umbenennung des Deutschen Galopp-Derbys in "IBM PC Pokal"; Porsche sponsert das Tennisturnier von Filderstadt um den "Porsche Grand Prix" mit jährlich 600.000 DM; die US-Fernsehrechte an den Olympischen Spielen kosteten 1960 (Rom) noch 0,4 Mio Dollar, 1972 (München) 7,5 Mio Dollar, 1980 (Moskau) 87 Mio Dollar, 1988 (Calgary) 309 Mio Dollar.

Sportsponsoring in diesen Dimensionen ist kein Sponsoring mehr, sondern blanke Werbung geworden: ein Geschäft. Schon die wichtigsten heutigen Maßnahmen dieses "Sponsoring" deuten das an: Bandenwerbung, Werbung auf Sportgeräten, Trikotwerbung, Werbung auf Programmheften, Fahnen, Eintrittskarten und in anderen sog. "Werbemedien". Als die vier "Kernelemente im System des Sportsponsoring" gelten heute neben dem Sponsor und dem

---

174 Siehe etwa von Peter Roth (Hrsg.): Sportwerbung. Landsberg/Lech 1986; Stephan Netzke: Sponsoring von Sportverbänden. Vertrags-, persönlichkeits- und vereinsrechtliche Aspekte des Sport-Sponsoring. Zürich 1988; von Arnold Hermanns (Hrsg.): Sport- und Kultursponsoring. München 1989. Weiterführende Standardliteratur findet sich ebd.

Gesponserten (der hier bezeichnenderweise als "Sponsoring-Objekt" erscheint) die Fach-Agentur und die Massenmedien.[175] Sportwerbung ist heute das Geschäft von Vermarktungsgesellschaften (z.B. Deutscher Ski-Pool, Tennis Pool Partner GmbH, Deutsche Sport-Marketing GmbH) und von Sport-Agenturen (z.b. Birkholz + Jedlicki GmbH in Frankfurt, die u.a. den Davis Cup vermarktet, oder Professionelles Sport Management PSM in München, die u.a. das Olympia City-Marathon oder das ADAC-1000-km-Rennen sponsort). Die IMG Internationale Management-Gruppe des Amerikaners Marc Mc-Cormack hat rd. 300 Spitzensportler in aller Welt unter Vertrag, die sie gegen Entgeld zu Sport-Werbezwecken vermietet. Sport-Werbung dieser Art ist heute Teil der generellen Werbung, häufig direkt produkt-, absatz- oder marketing-orientiert. Für die "Gesponserten" sind die Honorareinnahmen in der Regel nicht conditio sine qua non, ohne die sie sich aus dem Sport generell zurückziehen müßten, sondern schlicht zusätzliche Einkommen, d.h. die Sportler lassen sich aus kommerziellen Interessen heraus sponsern - sind selber eine Art Privatunternehmer, der seine Leistungen vermarktet. Die Geschichte der Entwicklung vom Sportsponsoring in den 50er und frühen 60er Jahren zur Sportwerbung in großem Stil, mit einem Jahresumsatzvolumen von inzwischen rd. 700 Mio DM (1988 - mit Steigerungsraten von ca. 10%), ist auch eine Geschichte der Entwicklung im Sport vom Amateur zum Profi und damit zum Hochleistungssport mit allen negativen Implikationen, ebenso wie die Geschichte der Entwicklung vom wirklichen Sport (Fußballspiel = 90 Minuten plus Halbzeitpause) zum medienwirklichen Sport (Sportschau: Fußballspiel = 3 Minuten mit allen Toren und spannenden Szenen). Sportwerbung ist heute fast ausschließlich Medienwerbung (Presse, Rundfunk), im wesentlichen Fernsehwerbung, denn das Trikot, die Bande, die Unterseite der Ski oder das Signet auf dem Rennwagen sind nur insoweit wirtschaftlich interessant, als sie im Bild, im Fernsehen gezeigt werden. Die allgemeine Erklärung dafür lautet: andernfalls sei Spitzensport heute nicht mehr möglich. Aber das heißt nicht: andernfalls sei Sport generell nicht mehr möglich. Sportwerbung bezieht sich ausschließlich auf den Spitzensport und meint damit Sport als Unterhaltung, als Medienereignis, speziell als Fernseh-Show. Sportsponsoring im eigentlichen Sinn gibt es natürlich auch heute noch, bezieht sich aber primär auf den Breitensport und auf Mannschaften in unteren Rängen, auf junge NachwuchssportlerInnen, die ohne diese Förderung aufgeben müßten, auf lokal begrenzte Sportereignisse; dabei ist nicht die Medienorientierung ausschlaggebend,

---

175 So etwa Norbert Drees: Charakteristika des Sportsponsoring. In: Hermanns, a.a.O., 49.

sondern andere Gesichtspunkte wie die oben bereits benannten Sponsoring-Ziele.
- Zum Kultursponsoring/Kunstsponsoring:[176]
Bruhn (1987) unterscheidet hier zwischen individueller Kunstförderung (Stipendien, Nachwuchsförderung, Materialhilfen, Ateliers, Ausstellungshonorare etc.), Förderung der Kunstvermittlung (z.B. von Kunstvereinen, Galerien, Kunstmessen und Festivals, Museumskatalogen, Kulturwochen, künstlerische Kinder- und Jugendarbeit, Kulturhäuser) und Förderung des Kunstmarktes (z.b. Unterstützung von Galerien, Förderung von Kunstzeitschriften etc.).[177] Man sollte aber breiter differenzieren, etwa ähnlich wie beim Sport nach Sportarten. Demnach könnte man unterscheiden in die Bereiche Heimat- und Brauchtumspflege, Malerei, Architektur/Denkmalpflege, Theater, Musik, Literatur, Film, Kulturarbeit/Kulturgeschichte.[178] Erneut können Einzelpersonen, Gruppen, Institutionen bzw. Organisationen und auch Veranstaltungen gesponsert werden. Die Formen des Sponsoring sind vielfältig: Ausstellungen, Wettbewerbe, Einzelkünstler, Einzelveranstaltungen (Konzerte, Aufführungen, Inszenierungen etc.), Themenbücher, Bildbände. Dokumentarfilme, Sammlungen usf. [179]

Zahlen und Beispiele: Der Schallplattenhersteller Philips beispielsweise sponserte 1987 zahlreiche Opernaufführungen: in Hamburg "Don Giovanni", in München "Ariadne", in Bonn "Aida" oder in Berlin "Oedipus"; Daimler Benz finanzierte mit fast 1,2 Mio DM die Ausstellung "Gotik und Renaissance in Nürnberg" im New Yorker Metropolitan Museum; Coca Cola, Pepsi, Sony und Philips sponserten das Popkonzert "Live Aid" im Wembley Stadion; der Ölkonzern Texaco stellt der Metropolitan Opera in New York jährlich 3 Mio Dollar zur Verfügung; die Allianz-Versicherung unterstützt die Baedeker-Reise- und Städteführer mit einem Etat von schätzungsweise 1 Mio DM jährlich; die Deutsche Agrar- und Weinwirtschaft sponsert die ZDF-Sende-

---

176 Siehe etwa Karla Fohrbeck: Renaissance der Mäzene? Interessenvielfalt in der privaten Kulturfinanzierung. Köln 1989; Manfred Bruhn und H. Dieter Dahlhoff: Kulturförderung - Kultursponsoring. Zukunftsperspektiven der Unternehmenskommunikation. Frankfurt/Main 1989; Peter Roth: Kultursponsoring. Meinungen, Chancen und Probleme, Konzepte, Beispiele. Landsberg/Lech 1989; ferner die entsprechenden Beiträge in Hermanns, a.a.O., 151-237. Zum Kunstsponsoring speziell vor allem Friedrich Loock: Kunstsponsoring. Ein Spannungsfeld zwischen Unternehmen, Künstlern und Gesellschaft. Wiesbaden 1988.
177 Bruhn: Sponsoring 1987, 62f.
178 Siehe auch Bruhn 1989, in Bruhn/Dahlhoff, a.a.O., 49.
179 Bruhn 1989 bietet praktisch einen kompletten Überblick, a.a.O. 51ff.

reihe "Essen wie Gott in Deutschland"; BMW gründete 1973 die "BMW-Galerie" und unterstützt sie mit einem jährlichen Kuturetat von ca. 1 Mio DM; Roth-Händle gründete das erste Holographie-Museum; die Bayrische Hypo-Bank hat seit 1966 über 30 Mio DM in Gemälde investiert, die sie ausschließlich als Dauerleihgaben an Museen weiterreichte; Hoechst renovierte das alte Hoechster Schloß; Rank Xerox zahlte 70.000 Pfund für eine Tournee des London Symphony Orchestra durch die Tschechoslowakai, Ungarn und Rumänien; der Zigarettenhersteller BAT zahlt jährlich 300.000 Pfund an das London Philharmonic Orchestra; das Guiness-Buch der Rekorde ist von der Bierfirma Guiness gesponsert.

Umfassende Zahlen unterscheiden sich je nach Studie - es gibt bisher neben der Überblicksarbeit von Karla Fohrbeck vier bis fünf größere Studien dazu - und Perspektive.[180] Der BDI-Kulturkreis hat als durchschnittliche Förderbeträge für das kulturelle Engagement die folgenden Beträge ermittelt: 41% geben 0 bis 10.000 DM jährlich für Kultursponsoring aus, 17% 10-20.000 DM, weitere 17% 20-50.000 DM, 7% 50-100.000 DM, 12% 100-300.000 DM, 2,5% 300.000-1 Mio DM, 1,7% 1-3 Mio DM, 0,6% 3-5 Mio DM. Hier schwanken die Gesamtzahlen bei ca. 200 Mio DM.[181] Bei den Unternehmen dominiert hier (anders als bei Bruhn behauptet) deutlich in allen Bereichen das Motiv der gesellschaftlichen Verantwortung, gefolgt vom Motiv der Imageverbesserung und Profilierung. Vor allem Banken, Sparkassen und Versicherungsunternehmen sind bislang im Kultursponsoring engagiert.

Das Sponsoring von Popkonzerten hat in der Bundesrepublik von 1985 (8 Mio. DM) bis 1988 (25 Mio DM) erheblich zugenommen. Die Höhe der Beträge signalisiert ähnlich wie beim Sportsponsoring einen Trend in diesem Bereich zur Veränderung des Kultursponsoring in Richtung Kulturwerbung. Typisch ist hier die zunehmende Beteiligung von Agenturen und Konzertveranstaltern (z.B. Lippmann & Rau/Mama Concerts) sowie die Förderung von Spitzensängern/-gruppen wie Genesis, Rolling Stones, The Who, Fleetwood Mac, Michael Jackson (Pepsi Cola zahlte 5 Mio Dollar für die "Bad"-Tournee), Tina Turner (Pepsi zahlte für ihre Tournee 1987 4 Mio Dollar) - typisch für den Wandel von Kultur zur Werbung: Tina Turner sang 1987 in einem Fernsehspot den speziell komponierten Pepsi-Song "We got the taste", und Michael Jackson änderte 1988 für einen Pepsi-Spot eine Zeile im Text seines Top-Hits "Bad" in "You're a brandnew generation and Pepsi is coming

---

180 Vgl. auch den Überblick bei Bruhn 1989, in: Bruhn/Dahlhoff, a.a.O., 37ff.
181 Alle Zahlenangaben sind differenzierter bei Karla Fohrbeck: Renaissance der Mäzene?, a.a.O., hier 139, abgedruckt.

through". Gefördert werden aber auch Karajan und zahllose andere Spitzenvertreter klassischer Musik. Das Schleswig-Holstein-Musik-Festival[182] etwa wurde zu einem Viertel des Gesamtetats gesponsort; Deutsche Lufthansa, Bertelsmann, Audi und Windsor (Boss) als Hauptsponsoren zahlten insgesamt 10 Mio DM. Als Gegenleistung erhielten sie Werbemöglichkeiten in den Katalogen und Programmen, Konzerte für ihre Geschäftsfreunde, manche durften auch mit Leonard Bernstein zu Abend essen. Musiksponsoring, speziell bei Popmusik, ist tendenziell international und global und besonders zukunftsträchtig, weil hier junge Leute bis 30 erreicht werden. Es ist längst belegt, daß "Kultursponsoring" dieser Art praktisch nichts weiter als ein Marketinginstrument geworden ist.[183] Top-Stars fungieren hier wieder als Unternehmer, die ihre Leistungen vermarkten, d.h. es dominieren kommerzielle Interessen beim Gesponserten.

Die Besonderheit des Kultursponsoring, etwa gegenüber dem Sportsponsoring, sind die kleineren, attraktiveren Zielgruppen: Opinion Leaders, Journalisten etc. (gegenüber dem Massenpublikum beim Sport), entsprechend das exklusivere Auftreten des Sponsors, aber auch Barrieren und Ängste auf beiden Seiten und "Kultur" als besonderer Wertgegenstand. Deutlich kann man deshalb von Gefahren beim Kultursponsoring sprechen: Die am meisten genannte Gefahr freilich ist praktisch völlig bedeutungslos, nämlich das Problem der "Einflußnahme" oder Manipulation oder Vereinnahmung. Wer sich im Kultursponsoring als Sponsor engagiert, hätte in der Regel ganz andere finanzielle und sonstige Möglichkeiten, tatsächlich Einfluß zu nehmen. In der Praxis hat sich denn auch über längere Zeit hinweg gezeigt, daß entsprechende Bedenken oder Ängste unbegründet waren. (Allerdings gab es oft Frustrationen auf beiden Seiten, weil Kultur/Kunst ebensowenig mit Wirtschaftsunternehmen und deren Denkweise und Interessen umzugehen gelernt haben wie umgekehrt diese sich auf Künstler und Kulturverantwortliche einstellen konnten.) Das Argument der Vereinnahmung verdeckt zumeist den wirklichen Standpunkt der grundsätzlichen Gegner des Kultursponsoring, nämlich die Überzeugung: Die Instrumentalisierung von Kultur und Kunst widerspreche dem Autonomiepostulat von Kultur und Kunst; deshalb sei Kultursponsoring ein Widerspruch in sich selbst. Dieser idealistische Standpunkt ist freilich theoretisch und kunstphilosophisch nicht haltbar - Kunst kann und will und

---

182 Siehe dazu etwa auch den Beitrag in Roth (Hrsg.): Kultursponsoring, 1989, 249ff.
183 Siehe vor allem Arnold Hermanns und Michael Püttmann: Internationales Musiksponsoring - Bedeutung, theoretische Grundlagen und Fallbeispiele. In: Bruhn/Dahlhoff 1989, 257ff.

muß in Gesellschaft selbst wirken, draußen, nicht im stillen Kämmerlein, nicht nur in der Nische am Busen staatlicher Förderung. Als pauschal ablehnender Standpunkt ist er eher eine blanke Schutzbehauptung, die nur der Bequemlichkeit dient und die wirkliche Herausforderung oder Aufgabe, die Kultur und Kunst darstellen, gar nicht wahrnehmen will.

Es gibt aber durchaus bedenkenswerte Gefahren beim Kultursponsoring, die anhand der Literatur wie folgt aufgelistet werden können:
- Das "Fund Raising" verschlinge einen großen Teil des Arbeits- und Energiepotentials der Kulturschaffenden und Kulturverwalter, das damit der Kulturarbeit selbst entzogen werde.
- Kritische Kultur und Kunst würden proportional benachteiligt.
- Der Staat könnte sich aus seinen Kultur- und Kunstverpflichtungen noch weiter zurückziehen.
- Kultursponsoring bedeute stets kurzfristige Förderung, die bei wirtschaftlichen Rückschlägen des Unternehmens zumeist sofort eingestellt werde. Kulturförderung aber müsse eher mittel- und langfristig angelegt sein.

Kultursponsoren haben ihre ganz handfesten Motive, das muß deutlich herausgestellt werden. Ein Beispiel: die Lufthansa.[184] Dieses Unternehmen fördert neuerdings bevorzugt Projekte, die mit Mobilität zu tun haben (das Image als Fluggesellschaft bedarf einer Auffrischung, wie Untersuchungen ergeben haben). Beispielsweise wird die große Wanderausstellung "Bilder für den Himmel - Kunstdrachen" mit erheblichen Mitteln gesponsert. Lufthansa gibt ca. 15% des PR-Etats für "Kulturprojekte" aus: eher für Zeitgenössisches als für Traditionelles, eher für Innovatives als für Populäres. Dieses Engagement wird mit Anzeigen, Dekorationen in Terminals, per Broschüre und über Video kundgetan. Zielgruppe sind vor allem die jüngeren Privatreisenden zwischen 20 und 40 Jahren (sie zeichnen sich durch kritische Distanz zur Lufthansa aus, wie neuere Untersuchungen gezeigt haben). Aber dieses Eigeninteresse schadet nicht der genannten Wanderausstellung, die ohne das Lufthansa-Engagement nicht möglich gewesen wäre, noch auch dem Konzert in New York, der Opernaufführung in Madrid oder der Erstaufführung des seltenen Theaterstücks in London, die nur mit Lufthansa-Kultursponsoring realisiert werden konnten.

Bilanz: Insgesamt sind Kultur und Wirtschaft wohl zunehmend aufeinander angewiesen - wir, die Konsumenten von Waren und Kultur, wollen es so. Denn zum einen sind wir nicht bereit, die wirklichen Eintrittspreise für einen

---

184 Siehe ausführlich und parteilich auch Frank Beckmann: Kulturförderung und Kultursponsoring bei Lufthansa. In: Bruhn/Dahlhoff 1989, a.a.O., 153ff.

Theaterbesuch zu zahlen (in der Bundesrepublik derzeit ca. 120 Mark im Durchschnitt), d.h. Kultur kostendeckend zu betreiben. Und zum andern erwarten wir von kommerziellen Unternehmen zunehmend den "kulturellen Touch", d.h. gesellschaftliches Engagement. Das heißt: Kultursponsoring hat Zukunft.[185] Die Gründe dafür: 1. Es gibt ein steigendes Bedürfnis an "Kultur" in Deutschland seitens der Menschen/Rezipienten; Kultur wird nicht als Freizeitaktivität, sondern eher als Lebensqualität aufgefaßt. 2. Unternehmen sehen sich zunehmend gezwungen, nicht nur im Marketing und in der Werbung, sondern auch in der Öffentlichkeitsarbeit auf Kultur Bezug zu nehmen. 3. Die Bundesbürger stehen dem Kultursponsoring positiv (40-49%) bzw. neutral gegenüber (39-56%); nur wenige (14-17%) lehnen es ab. - In diesem Sinn kann Kultursponsoring als ein zukunftsträchtiges neues Berufsfeld definiert werden.

- Zum Soziosponsoring/Ökosponsoring:
Diese dritte Form ist hierzulande, im Gegensatz etwa zu den USA, noch relativ wenig entwickelt. Man versteht darunter "das soziale Engagement eines Unternehmens zur Erfüllung gesellschaftspolitischer Verpflichtungen".[186] Vorteil dieser Art des Sponsoring ist das Erreichen kritischer Zielgruppen. Man kann hier drei Schwerpunktbereiche unterscheiden:
- erstens Wissenschaft und Bildung (oder Forschung und Lehre): Das reicht von der Unterstützung von Schülern und Studenten bis zur Förderung von Wissenschaft und Uni-Forschung oder Spenden an Bibliotheken u.ä.; Beispiele: Nixdorf, IBM, Siemens und Shell fördern Hochschulforschung in der Bundesrepublik; Philips fördert junge Nachwuchswissenschaftler.
- zweitens soziale Institutionen: Das meint bevorzugt lokale Unterstützungen im Gesundheitsbereich wie im Falle von Krankenhäusern und Selbsthilfe-Organisationen, Rotes Kreuz, Amnesty International, Malteser Hilfsdienst etc. ebenso wie die Unterstützung lokaler karitativer Einrichtungen wie Altenheime, Krebshilfe u.ä.; Beispiel: Der Mineralwasseranbieter Perrier sponserte in den USA mehr als 200 komplette Fitness-Parcours.
- drittens Umweltschutz: Unterstützung von Umweltschutzorganisationen, Bürgerinitiativen gegen Waldsterben u.ä. oder die Förderung von Buchprojekten, z.B. "Rettet die Wildtiere". Beispiele: Die Brauerei Diebel unterstützte am

---

185 Wer sich diesen Eindruck bestätigen lassen will, sei auf die vielen Fallbeschreibungen hochrangiger Praktiker hingewiesen, die sich im Sammelband von Bruhn/Dahlhoff 1989 finden ("Kulturförderung - Kultursponsoring"). Siehe auch Teil IV bei Roth (Hrsg.) 1989, 449ff. mit allgemeinen Daten und Fakten zum Thema.
186 So Dieter Pflaum im Lexikon der Public Relations, 408ff.

Niederrhein Baumpflanzaktionen; das Optiker-Unternehmen Fielmann unterstützt Greenpeace; das Textilunternehmen Falke fördert die Zucht des vom Aussterben bedrohten Falken; die Uhu-Vertriebs-GmbH engagierte sich bei einer Aktion zur Wiederansiedelung des Uhu usf.

Es läßt sich kaum annehmen, daß sich Tendenzen wie beim Sport und bei der Populärkultur - die Entwicklung vom Sponsoring zu Koproduktionen bzw. blanker Werbung - in allen anderen Bereichen des Sponsoring wiederholen werden. Deshalb bleibt Sponsoring eine bereits erprobte und bewährte Interaktionsform im Sinne wirklicher Öffentlichkeitsarbeit. Sponsoring hat seine grundsätzliche Bedeutung für die PR kommerzieller Unternehmen in der selektiven, partiellen Kompensation ihres obersten Systemziels. "Gesellschaftliche Verantwortung" oder "soziales Engagement", wichtiges und sehr häufig als ausschlaggebend genanntes Motiv der Sponsoren, meint ein Stück Kompensation für den individuellen Gewinn als dem dominanten Leitprinzip. Insofern ist Sponsoring in der Tat ein wirksames Mittel der Imagegestaltung: Das kommerzielle Unternehmen "teilt" mit nichtkommerziellen Teilöffentlichkeiten real in beidseitig strukturrelevanter Hinsicht und realisiert damit ein Stück Strukturhomologie.

6.3. Öffentlichkeitsarbeit von non-profit-Unternehmungen (Beispiele)

Auch bei non-profit-Unternehmungen muß man die Öffentlichkeitsarbeit sehr differenziert betrachten.[187] Es gibt eine Fülle denkbarer Möglichkeiten - zur Zeit befindet sich beispielsweise das Amt für Verfassungsschutz in den neuen, östlichen Bundesländern auf PR-Tournee, um deutlich zu machen, inwiefern sich der Verfassungsschutz vom alten kommunistischen Bespitzelungs- und Unterdrückungsapparat unterscheidet. Ein Sonderfall der Öffentlichkeitsarbeit ist auch die PR, die ein Medium wie etwa eine Sendeanstalt für sich selbst betreibt.[188] Im folgenden werden nur drei Beispiele vorgestellt, die aber so ausgewählt wurden, daß sie bestimmte Grundaspekte der Öffentlichkeitsarbeit in diesem Bereich sichtbar werden lassen:

---

187 Siehe dazu Jutta Lieb: Bibliographischer Überblick über Themenbereiche der Öffentlichkeitsarbeit (etc.)
188 Vgl. etwa Peter C. Conzatti: Gesellschaftsorientierte Öffentlichkeitsarbeit? Eine Fallstudie am Beispiel der Abteilung für Öffentlichkeitsarbeit des Süddeutschen Rundfunks Stuttgart und des Südwestfunks Baden-Baden. (Magisterarbeit Universität Konstanz 1987) Wiesbaden 1989.

- die Öffentlichkeitsarbeit einer Institution am Beispiel der Katholischen Kirche, die bereits eine lange Tradition hat und relativ elaboriert ist;
- die kommunale Öffentlichkeitsarbeit am Beispiel der Stadt Hamburg, womit der große Bedarf verdeutlicht werden kann;
- die Öffentlichkeitsarbeit eines Kulturbetriebs wie des Theaters.
Auf die Öffentlichkeitsarbeit mancher Verbände und Gruppierungen wie z.b. Greenpeace, deren Arbeit ohne PR gar nicht denkbar wäre, oder spezifische Formen der Öffentlichkeitsarbeit etwa bei Bürgerinitiativen, die explizit auf Gegenöffentlichkeit abzielen, kann hier nur pauschal hingewiesen werden.189

Auch bei non-profit-Unternehmungen gibt es eine Reihe von Gefahren oder Grundfehlern, von denen die Öffentlichkeitsarbeit in den meisten Fällen charakterisiert ist. Abgesehen davon, daß non-profit-Unternehmungen im Vergleich zu kommerziellen Unternehmen in Sachen Öffentlichkeitsarbeit insgesamt äußerst rückständig sind, scheinen vor allem die folgenden drei Gefahren verbreitet:
1. Man hält Öffentlichkeitsarbeit für überflüssig oder für unseriös und will sich stattdessen durch "Leistung" profilieren. Insoweit wurde hier offenbar noch nicht erkannt, daß es nicht genügt, "gut zu sein", sondern daß es eines weiteren Schrittes bedarf, um zu erreichen, daß man von Umweltsystemen auch als "gut erkannt" wird.
2. Wenn Öffentlichkeitsarbeit betrieben wird, wird sie nicht professionell, als strategische Maßnahme begriffen, und entsprechend sind, auch durch mangelhafte Orientierung an Teilöffentlichkeiten, die Streuverluste groß und die Wirkungen gering. Weil Öffentlichkeitsarbeit hier also meistens eher schlecht als recht betrieben wird und deshalb kaum Folgen hat, wird dann im Zirkelschluß rückwirkend wieder darauf geschlossen, daß Öffentlichkeitsarbeit eigentlich ineffizient und überflüssig sei. Fast nie wird beispielsweise eine Erfolgskontrolle der durchgeführten Öffentlichkeitsarbeit vorgenommen.
3. In der Regel wird Öffentlichkeitsarbeit gleichgesetzt mit PR nach außen; die notwendige Öffentlichkeitsarbeit nach innen, die damit zusammenhängen muß, wird fast immer übersehen oder vernachlässigt.

Allerdings gilt generell für non-profit-Unternehmungen im Vergleich mit kommerziellen Unternehmen neben einer derzeit noch markant unterentwickelten Einsicht in die Notwendigkeit von Öffentlichkeitsarbeit als bewußter

---

189 Als erste Hinweise siehe z.B. Ingo Lentz: Die Öffentlichkeitsarbeit der Spitzenverbände. Düsseldorf/Wien 1978; Franz Ronneberger: Beiträge zu Public Relations der Öffentlichen Verwaltung. Düsseldorf 1981.

Imagegestaltung im beschriebenen Sinn auch, wie bereits erwähnt, ein objektiv geringerer Zwang zur Interaktion in Gesellschaft.
- Beispiel 1: Katholische Kirche.[190]
Soweit in der katholischen Kirche Öffentlichkeitsarbeit nicht gleichgesetzt wird mit Mission, also der Verbreitung des Glaubens in der Gesellschaft und in der Welt, ist Öffentlichkeitsarbeit heute umstritten. Die einen vertreten die Auffassung, die christliche Botschaft eigne sich nicht für eine geplante und gezielte Öffentlichkeitsarbeit, sie müsse unverfälscht verkündet werden, und taktische Überlegungen und "Tricks" seien der "Wahrheit" gegenüber unangemessen. Gelegentlich findet sich auch die Meinung, gezielte PR für bestimmte Aktionen oder Projekte würden die Gefahr mit sich bringen, die Einzelinteressen einer Organisation oder Gruppe in den Vordergrund zu stellen und damit das Allgemeininteresse zu vernachlässigen. Auf der anderen Seite wird immer stärker zur Kenntnis genommen, daß es in einer pluralistischen Gesellschaft darum geht, das eigene Wertesystem aktiv zu vertreten und zu propagieren, und dabei müsse man sich auch der modernen, "weltlichen" Mittel bedienen. Die Kirche müsse sich mit ihrer christlichen Botschaft, d.h. vom Auftrag und Wesen her, in dieser Welt vernehmbar machen. Und im übrigen sei dies auch aus unmittelbarem Eigeninteresse der Organisation angebracht, zumal die Zahl ihrer Mitglieder z.B. in der Bundesrepublik seit Jahren kontinuierlich zurückgeht.

Die rechtliche Grundlage für eine offizielle Öffentlichkeitsarbeit der katholischen Kirche bietet das Vatikanische Dokument "Communio et Progressio", das 1971 erschien. Hier wird als wichtige Aufgabe der Kirche die Information der Öffentlichkeit genannt. Diese Informationspflicht muß wahrhaftig, umfassend und mit größtmöglicher Offenheit erfüllt werden. Öffentlichkeitsarbeit gilt hier weniger als Imagepflege oder Publicity als vielmehr als Kommunikation zwischen der Kirche und der potentiell unbegrenzten Öffentlichkeit - als

---

190 Vgl. Waldemar Wilken: Brücken zur Kirche - Public Relations der Kirche. Berlin 1967; F.-J. Eilers u.a. (Hrsg.): Kirche und Publizistik. Dreizehn Kommentare zur Pastoralinstruktion "Communio et Progressio". München 1972; Rudolf Hammerschmidt: Öffentlichkeitsarbeit der Katholischen Kirche. In: Haedrich et al (Hrsg.): Öffentlichkeitsarbeit. Dialog zwischen Institutionen und Gesellschaft. Ein Handbuch, 1982, 395-404; H. Glässgen: Kirche und Medien: Selbstverständnis und Auftrag einer kirchlichen Medienstelle. In: Communicatio Sozialis Nr. 1 (1984); Holger Tremel: Öffentlichkeitsarbeit der Kirche. Frankfurt/Main 1984; Renate Hackel: Öffentlichkeitsarbeit der katholischen Kirche. In: Pflaum/Pieper (Hrsg): Lexikon der Public Relations, 188-191; Ingobert Jungnitz: Öffentlichkeitsarbeit der Katholischen Kirche. In: Schulze-Fürstenow (Hrsg.): Handbuch, 1989, XI 31-60.

"Versuch, die reale Existenz der Kirche in all ihren Aktivitäten, Lebensäußerungen und auch Meinungen der Öffentlichkeit zu vermitteln". Ziel sei "Information und Kommunikation aller mit allen oder communicatio schafft communio" (Hackel).

Wichtige allgemeine Aspekte lassen sich daran schon verdeutlichen: der Verdacht, PR bewirke Schönfärberei; die Überzeugung, die kirchliche Botschaft setze sich von alleine durch; außerdem das Fehlen jeglicher Orientierung an Teilöffentlichkeiten. Hinzu kommen besondere Probleme in der Organisation. Es gibt in der katholischen Kirche in Deutschland durchaus eine Reihe eigens hierfür eingerichteter Institutionen: seit 1975 die von der deutschen Bischofskonferenz eingerichtete Medien-Dienstleistungs-GmbH, die katholische Einrichtungen in der Pressearbeit unterstützt; seit 1976 die Kirchliche Zentralstelle für Medien in Bonn, die der Publizistischen Kommission der Deutschen Bischofskonferenz zugeordnet ist, ergänzt durch eine Arbeitskonferenz Medien. Die Zentralstelle für Medien ist Anlaufstelle für Sendeanstalten, Ministerien, Gewerkschaften, Parteien etc. und damit betraut, die kirchlichen Interessen im publizistischen Bereich zu vertreten. Sie hat vier Abteilungen: für Film und audiovisuelle Medien, für Hörfunk und Fernsehen, für Kommunikationspädagogik, und für das Presse- und Verlagswesen. Sodann gibt es, schon seit Mitte der 60er Jahre, in allen 22 Diözesen der alten Bundesländer je eine bischöfliche Pressestelle. Diese Pressestellen werden zumeist von Fachjournalisten geleitet, haben eigene Pressedienste und bedienen sich eigener Mitteilungsorgane. Bei den öffentlich-rechtlichen Anstalten (Hörfunk und Fernsehen) gibt es zusätzlich kirchenunabhängige "Kirchenfunk"-Redaktionen, die aber mit den Kirchenvertretern oft eng zusammenarbeiten. Ansonsten wären noch das Katholische Institut für Medieninformation e.V. in Köln zu nennen sowie die Pressereferenten verschiedener Projekte und Verbände oder Institutionen wie: Zentralkomitee der Deutschen Katholiken in Bonn, Deutscher Caritasverband in Freiburg, "Misereor" in Aachen, "Adveniat" in Essen, Ludwig-Missionsverein in München, "Missio" ebenfalls in Aachen.

Die Pressestellen sind jedoch völlig verschieden strukturiert und haben auch ganz unterschiedliche Aufgaben und Mittel: "Von einem einheitlichen Selbstverständnis der katholischen Medienstellen kann nicht gesprochen werden." (Hackel) Einige verbreiten die Predigten des Bischofs und amtliche Verlautbarungen. Andere geben Pressedienste heraus und informieren auch über Geschehnisse, die über die Diözesegrenzen hinausreichen. Manche sind direkt dem Bischof oder dem Generalvikar zugeordnet, andere werden von einem Priester geleitet oder überwacht. Einige Pressestellen leisten ihre Arbeit in eigener Verantwortung, andere müssen jede Meldung vor der Veröffentlichung genehmigen lassen. Die allermeisten beschränken sich auf Öffentlichkeitsarbeit nach außen, begreifen sich mehr oder weniger als Verlautbarungsorgane. Ihre Aufgaben "nach innen" bestehen fast ausnahmslos darin, ihren Bischöfen weiterzureichen, was "draußen" "die Öffentlichkeit" vertritt. Diese extreme Reduzierung der Aufgabenbereiche liegt an den Kommunikationsschranken innerhalb der Kirche, die eine streng hierarchische Struktur aufweist und nach wie vor stark autoritär organisiert ist: Kommunikation funktioniert in der Regel nur von oben nach unten. Horizontale Kommunikation oder Kommunikation von unten nach oben findet kaum statt.

Das hat zur Folge, daß Öffentlichkeitsarbeit oft nur auf Druck von außen, aufgrund von Herausforderungen durch andere Gruppen betrieben wird. "Insofern hat die Öffentlichkeitsarbeit der katholischen Kirche über weite Strecken einen defensiven Charakter." (Hammerschmidt) Probleme werden eher heruntergespielt, verschwiegen oder verharmlost. Man hat Angst davor, daß mehr Transparenz die Amtskompetenz beschneiden würde. Themen wie die Arbeit kritischer Laien- und Priestergruppen, die Problematik der wiederverheiratet Geschiedenen, des Grundbesitzes und Reichtums der Kirche, der Empfängnisverhütung, der Priesterehen und des Zölibats, der Kirchensteuer, generell "fortschrittliche" Theologie usf. werden kaum und bevorzugt als Randphänome behandelt.

Die Zahl der Blättchen und ihre Auflagen sind aber vergleichsweise enorm. Jedes Bistum hat zunächst einmal seine eigene Kirchenzeitung, mit Auflagen zwischen 13.000 in Berlin-West ("Petrusblatt") und 194.000 in Münster ("Kirche und Leben"). Der "Kirchenbote" von Osnabrück bringt es immerhin auf 53.000 Exemplare. Hinzu kommt eine schier endlose Zahl (bei Schulze-Fürstenow sind genau 100 verzeichnet) von Wochenschriften wie z.B. der "Altöttinger Liebfrauenbote", Tageszeitungen wie z.B. "Leben und Erziehen", Seniorenzeitschriften wie z.B. "Zenit", Ordens- und Missionszeitschriften wie z.B. "Hiltruper Monatshefte", Frauenzeitschriften wie z.B. "Die christliche Frau", Jugendzeitschriften wie z.B. die "Ministranten Post", Verbandszeitschriften wie z.B. "Der katholische Messner", Kultur- und Fachzeitschriften wie z.B. "Filmdienst" oder "Krankendienst".

Obwohl hier zumindest eine markante Zielgruppenorientiertheit vorherrscht, ist die Tauglichkeit dieser Medien als Mittel der Öffentlichkeitsarbeit durch die Parteilichkeit der Berichterstattung und die Verquickung mit blanker Werbung eingeschränkt. Andere allgemein charakteristische Merkmale der Öffentlichkeitsarbeit der katholischen Kirche heute wären, wie erwähnt, die Vermischung von Pressestellenarbeit und Öffentlichkeitsarbeit; die mangelhafte Öffentlichkeitsarbeit nach innen, aufgrund der hierarchischen Struktur; auch die Heterogenität im Erscheinungsbild (viele Embleme und Philosophien und Konzepte und Medien etc.).

Rudolf Hammerschmidt hat die Öffentlichkeitsarbeit der katholischen Kirche anhand der Diskussion um die Änderung des Paragraphen 218 skizziert, wie hier nur punktuell angedeutet werden kann. Demnach gab es folgende Entwicklung: Charakteristischerweise hat sich die katholische Kirche zum § 218 erst geäußert, als ihr die Diskussion von außen aufgezwungen wurde. In einer ersten Phase protestierte die Kirche gegen eine Meinungsänderung bei den politischen Parteien, verbunden mit einem allgemeinen Appell an die Bevölkerung. Sie vertraute voll der Durchschlagskraft der eigenen Argumente. Ergebnis: Null. In einer zweiten Phase begriff die Kirche, daß der § 218 nicht isoliert gesehen werden darf, sondern in den Zusammenhang mit anderen gesellschaftlichen Entwicklungen der Zeit gerückt werden muß (Freigabe der Pornographie, Änderung des Eherechts, Liberalisierung der Abtreibung etc.). Die Kirche erweiterte entsprechend die Diskussion um die Grundwerte überhaupt. Der Versuch, dieses Thema innerhalb der Kirche bis zur Basis zu verbreiten, scheiterte jedoch erneut - einmal an der Inkompetenz der Multiplikatoren bzw. dem Fehlen von PR-Fachleuten, zum andern an offensichtlich anderen Standpunkten selbst bei vielen Katholiken. In einer dritten Phase wurde deshalb die Frage nach einer wirkungsvollen und zielgerichteten Öffentlichkeitsarbeit erstmals in aller Schärfe gestellt: Die Argumente der "Gegner" sollten stärker aufgegriffen und argumentativ widerlegt werden. Der Kampf gegen die Abtreibung wurde als langfristiger Prozeß begriffen. Man unterschied in Zielgruppen bzw. Teilöffentlichkeiten und verschiedene Umweltsysteme: die Parteien im Bundestag, die Bundesregierung, die Mitglieder der Kirche, die Bewußtseinsbildung in der Mediengesellschaft. Und man sah ein, daß man aus der Position der permanenten Nein-Sager herauskommen mußte. "Man durfte nicht gegen etwas, man mußte für etwas sein." Die Diktion veränderte sich: Argumentiert wurde nicht gegen die Abtreibung, sondern geworben wurde "für das Leben"; man sprach nicht mehr vom ungeborenen Leben, sondern vom ungeborenen Kind. Man setzte Bildhefte ein mit pränatalen Aufnahmen, um deutlich zu machen, daß es nicht um einen Zellklumpen ging, sondern um ein ungeborenes Kind. Man bediente sich verschiedener Medien wie Faltblatt, Broschüre und Plakat. Man sprach Opinion Leaders an und bediente sich bestimmter Sympathieträger wie Mutter Teresa (Nobelpreis 1979, gutes Image in der Bundesrepublik). Kurzum: man

machte in diesem Fall einen Schritt in Richtung Öffentlichkeitsarbeit. Aber langfristige Strategien und vor allem auch eine Effizienzkontrolle - sie sind bis heute nicht möglich.
- Beispiel 2: Kommunale Öffentlichkeitsarbeit am Beispiel von Hamburg.[191]
Auch bei einer Stadt, einer Gemeinde, einer Kommune darf Öffentlichkeitsarbeit nicht Feuerwehreinsatz oder Krisen-PR sein, sondern muß in Form kontinuierlicher Überzeugungsarbeit erfolgen. In der Bundesrepublik (nur alte Bundesländer) gibt es neben den drei Stadtstaaten Berlin, Hamburg und Bremen 91 kreisfreie Städte, in der Regel Großstädte mit über 100.000 Einwohnern, 237 Landkreise und rund 8.500 Gemeinden. Hierher gehören Aufgabenbereiche wie z.B.: Verkehrsfragen, Schul- und Bildungswesen, kulturelle Angelegenheiten, Gesundheits- und Sozialwesen, Fragen der öffentlichen Sicherheit und Ordnung, Umweltschutz, Natur- und Landschaftsschutz, Probleme der Jugendhilfe, Sport und Freizeit, das Bau-, Wohnungs- und Siedlungswesen, Städteplanung und Raumordnung, Wirtschaftsförderung, öffentliche Einrichtungen und Wirtschaftsunternehmen, Finanzen, Steuern und Gebühren, Meldewesen und Datenverarbeitung etc. Kommunale Öffentlichkeitsarbeit ist insofern ein hochkomplexes Aufgabengebiet.

Je nach Größe der Kommune sind die Pressestellen strukturiert. Bei kleineren Gemeinden werden die PR-Aufgaben von einem Mitarbeiter meistens nebenbei erledigt, in kleineren Städten gibt es in der Regel Pressestellen als Ein-Mann-Betriebe, in Großstädten gibt es ausnahmslos Presseämter, oft selbständig oder auch in Gestalt von Referaten, Abteilungen oder Sachgebieten anderer Dienststellen. Nicht selten sind Überschneidungen zu beobachten (zwischen Presseabteilung, Werbeamt, Kulturamt, Verkehrsamt, Statistischem Amt, Amt für Wirtschaftsförderung usw.). Leiter sind Beamte

---

190 Als kleine Auswahl von Literatur hierzu siehe u.a.: Werner Istel: Städtische Öffentlichkeitsarbeit. Herford 1975; Herbert Brandt: Öffentlichkeitsarbeit für eine Kommune, dargestellt am Beispiel der Freien und Hansestadt Hamburg. In: Haedrich et al. (Hrsg.): Öffentlichkeitsarbeit. Dialog zwischen Institutionen und Gesellschaft. Ein Handbuch, 1982, 299-305; Hans Gerhard Stockinger und Gerd A. Treffer: Bürgernahe kommunale Öffentlichkeitsarbeit. München 1983; Detlev Balfanz: Öffentlichkeitsarbeit öffentlicher Betriebe. Regensburg 1983; Ewald Müller: Kommunale Presse- und Öffentlichkeitsarbeit, in: Günter Püttner (Hrsg.): Handbuch der kommunalen Wissenschaft und Praxis, Bd. 4. Berlin 1983; Alfred Endres: Strategien kommunaler Öffentlichkeitsarbeit. Stuttgart 1984; K. Büscher: Struktur der Imageverbesserung für Städte. Stuttgart 1987; Karl-Heinz Pflaum: Public Relations für eine Stadt, in Pflaum/Pieper (Hrsg.): Lexikon der Public Relations, 1989, 273-275; Jörg Blumenthal: Wie läßt sich eine Stadt kommunikativ führen? Versuch einer Vision. In: Dörrbecker/Rommerskirchen (Hrsg.), Blick in die Zukunft, a.a.O. 1990, 170-182.

(30%) oder Angestellte, teils aber auch angestellte Journalisten. Administrative ebenso wie journalistische Kenntnisse und Erfahrungen sind gefragt.

Die Vielschichtigkeit der Interessen innerhalb einer Stadt bringt eine Vielzahl von Teilöffentlichkeiten mit sich, weniger in Form von Umweltsystemen als in Gestalt interner Teil- und Subsysteme: Unternehmen haben andere Interessen als Städtetouristen, Käufer des gehobenen Bedarfs andere als Studierende, Eltern von Kindern andere als Gewerbetreibende usf. Vielfalt in wirtschaftlicher, kultureller und sozialer Hinsicht ist ein wichtiges Wesensmerkmal jeder Stadt. Die Hauptaufgaben der kommunalen Öffentlichkeitsarbeit lassen sich prinzipiell gleichwohl auf drei Punkte bringen:

1. (interne Systemöffentlichkeit) Transparenz von Entscheidungen, d.h. Unterrichtung der Bürger über die Arbeit der Räte und Verwaltungen, Information der lokalen und überörtlichen Medien. Hier gibt es eine Pflicht der Kommunen zur Information bzw. ein Recht des einzelnen Staatsbürgers (und auch der Medien) auf Information, nach dem Motto "Nur der unterrichtete Bürger ist ein mündiger Bürger". Allerdings gibt es gegenläufig auch eine gewisse Tradition insbesondere der Verwaltungen zur Geheimniskrämerei und zur Diskretion beim Verfolgen bestimmter Ziele. Öffentlichkeitsarbeit ist hier oft selektive Selbstdarstellung und Abwehrstrategie gegen Kritik. Der städtische Pressereferent steht dabei im Spannungsfeld zwischen Rat, Verwaltung, Bürgerschaft, der lokalen Presse bzw. den Journalisten, den Parteien und sonstigen Interessenvertretungen - eine Position, die großes Einfühlungsvermögen abverlangt. Das beginnt schon bei der Frage, ob es bei kommunaler Öffentlichkeit nur darum geht, den Bürger zu informieren (Aufklärung, Beratung, Information), oder ob dieser etwa an Entscheidungen auch ernsthaft und frühzeitig genug beteiligt werden soll. - Pressemitteilungen und Pressekonferenzen sind dabei die wichtigsten Mittel ebenso wie gemeindliche Publikationen, die Herausgabe amtlicher Bekanntmachungen, Ausstellungen, Bürgerberatungsstellen, Tage der offenen Tür, Anregungen in Form von Prospekten, "Sperrmüllkalender", Bürgerversammlungen etc. Aber auch Plakate und Anzeigen spielen eine Rolle, Schaukästen und Vitrinen, Hinweisschilder und Aufkleber oder Plaketten.

2. (Medienöffentlichkeit bzw. Umweltsysteme der verschiedensten Art) Verbesserung des positiven Bildes der Stadt in Gestalt von Fremdenverkehrswerbung, Wirtschaftsförderung, Messen u.ä. Als wichtigstes Ziel wird hier immer wieder die Entwicklung eines unverwechselbaren, nicht austauschbaren Profils einer Stadt genannt, um lebensfähig, konkurrenzfähig zu bleiben. Das zielt zukunftsorientiert auf neue Industrien, neue Ausbildungsstätten, auf die

Verlagerung der beruflichen Struktur, auf Attraktionen für den Zuzug qualifizierter Kräfte. Das Anpreisen der Stadt dient dem Operieren um ihre Zukunft. Ging es früher um Verpackung, im Fremdenverkehrsprospekt, um bloße Repräsentation des Gegebenen, so geht es heute um eine blanke Notwendigkeit im Blick aufs Morgen: "Die Stadt muß sich einschalten in den Prozeß des sozialen Umbaus und dafür präsent machen in all ihren Dimensionen, das heißt auch, sie muß sich neue Merkmale schaffen." (Istel 99) Eine zentrale Rolle spielen dabei immer noch die Sehenswürdigkeiten und ihre Geschichte, aber wichtiger noch sind inzwischen die Wohnbedingungen, die Verkehrs- und Einkaufsverhältnisse, die beruflichen Möglichkeiten, die Möglichkeiten der Freizeitgestaltung (Sportanlagen, Bildungseinrichtungen, Vergnügungsmöglichkeiten etc.), auch Aspekte der Stadtentwicklung (Altstadt, Innenstadt, Universität etc.) und ihrer Präsentation nach außen. - Als wichtig dabei wird immer wieder die visuelle Einheitlichkeit aller Objekte, Dienste, Einrichtungen der Stadt herausgestellt: Stadtfarben, Wappen oder andere Bild- oder Wortzeichen, Formate, graphische und typographische Ordnungen, Beschriftungssysteme, Architekturstile, Dienstkleidung etc. Imagepflege ohne ein solches koordiniertes "visuelles Erscheinungsbild" einer Stadt sei nicht möglich. Das schließt aber auch den Pförtner im Rathaus ebenso ein wie die Auftritte der obersten Repräsentanten oder Patenschaften und Partnerstädte. Großangelegte Imagekampagnen erfolgen unter Einsatz vieler Medien und über einen begrenzten Zeitraum hinweg; sie können dabei ganz unterschiedliche Schwerpunkte setzen: Berlin z.B. wollte sich vor der deutsch-deutschen Vereinigung attraktiv machen, um Wirtschaftsunternehmen zu Filialen und zur Ansiedlung in Berlin zu bewegen; Frankfurt z.B. wollte durch die "oben ohne"-Kampagne für den jahrelangen Zustand als U-Bahn-Baustelle um Verständnis werben, usw.

Was bei kommunaler Öffentlichkeitsarbeit fast stets vergessen wird:
3. die Öffentlichkeitsarbeit der Stadt bzw. Kommune nach innen: die Motivierung der Mitarbeiter und die positive Gestaltung und Koordination ihrer Arbeit für den Bürger, angefangen vom Verhalten am Telefon und dem Engagement des Sachbearbeiters im Sinne der jeweiligen Anliegen bis hin zur möglichst raschen Bearbeitung von Anfragen und höflichen Bescheiden. Viele städtische Beamte und Angestellte machen den Eindruck, als seien die Bürger für sie da und nicht umgekehrt - fataler Ausdruck einer fehlenden Öffentlichkeitsarbeit nach innen. Bürgerverdrossenheit, Staatsverdrossenheit, Bürokratie als Schimpfwort - das findet oft hier den konkreten, "hautnahen" Grund.

Imagekampagnen haben in aller Regel konkrete Anlässe, z.B. die PR-Kampagne der Freien und Hansestadt Hamburg Anfang der 80er Jahre, die mit Blick auf die folgenden Probleme initiiert wurde: Problem Nr. 1 war der beschleunigte Verlust an Wohnbevölkerung durch Geburtenrückgang, durch Umlandabwanderung und geringen Zuzug. Die Folgen waren absehbar: sinkende Produktionskraft, sinkende Verbrauchskraft, steigende Grundlast. Problem Nr. 2 zeigte sich bei der Strukturanalyse des Fremdenverkehrs. Zwar kamen jährlich rund 1,6 Mio Besucher in die Hotels der Stadt, aber 80% nannten geschäftliche Gründe, Tendenz steigend. Problem Nr. 3: In Hamburg gingen jährlich etwa 5.000 industrielle Arbeitsplätze verloren. Ein zusätzliches Wachstum allein mit der ortsansässigen Unternehmenskapazität war nicht zu erwirtschaften. Also mußten neue zusätzliche Industrie- und Dienstleistungsunternehmen angesiedelt werden. Usf. Neue Bürger in die Stadt ziehen, mehr Touristen, neue Industrien - das waren die zentralen Anliegen der Öffentlichkeitsarbeit Hamburgs in den 80er Jahren, als Stadt und als Bundesland, als Wirtschaftszentrum mit einem großen Hafen, als Touristen- und Kulturstadt.

Eine Image-Analyse im Sinne einer Ist-Analyse brachte entsprechende Ansatzpunkte. Es hatte sich erwiesen, daß Hamburg zwar als vielseitig gilt, pulsierend, vital, männlich, aufgeschlossen, tolerant und aufregend, aber nicht z.B. als amüsant. Die Hamburger galten als hilfsbereit, zuverlässig, weltoffen, diszipliniert, pünktlich, sauber, liebenswürdig - aber als ablehnend Fremden gegenüber, als abgekapselt, als stur. Entsprechend bestand der Kern der Image-Kampagnen Hamburgs in den 80er Jahren - Slogan: "Hamburg. Das Hoch im Norden" - in dem Bemühen, die Hamburger selbst direkt in die Kampagne einzubeziehen. Die Hamburger selbst wurden zunächst angesprochen und zum Nachdenken darüber gebracht, wie sie selbst Hamburg und sich selbst sehen (Hamburg als nicht amüsant? die Hamburger als abgekapselt und stur?). Es sollte ein Netz vielfältiger Kommunikationsströme entstehen, das die Identifikation der Hamburger selbst mit ihrer Stadt und die Reflexion über die eigenen Stärken und Schwachen verstärken sollte. Erst danach wurde die Kampagne nach außen getragen. - Inzwischen wird eine weitere Imagekampagne realisiert, die neben dem "leistungsfähigen Wirtschaftsstandort" und der "innovativen Kulturstadt" erneut auch den "lebens- und liebenswerten Wohnort mit erlebnisreichem Sport- und Freizeitangebot" hervorhebt (Budget 1991-1993: 13 Mio DM).

- Beispiel 3: Öffentlichkeitsarbeit für Theater.[192]
Daß in den 80er Jahren in der Bundesrepublik Deutschland so etwas wie Öffentlichkeitsarbeit für Theater überhaupt entstanden ist, hat natürlich ebenfalls handfeste Gründe. Warum erschien es plötzlich notwendig, Theaterarbeit "transparenter" zu machen bzw. "kulturpolitisch zu legitimieren"?[193] Dafür können mehrere Faktoren herangezogen werden: Zunächst einmal hatte Theater sein Image als Kulturwert "an sich" verloren. Das hängt möglicherweise mit internen Veränderungen innerhalb des Systems Theater und einer Umschichtung bzw. Diversifikation der Theaterbesucher zusammen. Der Theatermann will neues kritisches Theater machen, der Bildungsbürger will klassische Stücke im Abonnement sehen, der eine Besucher will nur noch Musiktheater, der andere nur noch Sprechtheater, der dritte Straßentheater, der vierte Volkstheater usf., der eine will eine Oper völlig neu inszeniert sehen, der andere aber die alte Inszenierung genießen, der eine will herausfordern, der andere sich nur unterhalten... Theater zudem scheint an den Rand des öffentlichen Interesses gerückt - Amüsement einer sehr kleinen Minderheit.

Sodann hat es Theater auch in der steigenden Zahl neuer Medien (z.B. Video, Satellitenfernsehen, Computerspiele) zunehmend schwer, sich zu behaupten. Die Zahl der Theaterbesucher insgesamt sinkt kontinuierlich seit über 10 Jahren. Das macht immer höhere staatliche Zuschüsse erforderlich (Ende der 80er Jahre mehr als 120 DM pro Theaterkarte), und diejenigen Steuerzahler, die persönlich am Theater nicht interessiert sind, stellen sich verstärkt die Frage, warum sie das Vergnügen einer kleinen Minderheit mitfinanzieren sollen.

Rainer Bienger ging bereits 1983 davon aus, daß es nicht genüge, einfach nur eine gute Inszenierung oder Aufführung eines Stücks zu offerieren, sondern daß dafür Werbung gemacht werden müsse, einfach weil es sehr viele sehr gute Aufführungen vor halbleerem Saal gebe: Die potentiellen Theater-

---

192 Siehe etwa Johann-Richard Hänsel: Die Geschichte des Theaterzettels und seine Wirkung in der Öffentlichkeit. Diss. Berlin 1962; Hans-Albrecht Harth: Publikum und Finanzen der Theater. Eine Untersuchung zur Steigerung der Publikumswirksamkeit und der ökonomischen Effizienz der öffentlichen Theater. Thun und Frankfurt/Main 1982; Rainer Bienger: Öffentlichkeitsarbeit für Theater. Diss. München 1983; Harald Hilger: Marketing für öffentliche Theaterbetriebe. Frankfurt/Main 1985; Bruno Scharnberg: Alltag der Öffentlichkeitsarbeit. In: TheaterZeitSchrift H. 15, Jg. 1 (1986), 55ff; Irmke Feddersen: Strategisches Marketing in öffentlichen Theaterbetrieben. Hamburg 1989; Barbara Müller-Wesemann: Marketing im Theater. Universität Hamburg 1991.
193 So etwa die Fachzeitschrift Die Deutsche Bühne, H. 1 (1983), 47.

besucher müßten informiert werden. Inzwischen sei es jedoch mit Werbung allein auch nicht mehr getan, sondern Öffentlichkeitsarbeit sei notwendig. Bei seiner Definition herrscht der defensive Gestus vor: "Öffentlichkeitsarbeit für Theater muß als Funktion der Theaterleitung die Aufgabe wahrnehmen, das Theater gegenüber der Öffentlichkeit zu vertreten, seine künstlerischen Besonderheiten verständlich zu machen und seine Existenz zu legitimieren. Ihr Ziel muß es sein, eine Vermittlerrolle von Theater zur Öffentlichkeit und von der Öffentlichkeit zum Theater zu übernehmen, um Verständnis für die Wünsche und Ansprüche beider zu erreichen."[194] Er unterschied die folgenden fünf Zielgruppen für eine Öffentlichkeitsarbeit des Theaters: die Theaterbesucher, die Theaterleute selbst, die Geldgeber und Politiker, die Kritiker und Verlage, die Nicht-Theaterbesucher, und konzentrierte sich auf das breitgefächerte Instrumentarium: von A wie Anzeige, Archiv, Aufkleber und Aufsteller über F wie Film, Flugblatt, Foyer und Führung oder R wie Rahmenprogramm, Rede, Rundschreiben bis zu T wie Tag der offenen Tür, Theatertreffen, Theaterzeitung.

Öffentlichkeitsarbeit für das Theater wird in der Regel von den Dramaturgen übernommen - rund 300 in der (alten) Bundesrepublik, denn die vergleichsweise kleinen Theaterbetriebe haben natürlich kein Geld für eigene Pressestellen oder PR-Abteilungen. Bruno Scharnberg, Chefdramaturg am Landestheater Detmold, deutete an, worin der "Alltag der Öffentlichkeitsarbeit" für Theater besteht:[195] "Während in früheren Jahren die Theater Werbung für unseriös, mit der kulturellen Aufgabe nicht vereinbar hielten, hat sich in den letzten zehn bis fünfzehn Jahren diese Meinung geändert. Auch das Theater braucht heute Werbung und Öffentlichkeitsarbeit, um sich gegenüber der Phalanx der Medien behaupten zu können, um seine Besonderheiten gegenüber diesen herauszustellen, um alten Besucherstamm zu halten und neuen zu gewinnen. Diese Aufgabe zu erfüllen, fiel hauptsächlich den Dramaturgen zu, da sie ohnehin Kontakte zu den Rezensenten ihres Theaters zu pflegen hatten (...). Damit hat sich in den letzten Jahren auch das Berufsbild des Dramaturgen gewandelt."

Da Geld aber praktisch nicht vorhanden ist, muß "mit viel Phantasie und vor allem mit persönlichem Einsatz", mit "viel Kraft" gearbeitet werden. In Detmold wird in dieser Hinsicht neben den üblichen Werbemaßnahmen (Inserate, Plakate, Sonderdrucke, Programmhefte, Pressemitteilungen) vor allem der

---

[194] A.a.O., 118.
[195] Bruno Scharnberg: Alltag der Öffentlichkeitsarbeit. In: TheaterZeitSchrift H. 15, Jg. 1 (1986), 55f.

institutionalisierte Kontakt zu Schulen und anderen Besuchergruppen als Teil der Öffentlichkeitsarbeit begriffen. "Durchführung von Theaterbesichtigungen (bis zu 90 Stück pro Spielzeit), Schulbesuche zwecks Einführung in ein Werk des Spielplans oder der Nachbereitung des bereits gesehenen (bis zu 30 pro Spielzeit), Besuch von Lehrer-Konferenzen, um auf all diese Angebote der Zusammenarbeit zwischen Schule und Theater hinzuweisen, sie überhaupt bekannt zu machen, sind Aktivitäten, deren Nutzen noch am ehesten abzulesen ist. Sie haben am Detmolder Theater zur Folge, daß der Anteil jugendlicher Theaterbesucher in den letzten Jahren konstant gestiegen ist." "Damit wäre der Alltag eigentlich ausgefüllt. Von (Öffentlichkeitsarbeit) 'nebenbei' kann nicht die Rede sein."

Kulturbetriebe wie das Theater sind von der Notwendigkeit einer kontinuierlichen Öffentlichkeitsarbeit noch am schwierigsten zu überzeugen, es sei denn, sie seien existentiell wirklich bedroht - aber dann ist es meistens zu spät. Ähnliches gilt für die meisten anderen non-profit-Unternehmungen, nur daß es die Parteien und Regierungen schneller wahrnehmen, wenn ihnen die Mitglieder oder Wähler weglaufen, den Kirchen die Schäflein, den Bädern und Kurorten oder den Ärzten die Patienten, den Bürgerinitiativen die kritischen Bürger. Kulturbetriebe, staatlich subventioniert, tragen deshalb ein guttiel Eigenschuld daran, daß es mit vielen von ihnen bergab geht.

6.4. Zum Verhältnis von Ethik und PR

Der Sinn von Public Relations darf aber nicht nur bezogen werden auf das einzelne System - und hier selbstverständlich differenziert nach einem finalen oder Gesamtsinn und zahlreichen "Sinn"-Bildern in den Teil- und Subsystemen -, sondern ist gleichzeitig auch auf die Gesamtheit aller Systeme zu beziehen: auf Welt, auf die Gesellschaft als Totum. Damit kommt einer der Hauptvorteile der systemtheoretischen Perspektive zum Tragen, nämlich die Einsicht in das Problem, daß wir über Gesellschaft oder Welt als Totum nur dann reden können, wenn wir gleichzeitig uns selbst, als Redende und als Teil dieses Totums, mit thematisieren. Das macht es erforderlich, unsere eigenen Ziele, Werte, Normen, Prioritäten und Hierarchien zu explizieren und damit die Sinnbestimmung von Public Relations als persönlich verbindliche zu fordern. Insofern ließe sich beispielsweise die Hoffnung ausdrücken, daß möglicherweise in der Tat eine gerade Linie verläuft von mehr systemischer Transparenz und "Sinn"-Akzeptanz durch Öffentlichkeitsarbeit, von Strukturhomologie von Systemen, zu einer Reduktion nicht nur von gesellschaftlicher Komplexität, sondern auch von Herrschaft. Damit kommt übrigens Ronnebergers Modell der pluralistischen Gesellschaft wieder in den Blick, aber nicht - kausal - als Begründung für die Notwendigkeit von Öffentlichkeitsarbeit, sondern - final - als Utopie.

Nachdrücklich angestoßen wurden Überlegungen zur Ethik der Public Relations von Günter Bentele,[196] der sich dabei von Ansätzen wie in der Wirtschaftsethik[197] abgrenzt, jedoch keinen prinzipiellen Unterschied zur journalistischen Ethik zu sehen scheint. Nach der Auffassung von Öffentlichkeitsarbeit als System-Umwelt-Interaktion wäre es demgegenüber allerdings falsch, ethische Prinzipien auf jener personalen Ebene zu etablieren, die von den typischen PR-Definitionen konstruiert wird ("gegenseitiges Verständnis", "Vertrauen", "Wahrheit" etc.).[198] Vielmehr wird davon ausgegangen, daß der "Sinn" des jeweiligen Systems, zumindest der Gesamtsinn, alle noch so ehrenwerten Absichten einzelner Subjekte schlägt und sich funktional eine jede Moral unterwirft. "PR-Ethik" kann also nicht Individualethik oder "persönliche Moral" sein.[199]

Auch die PR-relevante Medienöffentlichkeit, wie erwähnt, ist von einer Wertorientierung geprägt, die sozial oder gar nur instrumental fundiert ist, nicht etwa metaphysisch, und die nur zeitlich begrenzt Gültigkeit beanspruchen kann. Insbesondere die Einsichten zum gesellschaftlichen Wertewandel in den letzten hundert Jahren relativieren jeglichen normativen Ansatz, im Sinne einer universalen Sollen-Vorschrift. Entsprechend kann "PR-Ethik" hier auch nicht mit "journalistischer oder Medienethik" identisch gesetzt werden.[200]

---

196 Günter Bentele: Ethik der Public Relations als wissenschaftliche Herausforderung - einige Überlegungen. - Die Arbeit liegt mir als Manuskript aus dem Jahr 1991 vor. Ihre Publikation ist geplant in dem Sammelband von Horst Avenarius und Wolfgang Albrecht (Hrsg.): Public Relations als Wissenschaft. Grundlagen und interdisziplinäre Ansätze. Opladen (soll 1992 erscheinen).
197 Beispielsweise Richard T. de George: Business Ethics. New York, 2nd. ed. 1986.
198 Für die USA gibt es Anzeichen, daß auch PR-Berater bevorzugt auf eine subjektivistische Ehtik zurückfallen; vgl. Michael Ryan and David L. Martinson: Ethical Values, the Flow of Journalistic Information and Public Relations Persons. In: Journalism Quarterly, vol. 61 (1984), no. 1, 27-34.
199 Vgl. dazu auch neuere Ansätze wie etwa von Hans Jonas: Das Prinzip Verantwortung. Versuch einer Ethik für die technologische Zivilisation. Frankfurt/Main 1979/1984.
200 Siehe exemplarisch etwa Jörg Aufermann und Karsten Renckstorf (Hrsg.): Themenheft "Ausgewogenheit", Medien Nr. 1 (1977); Günter Bentele und Robert Ruoff (Hrsg.): Wie objektiv sind unsere Medien? Frankfurt/Main 1982; Hermann Boventer: Ethik des Journalismus. Zur Philosophie der Medienkultur. Konstanz, 2. Aufl. 1985; Ders.,

Wenn beispielsweise Franco P. Rota einfach die Grundsätze eines offiziellen Verhaltenskodex als "ethische Richtlinien" benennt, wie sie international etwa im "Code d'Athène" oder im "European Code of Professional Conduct in Public Relations (Code of Lisbon)" gefaßt sind und wie sie von der deutschen Standesorganisation DPRG übernommen wurden, so wird die Schere zwischen schönen Worten und der "rauhen Praxiswirklichkeit" nur besonders weit aufgerissen und dem Vorurteil von PR als Schönfärberei erneut Vorschub geleistet.[201]

"PR-Ethik" läßt sich offenbar nur als "Systemethik" etablieren.[202] Beim Verhältnis von Öffentlichkeitsarbeit und Ethik geht es aus systemtheoretischer Sicht nämlich nicht um Konsens (der Meinungen, Überzeugungen, Wertsysteme oder Werthierarchien), sondern um Homologie, d.h. um Übereinstimmung im Handeln. Was geschieht, wenn in einer Gesellschaft tatsächlich alle Unternehmen, Vereine, Organisationen, Institutionen systematisch und kontinuierlich Öffentlichkeitsarbeit im Sinne der Imagebildung oder "Sinn"explikation betreiben? "PR" oder "Öffentlichkeitsarbeit" im Sinne von besserer Werbung oder auch im Sinne lediglich von (personaler) Kommunikation wäre da realistischerweise nur vorstellbar als bloßes Instrument im allgemeinen Kampf um Macht, um das Durchsetzen des eigenen "Sinns" nach außen, um das Unterdrücken von Teilzielen systemintern, um das Unterwerfen und Einverleiben relevanter Umweltsysteme, um das Beherrschen relevanter systeminterner und systemexterner Teilöffentlichkeiten. Eine solche "Öffentlichkeitsarbeit" wäre identisch mit einer naturgemäß nur begrenzt wirksamen Taktik. Bei Öffentlichkeitsarbeit als Interaktion in Gesellschaft dagegen scheint es unausweichlich, daß sich Sinndivergenz und Sinnwidersprüchlichkeit der verschiedenen Systeme in dem Maße reduzieren, in dem Strukturhomologie tatsächlich im Verhalten, also real im Handeln erreicht wird. Letzten Endes muß dabei dann genau jener Punkt erreicht werden, an dem die Existenz und

---

Medien und Moral. Ungeschriebene Regeln des Journalismus. Konstanz 1988; Lutz Erbring, Stephan Ruß-Mohl, Berthold Seewald und Bernd Sösemann (Hrsg.): Medien ohne Moral. Variationen über Journalismus und Ethik. Berlin 1988; Wolfgang Wunden (Hrsg.): Medien zwischen Markt und Moral. Beiträge zur Medienethik. Stuttgart 1989; angekündigt: Günter Bentele: Objektivität und Glaubwürdigkeit von Medien. Eine theoretische und empirische Studie zum Verhältnis von Realität und Medienrealität. Opladen (sollte bereits 1991 erscheinen).

201 Franco P. Rota: PR- und Medienarbeit im Unternehmen. München 1990, 48-52.
202 Bentele spricht unter Bezugnahme auf ein unveröffentlichtes Manuskript von Ulrich Saxer ("Strukturelle Möglichkeiten und Grenzen von Medien- und Journalismusethik") hier auch von "Organisationsethik" (Ethik der Public Relations..., a.a.O., 8f.).

Andersheit von Teil- oder Subssystemen und von Umweltsystemen bzw. ihren "Sinn"konzepten sowie das Funktionieren pluralistischer Teil- oder Gesamtöffentlichkeiten, intern bzw. extern, als Voraussetzungen für die Erhaltung des eigenen Systems oder seine Optimierung fungieren und als solche begriffen werden. Viele Unternehmen und Organisationen haben das mit Blick auf ihre internen Strukturen ("Unternehmenskultur") offenbar bereits in Angriff genommen. Auch für PR nach außen deutet das "Sponsoring" kommerzieller Unternehmen die Entwicklung auf eine gesamtgesellschaftliche Strukturhomologie an. Der Austausch von Strukturiertheit wird unabdingbar in einen Austausch von Strukturen münden. Das bedeutet: Der Fluß der Kommunikationsdaten in der Informationsgesellschaft, der den Fluß der Waren in der Industriegesellschaft abgelöst hat, verdichtet sich zu einem Fluß von Sinnkonzepten, der Interaktionen verstärkt koordiniert und vereinfacht. Wenn sich einmal die verschiedenen Systeme, in holistischer Perspektive, als Teil- und Subsysteme eines globalen Gesellschaftssystems "Erde" oder "Weltgesellschaft" begreifen, wird Imagegestaltung zu einem internen Vermittlungsprozeß, der an die Stelle des Ausgleichens oder Kompensierens das Aufteilen oder Verteilen setzt. Das ist keineswegs Hirngespinst oder Science-Fiction, sondern mit den Plänen und Strategien weltweit operierender Industriekonzerne und Medienkonglomerate, mit "Töchter- und Mutterkonzernen", mit "Weltmarkt" oder politischen Institutionen wie "UNO" und "Weltsicherheitsrat" bereits angedeutet.

Eine aus systemtheoretischer Sicht noch zu entwickelnde PR-Ethik kann weder metaphysisch (wie z.B. eine religiöse Ethik) noch konventionalistisch im Sinne ähnlicher Berufsfelder (wie z.B. eine journalistische oder Medien-Ethik) fundiert sein, sondern nur interaktionistisch bzw. systemisch. Auf der Ebene der Moral muß die Frage nach der "PR-Ethik" also rollenspezifisch beantwortet werden. Das dürfte beim jetzigen Entwicklungsstand der PR-Handlungsrollen aber noch kaum möglich sein. Wenn PR-Ethik als Steuerungselement von PR-spezifischen Handlungsrollen verstanden wird, müssen natürlich erst die Begrenzungen und Freiheitsgrade dieser Handlungsrollen bekannt sein, bevor sich ethisch-moralische Prinzipien, als individuelle und praktizierbare Handlungsanweisungen, formulieren lassen. Immerhin wären entsprechende Überlegungen vielleicht auch zum jetzigen Zeitpunkt nicht unbedingt verfrüht, wenn man die Möglichkeit in Betracht zieht, bei der Entwicklung der Handlungsrollen entsprechend Einfluß zu nehmen. Das gilt natürlich vor allem für die Handlungsrollen des PR-Beraters und des PR-Wissenschaftlers, während sich für die Rolle des PR-Gestalters oder Image-

Trägers noch am ehsten die allgemein gesellschaftlichen Ethikpostulate und Wertvorstellungen postulieren ließen wie z.B. Selbstbestimmung, Wahrheit, Gerechtigkeit, Achtung vor der Menschenwürde des andern, Zivilcourage usw., wie sie etwa in den Menschenrechten oder im Grundgesetz formuliert werden. Mit "PR-Ethik" ist in jedem Fall ein Problemfeld präsent gehalten, dem sich unter Bezugnahme auf die PR-Handlungsrollen eine zukünftige PR-Forschung mit Ernst wird zuwenden müssen.

LITERATURVERZEICHNIS

Achterholt, Gertrud: Corporate Identity. In zehn Arbeitsschritten die eigene Identität finden und umsetzen. Wiesbaden 1988.

Altmeppen, Klaus-Dieter und Armin Scholl: Journalistischer Stellenmarkt: Im Labyrinth der Alleskönner. In: Journalist 3/1990, 10-14.

Anders, Hanns: Der Leserbrief. In: Schulze-Fürstenow, Günther (Hrsg.): Handbuch der Öffentlichkeitsarbeit, Neuwied 1986 ff., III / 251-264.

Antonoff, Roman: Corporate Identity. Frankfurt a.M. 1982.

Antonoff, Roman: Die Identität des Unternehmens: ein Wegbegleiter zur Corporate Identity. Frankfurt a.M. 1987.

Apitz, Klaus: Konflikte, Krisen, Katastrophen. Wiesbaden 1987.

Armbrecht, Wolfgang und Günter Barthenheier: Modellversuch Öffentlichkeitsarbeit. Abschlußbericht. Berlin 1984.

Aufermann, Jörg und Karsten Renckstorf (Hrsg.): Themenheft "Ausgewogenheit", Medien Nr.1.1977

Baerns, Barbara: Öffentlichkeitsarbeit und Journalismus. In: Haedrich G. (Hrsg.): Öffentlichkeitsarbeit. Ein Handbuch. Berlin 1982, 161-173.

Balfanz, Detlev: Öffentlichkeitsarbeit öffentlicher Betriebe. Regensburg 1983.

Barthenheier, Günter: Zur Notwendigkeit von Öffentlichkeitsarbeit – Ansätze und Elemente zu einer allgemeinen Theorie der Öffentlichkeitsarbeit. In: Öffentlichkeitsarbeit. Ein Handbuch, 1982, 15-26.

BDW Deutscher Kommunikationsverband e.V. (Hrsg.): Projektarbeit CI – 101 nützliche Erkenntnisse aus der Praxis. Bonn 1985.

Beckmann, Frank: Kulturförderung und Kultursponsoring bei Lufthansa. In: Bruhn, Manfred und H. Dieter Dahlhoff (Hrsg.): Kulturförderung, Kultursponsoring. Frankfurt a.M./ Wiesbaden 1989.

Behnke, Christoph: Vom Mäzen zum Sponsor. Eine kultursoziologische Fallstudie am Beispiel Hamburgs. Hamburg 1988.

Bentele, Günter: Ethik der Public Relations als wissenschaftliche Herausforderung – einige Überlegungen. In: Avenarius, Horst und Wolfgang Albrecht (Hrsg.): Public Relations als Wissenschaft. Grundlagen und interdisziplinäre Ansätze. Bamberg 1991.

Bentele, Günter: Objektivität und Glaubwürdigkeit von Medien. Eine theoretische und empirische Studie zum Verhältnis von Realität und Medienrealität. Opladen 1992.

Bentele, Günter und Robert Ruoff (Hrsg.): Wie objektiv sind unsere Medien? F.a.M. 1982.

Bergler, Reinhold: Zur Psychologie des Marken- und Firmenbildes. Göttingen 1963.

Bernay, Edward L.: Public Relations. Norman 1952.

Berndt, Ralph: Product Placement im Kultursponsoring. In: Hermanns, Arnold (Hrsg.): Sport- und Kultursponsoring. München 1989, 205-218.

Bienger, Rainer: Öffentlichkeitsarbeit für Theater (Diss.). München 1983.

Binder, Elisabeth: Die Entstehung unternehmerischer Public Relations in der Bundesrepublik Deutschland. Münster 1983.

Birkigt, Klaus und Marinus M. Stadler: Corporate Identity. München 1980.

Blumenthal, Jörg: Wie läßt sich eine Stadt kommunikativ führen? Versuch einer Vision. In: Dörrbecker, Klaus und Thomas Rommerskirchen (Hrsg.): Blick in die Zukunft: Kommunikations-Management. Remagen 1990, 170-182.

Bogner, Franz M.: Das neue PR-Denken. Strategien, Konzepte, Maßnahmen, Fallbeispiele effizienter Öffentlichkeitsarbeit. Wien 1990.

Borghs, Horst P.: Unternehmerische Anforderungen an die Öffentlichkeitsarbeit von morgen. Eine Perspektive der Adam Opel AG. In: Dörrbecker, Klaus und Thomas Rommerskirchen (Hrsg.): Blick in die Zukunft: Kommunkations-Management. Remagen 1990.

Bork, Ernst W.: PR im Buchhandel. Öffentlichkeitsarbeit im Sortiment und Verlag. Weil der Stadt, München 1979.

Bork, Ernst W.: Public Relations im verbreitenden Buchhandel. In: Vodosek, Peter (Hrsg.): Das Buch in Wissenschaft und Praxis. 40 Jahre Bucharchiv München. Wiesbaden 1989, 408-424.

Botan, Carl H. und Vincent Hazleton Jr. (Hrsg.): Public Relations Theory. Hillsdale/New Jersey 1989.

Boventer, Hermann: Ethik des Journalismus. Zur Philosophie der Medienkultur. Konstanz, 2.Aufl., 1985.

Boventer, Hermann: Medien und Moral. Ungeschriebene Regeln des Journalismus. Konstanz 1988.

Brandes, Uta u.a.: Unternehmenskultur und Stammeskultur. Darmstadt 1988.

Brandt, Herbert: Öffentlichkeitsarbeit für eine Kommune, dargestellt am Beispiel der Freien Hansestadt Hamburg. In: Haedrich, Günther u.a. (Hrsg.): Öffentlichkeitsarbeit. Dialog zwischen Institutionen und Gesellschaft. Ein Handbuch. Berlin 1982, 299-305.

Brinkmann, Klaus G.: Die steuerliche Behandlung des Kultursponsoring. In: Roth, Peter (Hrsg.): Kultursponsoring. Landsberg/Lech 1989, 165 ff.

Bruhn, Manfred: Kulturförderung und Kultursponsoring – neue Instrumente der Unternehmenskommunikation? In: Bruhn, Manfred und H. Dieter Dahlhoff (Hrsg.): Kulturförderung, Kultursponsoring. Frankfurt a.M./ Wiesbaden 1989, 37 ff.

Bruhn, Manfred: Planung des Sponsoring. In: Hermanns, Arnold (Hrsg.): Sport- und Kultursponsoring. München 1989, 17 ff.

Bruhn, Manfred: Sponsoring. Unternehmen als Mäzene und Sponsoren. Wiesbaden 1987.

Bruhn, Manfred und H. Dieter Dahlhoff (Hrsg.): Kulturförderung, Kultursponsoring. Frankfurt a.M./ Wiesbaden 1989.

Bruhn, Manfred und Thomas Wieland: Sponsoring in der Bundesrepublik. Oestrich-Winkel 1988.

Bürger, Joachim H. und Hans Joliet: Die besten Kampagnen: Öffentlichkeitsarbeit. 3 Bde. Landsberg/Lech 1987/89/90.

Büscher, K.: Struktur zur Imageverbesserung für Städte. Stuttgart 1987.

Cheney, George und George N. Dionisopoulus: Public Relations? No, Relations with Publics. A Rhetorial-Organizational Approach to Contemporary Corporate Communications. In: Botan, Carl H. und Vincent Hazleton Jr. (Hrsg.): Public Relations Theory. Hillsdale/New Jersey 1989.

Conzatti, Peter C.: Gesellschaftsorientierte Öffentlichkeitsarbeit? Eine Fallstudie am Beispiel der Abteilung für Öffentlichkeitsarbeit des Süddeutschen Rundfunks Stuttgart und des Südwestfunks Baden-Baden (Magisterarbeit Universität Konstanz). Wiesbaden 1989.

Conzen, Brigitte: Der Mäzen. In: Lippert, Werner (Hrsg.): Corporate Collecting. Düsseldorf, Wien 1990, 27 ff.

Dahlhoff, H. Dieter: Sponsoring. Chancen für die Kommunikationsarbeit. Bonn 1986.

Dahrendorf, Ralph: Aktive und passive Öffentlichkeit. In: Langenbucher, Wolfgang R. (Hrsg.): Zur Theorie der politischen Kommunikation. München 1974, 97-109.

Daweke, Klaus und Michael Schneider: Die Mission des Mäzens. Opladen 1986.

Deal, E.T. und A.A. Kennedy: Corporate Cultures. Reading/Mass. 1982.

Demuth, Alexander: Image und Wirkung. Düsseldorf 1987.

Dierkes, Rudolf: PR für Messen und Ausstellungen. In: Schulze-Fürstenow, Günther (Hrsg.): Handbuch der Öffentlichkeitsarbeit, Neuwied 1986, XVII 201-230.

Dörrbecker, Klaus und Thomas Rommerskirchen (Hrsg.): Blick in die Zukunft: Kommunikations-Management. Remagen 1990.

Dolezal, Wolfgang A.: Das Buch. In: Schulze-Fürstenow, Günther (Hrsg.): Handbuch der Öffentlichkeitsarbeit, Neuwied 1986, III 281-288.

Dolezal, Wolfgang A.: Die Publikums-Zeitschriften. In: Schulze-Fürstenow, Günther (Hrsg.): Handbuch der Öffentlichkeitsarbeit, Neuwied 1986, III 265-275.

Dolezal, Wolfgang A.: Wie eine Festschrift entsteht. In: Schulze-Fürstenow, Günther (Hrsg.): Handbuch der Öffentlichkeitsarbeit, Neuwied 1986 ff., III 111-117.

DPRG (Hrsg.): Krisen in Wirtschaft und Gesellschaft – Aufgaben für Public Relations. Baden-Baden 1987.

Dräger, C.: Unternehmenskultur in Deutschland – Menschen machen Wirtschaft. Gütersloh 1986.

Drees, Norbert: Charakteristika des Sportsponsoring. In: Hermanns, Arnold (Hrsg.): Sport- und Kultursponsoring. München 1989, 49.

Dülfer, E. u.a.: Organisationskultur. Stuttgart 1988.

Ehling, William P.: Application of Decision theory in the Construction of a Theory of Public Relations Management. In: Public Relations Research and Education 2 (1984) 1, 4-22.

Eichenauer, A.: Kunstsponsoring in internationalen Unternehmen. Wien 1989.

Eilers, F.-J. (Hrsg.): Kirche und Publizistik. Dreizehn Kommentare zur Pastoralinstruktion "Communio et Progressio". München 1972.

Endres, Alfred: Strategien kommunaler Öffentlichkeitsarbeit. Stuttgart 1984.

Erbring, Lutz u.a. (Hrsg.): Medien ohne Moral. Variationen über Journalismus und Ethik. Berlin 1988.

Erdtmann, Stefan: Sponsoring und emotionale Erlebniswerte. Wiesbaden 1989.

Ersch, J.S. und J.G. Gruber: Allgemeine Encyclopädie der Wissenschaft und Künste. Leipzig 1830.

Faulstich, Werner (Hrsg.): Image, Imageanalyse, Imagegestaltung. 2. Lüneburger Kolloquium zur Medienwissenschaft. Bardowick 1992.

Feddersen, Irmke: Strategisches Marketing in öffentlichen Theaterbetrieben. Hamburg 1989.

Fenkart, Peter und Hansruedi Widmer: CI – Corporate Identity. Zürich 1987.

Fischer, Heinz H.: Kulturförderung durch Unternehmen in der Bundesrepublik Deutschland (Diss.). Köln 1989.

Flieger, Heinz: Public Relations als Profession. Wiesbaden 1987.

Flieger, Heinz: Public Relations Berater. Curriculum für eine akademische Ausbildung. Wiesbaden 1988.

Floss, Eberhard: Öffentlichkeitsarbeit im Bankwesen. Frankfurt a.M. 1974.

Fohrbeck, Karla: Renaissance der Mäzene? Interessenvielfalt in der privaten Kulturfinanzierung. Köln 1989.

Franz, Gerhard und Willi Herbert: Werttypen in der Bundesrepublik. Konventionalisten, Resignierte, Idealisten und Realisten. In: Klages, Helmut u.a.: Sozialpsychologie der Wohlfahrtsgesellschaft: zur Dynamik von Wertorientierungen, Einstellungen und Ansprüchen. Frankfurt a.M. 1987, 40-45.

Freter, Hermann W.: Mediaselektion. Informationsgewinnung und Entscheidungsmodelle für die Werbeträgerauswahl, Wiesbaden 1974.

Friedrich, Wolfgang: Erkenntnisse und Methoden Interner Public Relations. Praktische Ansätze in mittelständischen Unternehmen (Diss.). Nürnberg 1979.

Fuchs, Reimar und Horst W. Kleindieck: Öffentlichkeitsarbeit heute. Bochum 1984.

Gaarz, Dieter: Eierlegendewollmilchsau gesucht – Anmerkungen und Fragen zu Qualifizierung und Professionalisierung von Public Relations. In: Dörrbecker, Klaus und Thomas Rommerskirchen (Hrsg.): Blick in die Zukunft: Kommunikations-Management. Remagen 1990, 50-62.

George, Richard T. de: Business Ethic. New York, 2.Aufl. 1986.

Glässgen, H.: Kirche und Medien. Selbstverständnis und Auftrag einer kirchlichen Medienstelle. In: Communicatio Sozialis 1/1984.

Grossenbacher, René: Die Medienmacher. Eine empirische Untersuchung zur Beziehung zwischen Public Relations und Medien in der Schweiz. Solothurn 1986.

Grossenbacher, René: Hat die "Vierte Gewalt" ausgedient? Zur Beziehung zwischen Public Relations und Medien. In: Media Perspektiven 11/1986, 725-731.

Grunig, James E.: Organisations and Public Relations. Testing the Communication Theory. In: Journalism Monographs 46/1976.

Grunig, James E. und Todd Hunt: Managing Public Relations. New York 1984.

Habermas, Jürgen: Strukturwandel der Öffentlichkeit. Untersuchungen zu einer Kategorie der bürgerlichen Gesellschaft. Neuwied 1962.

Habermas, Jürgen: Theorie des kommunikativen Handelns. Frankfurt a.M. 1981.

Hackel, Renate: Öffentlichkeitsarbeit der Katholischen Kirche. In: Pflaum, Dieter und Wolfgang Pieper (Hrsg.): Lexikon der Public Relations. Landsberg/Lech 1989, 188-191.

Haedrich, Günther u.a. (Hrsg.): Öffentlichkeitsarbeit. Dialog zwischen Institutionen und Gesellschaft. Ein Handbuch. Berlin 1982.

Hänecke, Frank: Sponsoring bei Schweizer Firmen, Banken und Versicherungen. Zürich 1989.

Hänsel, Johann-Richard: Die Geschichte des Theaterzettels und seine Wirkung in der Öffentlichkeitsarbeit (Diss.). Berlin 1962.

Haller, Klaus: Werkzeitschriften in der Bundesrepublik Deutschland. Berlin 1982.

Hammerschmidt, Rudolf: Öffentlichkeitsarbeit der Katholischen Kirche. In: Haedrich, Günther u.a. (Hrsg.): Öffentlichkeitsarbeit. Dialog zwischen Institutionen und Gesellschaft. Ein Handbuch. Berlin 1982, 395-404.

Harlow, Rex: Building a Public Relations Definition. In: Public Relations Review 2 (1976) 36.

Harth, Hans-Albrecht: Publikum und Finanzen der Theater. Eine Untersuchung zur Steigerung der Publikumswirksamkeit und der ökonomischen Effizienz der öffentlichen Theater. Thun, Frankfurt a.M. 1982.

Haschek, Helmut H. u.a. (Hrsg.): Kunst und Wirtschaft. Wien 1987.

Hategan, Christa: Berufsfeld Öffentlichkeitsarbeit. Eingrenzung für die Aus- und Weiterbildung. Hamburg 1991.

Hawes, Leonard H.: Pragmatics of Analoguing: Theory and Model Construction in Communication. Reading 1975.

Hefele, Gabriele: Die Werkbibliothek und ihre Benutzer. In: Börsenblatt für den Deutschen Buchhandel, Fr. Ausg., Nr. 85, v. 10.10.1980, W 1179 - W 1256 (Archiv).

Heinen, Edmund: Unternehmenskultur. München 1987.

Heist, Petra: Die steuerliche Behandlung des Kultursponsoring. In: Bruhn, Manfred und H. Dieter Dahlhoff (Hrsg.): Kulturförderung, Kultursponsoring. Frankfurt a.M., Wiesbaden 1989., 367 ff.

Hermanns, Arnold (Hrsg.): Sport- und Kultursponsoring. München 1989.

Hermanns, Arnold und Michael Püttmann: Internationales Musiksponsoring. Bedeutung, theoretische Grundlagen und Fallbeispiele. In: Bruhn, Manfred und H. Dieter Dahlhoff (Hrsg.): Kulturförderung, Kultursponsoring. Frankfurt a.M., Wiesbaden 1989., 257 ff.

Heydenaber, Kurt von: Sparkassenwerbung und Öffentlichkeitsarbeit. Stuttgart 1977.

Hilger, Harald: Marketing für öffentliche Theaterbetriebe. Frankfurt a.M. 1985.

Hillmann, Karl-Heinz: Wertwandel: zur Frage soziokultureller Voraussetzungen alternativer Lebensformen. Darmstadt 1986.

Hintermeier, Josef: Public Relations in journalistischen Entscheidungsprozessen. Düsseldorf 1982.

Hirn, Wolfgang: Ein Riese zeigt Flagge. In: Manager Magazin 8/1988, 128-132.

Hölscher, Lucian: Öffentlichkeit. In: Brunner, Otto u.a. (Hrsg.): Historisches Lexikon zur politisch-sozialen Sprache in Deutschland, Bd.4. Stuttgart 1978.

Hofmann, H.: Öffentlich/privat. In: Hofmann, H. und L. Hölscher (Hrsg.): Historisches Wörterbuch der Philosophie, Bd.6. Basel 1984, 1131 ff.

Holleis, W.: Unternehmenskultur und moderne Psyche. Frankfurt a.M., München, New York, 1987.

Huber, Kurt: Global Image, Corporate Image, Marken-Image, Produkt-Image. Landsberg 1987.

Hüchtermann, Marion und Rudolf Spiegel: Unternehmen als Mäzene. Köln 1986.

Hummel, Marlies und Manfred Berger: Die volkswirtschaftliche Bedeutung von Kunst und Kultur. Berlin 1988.

Hundhausen, Carl: Public Relations. In: Handwörterbuch der Sozialwissenschaften, Bd. 8. Stuttgart 1964.

Hundhausen, Carl: Werbung um öffentliches Vertrauen. Essen 1951.

Inglehart, Ronald: The Silent Revolution. Changing Values and Political Styles among Western Publics. Princeton 1977.

Inglehart, Ronald: Kultureller Umbruch. Wertwandel in der westlichen Welt. (orig. Princeton 1989). Frankfurt a.M. 1989.

Istel, Werner: Städtische Öffentlichkeitsarbeit. Herford 1975.

Jaide, Walter: Wertewandel? Grundfragen zu einer Diskussion. Opladen 1983.

Jensen, Stefan (Hrsg.): Zur Theorie der sozialen Interaktionsmedien. Opladen 1980.

Jensen, Stefan (Hrsg.): Zur Theorie sozialer Systeme. Opladen 1976.

Johannsen, Uwe: Das Marken- und Firmen-Image. Berlin 1971.

Jonas, Hans: Das Prinzip Verantwortung. Versuch einer Ethik für die technologische Zivilisation. Frankfurt a.M. 1979/1984.

Jungnitz, Ingobert: Öffentlichkeitsarbeit der KatholischenKirche. In: Schulze-Fürstenow, Günther (Hrsg.): Handbuch der Öffentlichkeitsarbeit, (Loseblattsammlung). Neuwied 1989, XI, 31-60.

Kammerer, Jürgen: Beitrag der Produktpolitik zur Corporate Identity. München 1988.

Klages, Helmut: Wertedynamik: über die Wandelbarkeit des Selbstverständlichen. Zürich 1988.

Klages, Helmut: Wertorientierung im Wandel. Rückblick, Gegenwartsanalyse, Prognosen. Frankfurt a.M., New York 1984.

Klages, Helmut und Peter Kmieciak (Hrsg.): Wertwandel und gesellschaftlicher Wandel. Frankfurt a.M., 2.Aufl. 1981.

Kleining, Gerhard: Zum gegenwärtigen Stand der Imageforschung. In: Psychologie und Praxis 4/1959, 198-212.

Kneip, Klaus und Wolfgang Disch: Corporate Identity. Bonn 1985.

Knorr, Ragnwolf H.: Public Relations als System-Umwelt-Interaktion. Dargestellt an der Öffentlichkeitsarbeit einer Universität. Wiesbaden 1984.

Koch, Albrecht: Presse- und PR-Arbeit mit Bildschirmtext. Remagen 1981.

Kreutzer, Ralf u.a.: Unternehmensphilosophie und Corporate Identity. Mannheim 1986.

Kunstenaar, J.: Messehandbuch. Ein Leitfaden für Messebeteiligungen. Stuttgart 1983.

Laube, Gerhard L.: Betriebsgrößenspezifische Aspekte der Public Relations. Frankfurt a.M., Bern 1986.

Lentz, Ingo: Die Öffentlichkeitsarbeit der Spitzenverbände. Düsseldorf, Wien 1978.

Lieb, Jutta: Bibliographischer Überblick über Themenbereiche der Öffentlichkeitsarbeit. Bardowick 1991.

Lippert, Werner (Hrsg.): Corporate Collecting. Düsseldorf, Wien 1990.

Lohmeier, Fritz: Image – was ist das? Eine kritische Analyse und Konsequenzen. In: GfK-Jahrbuch der Absatz- und Verbrauchsforschung 2/1987, 137-159.

Long, Larry W. u.a.: Public Relations: A Theoretical and Practical Approach. In: Public Relations Review 13 (1987) 2, 3-13.

Loock, Friedrich: Kunstsponsoring. Ein Spannungsfeld zwischen Unternehmen, Künstler und Gesellschaft. Wiesbaden 1988.

Luhmann, Niklas: Liebe als Passion. Zur Codierung von Intimität. Frankfurt a.M. 1982.

Luhmann, Niklas: Öffentliche Meinung. In: Langenbucher, Wolfgang R.: Politik und Kommunikation. Über die öffentliche Meinungsbildung. München, Zürich 1979, 29-61.

Luhmann, Niklas: Soziale Systeme. Grundriß einer allgemeinen Theorie. F.a.M. 2.Aufl. 1984.

Maderspacher, Florian und Harald Winzen: Gegen-Öffentlichkeit. Hamburg 1978.

Marchal, Peter und Ulrich K. Spura: Öffentlichkeitsarbeit im sozialen Bereich. Weinheim 1981.

Mayer, Anneliese und Rolf Mayer: Imagetransfer. Hamburg 1987.

Meffert, Heribert: Bildschirmtext als Kommunikationsinstrument. Einsatzmöglichkeiten im Marketing. Stuttgart 1985.

Morel, Julius: Werte als soziokulturelle Produke. In: Hanf, Theodor u.a. (Hrsg.): Funkkolleg. Sozialer Wandel 1. Frankfurt a.M. 1975, 204-220.

Müller, Ewald: Kommunale Presse- und Öffentlichkeitsarbeit. In: Püttner, Günter (Hrsg.): Handbuch der kommunalen Wissenschaft und Praxis, Bd. 4. Berlin 1983.

Müller-Wesemann, Barbara: Marketing im Theater. Hamburg 1991.

Murphy, Priscilla: Game Theory as Paradigm for the Public Relations Process. In: Botan, Carl H. und Vincent Hazleton Jr. (Hrsg.): Public Relations Theory. Hillsdale/New Jersey 1989.

Negt, Oskar und Alexander Kluge: Öffentlichkeit und Erfahrung. Zur Organisationsanalyse von bürgerlicher und proletarischer Öffentlichkeit. Frankfurt a.M. 1972.

Neidhardt, Friedhelm: Auf der Suche nach "Öffentlichkeit". In: Nutz, Walter (Hrsg.): Kunst – Kommunikation – Kultur. Festschrift zum 80. Geburtstag von Alphons Silbermann. Frankfurt a.M. 1989, 25-35.

Nelle, Hans-Karl: Öffentlichkeitsarbeit – ein notwendiges Instrument der Geschäftspolitik. Stuttgart 1987.

Netzke, Stephan: Sponsoring von Sportverbänden. Vertrags-, persönlichkeits- und vereinsrechtliche Aspekte des Sport-Sponsoring. Zürich 1988.

Neumann, J. von und O. Morgenstern: Theory of Games and Economic Behavior. Princeton 1944.

Nitsch, Harry: Dynamische Public Relations. Stuttgart 1975.

Noelle-Neumann, Elisabeth: Die Träger der öffentlichen Meinung. In: Löffler, Martin (Hrsg.): Die öffentliche Meinung. München 1962, 25-30.

o.V.: Wertwandel und Werteforschung in den 80er Jahren. Forschungs- und Literaturdokumentation 1980-1990. Bonn 1991.

Oeckl, Albert: PR in Deutschland. Ihre Entwicklung, ihr gegenwärtiger Stand und ihre Aussichten in der Zukunft. Hamburg 1967.

Olins, Wally: Corporate Identity. Strategie und Gestaltung. Frankfurt a.M., New York 1990.

Pflaum, Dieter: Corporate Culture. In: Pflaum, Dieter und Wolfgang Pieper (Hrsg.): Lexikon der Public Relations. Landsberg/Lech 1989, 62-66.

Pflaum, Dieter: Public Relations für eine Stadt. In: Pflaum, Dieter und Wolfgang Pieper (Hrsg.): Lexikon der Public Relations. Landsberg/Lech 1989, 273-275.

Pflaum, Dieter und Wolfgang Pieper (Hrsg.): Lexikon der Public Relations. Landsberg/Lech 1989.

Püttner, Günter (Hrsg.): Handbuch der kommunalen Wissenschaft und Praxis, Bd. 4. Berlin 1983.

Rasche, Hans O.: Unternehmens-Kultur als neuer Erfolgsfaktor. Heiligenhaus 1986.

Rat für Formgebung (Hrsg.): Auswahlbibliographie Corporate Identity. Frankfurt a.M. 1987.

Rauhe, Hermann (Hrsg.): Musikmäzenatentum und Sponsoring. Regensburg 1988.

Riefler, Stefan: PR, eine Profession? In: Schulze-Fürstenow, Günther (Hrsg.): Handbuch der Öffentlichkeitsarbeit, Neuwied 1989, V, 301-322.

Ronneberger, Franz: Beiträge zu Public Relations der Öffentlichen Verwaltung. Düsseldorf 1981.

Ronneberger, Franz: Theorie der Public Relations. In: Pflaum, Dieter und Wolfgang Pieper (Hrsg.): Lexikon der Public Relations. Landsberg/Lech 1989, 426-430.

Ronneberger, Franz und Kurt Kraiger: Zur Problematik des Gemeinwohls. In: Ronneberger, Franz und Manfred Rühl (Hrsg.): Public Relations von Non-Profit-Organisationen. Düsseldorf 1982, 58-78.

Ronneberger, Franz und Manfred Rühl (Hrsg.): Public Relations von Non-Profit-Organisationen. Düsseldorf 1982.

Ronneberger, Franz und Manfred Rühl: Theorie der Public Relations. Ein Entwurf. Opladen 1992.

Rosenstiel, Lutz von und Herbert E. Einsiedler und Richard K. Streich: Wertewandel als Herausforderung für die Unternehmenspolitik. Stuttgart 1987.

Rota, Franco P.: PR- und Medienarbeit im Unternehmen. Mittel, Möglichkeiten und Wege effizienter Öffentlichkeitsarbeit. München 1990.

Roth, Peter: Kultursponsoring. Meinungen, Chancen und Probleme, Konzepte, Beispiele. Landsberg 1988.

Roth, Peter: Sportwerbung. Landsberg 1986.

Rühl, Manfred: Public Relations im Wandel der Erforschung öffentlicher Kommunikation. In: Ronneberger, Franz und Manfred Rühl (Hrsg.):Public Relations von Non-Profit-Organisationen. Düsseldorf 1982.

Rühl, Manfred: Public Relations – Innenansicht eines emergierenden Fachtypus der Kommunikationswissenschaft. Bamberg 1990.

Ruß-Mohl, Stefan: Wohldosiert und leicht verdaulich. Amerikanische PR-Agenturen steuern zunehmend die Nachrichtenauswahl der Massenmedien. In: Die Zeit Nr. 40, v. 29.9.89, 34.

Ryan, Michael und David L. Martinson: Ethical Values, the Flow of Journalistic Information and Public Relations Persons. In: Journalism Quarterly 61 (1984) 1, 27-34.

Saxer, Ulrich (Hrsg.): Unternehmenskultur und Marketing von Rundfunkunternehmen. Stuttgart 1989.

Schaller, Hans: Tag der Offenen Tür. Vom Umgang mit der Presse. Dortmund 1982.

Scharnberg, Bruno: Alltag der Öffentlichkeitsarbeit. In: TheaterZeitSchrift 1 (1986) 15, 55 ff.

Scherer, Beate: Product Placement im Fernsehprogramm. Baden-Baden 1990.

Scheuch, Erwin K. und Heinz H. Fischer und Franz Bauske: Die Wirtschaft als Kunstförderer. Köln 1987.

Scheuch, Erwin K. und Heinz H. Fischer und Franz Bauske: Kunstförderung in der Industrie. Köln 1987.

Schmalzing, Walter: Steuerliche Aspekte des Sponsoring. In: Hermanns, Arnold (Hrsg.): Sport- und Kultursponsoring. München 1989, 259 ff.

Schmidt, J.: Funkkolleg "Medien und Kommunikation – Konstruktionen von Wirklichkeit", Studienbrief 1. Weinheim, Basel 1991, 50-78.

Schmidt, J.: Medien, Kultur: Medienkultur. In: Faulstich, Werner (Hrsg.): Medien und Kultur. Göttingen 1991, 30-50.

Schmittel, Wolfgang: Corporate Design International. Zürich 1984.

Schreiber, Hans: Werkzeitschrift – Öffentlichkeitsarbeit nach innen. Frankfurt a.M. 1973.

Schulze-Fürstenow, Günther (Hrsg.): Handbuch der Öffentlichkeitsarbeit von Wirtschaft, Verbänden, Behörden und Institutionen. (Loseblattsammlung). Neuwied 1986 ff.

Schuppe, Matthias: Im Spiegel der Medien: Wertewandel in der Bundesrepublik Deutschland. Eine empirische Analyse anhand von STERN, ZDF MAGAZIN und MONITOR im Zeitraum von 1965 bis 1983. Frankfurt a.M. 1988.

Schwarz, Martin: Kunst Sponsoring. Wien 1988.

Sennett, Richard: Verfall und Ende des öffentlichen Lebens – Die Tyrannei der Intimität. (orig. The Fall of Public Man, New York 1977). Frankfurt a.M. 1983.

Signitzer, Benno: Public Relations-Forschung im Überblick. Systematisierungsversuche auf der Basis neuerer amerikanischer Studien. In: Publizistik 33 (1988) 1, 92-116.

Signitzer, Benno: Umrisse einer künftigen Public-Relations-Wissenschaft: ihre Funktion im Professionalisierungsprozess. In: Dörrbecker, Klaus und Thomas Rommerskirchen (Hrsg.): Blick in die Zukunft: Kommunikations-Management. Remagen 1990.

Sloane, C.S.: Foundation lecture: Social, economic and political contexts for PR. In: Public Relations Review 13 (1987) 1, 3-10.

Spiegel, Bernt: Die Struktur der Meinungsverteilung im sozialen Feld. Bern, Stuttgart 1961.

Spindler, Gert P.: Das Unternehmen in kritischer Umwelt. Wiesbaden 1987.

Steffenhagen, H.: Kommunikationswirkung. Kriterien und Zusammenhänge. Hamburg 1984.

Stockinger, Hans Gerhard und Gerd A. Treffer: Bürgernahe kommunale Öffentlichkeitsarbeit. München 1983.

Stürmer, A. von: Film ab. Hamburg 1989.

Schulze-Fürstenow, Günther: Konzeptions-Modell für gesellschaftsorientierte Public Relations. In: Schulze-Fürstenow, Günther (Hrsg.): Handbuch der Öffentlichkeitsarbeit, Neuwied 1987, X, 11-18.

Tafertshofer, A.: Corporate Identity: Magische Formel als Unternehmensideologie. In: Die Unternehmung 36 (1982) 1, 11-25.

Tremel, Holger: Öffentlichkeitsarbeit der Kirche. Frankfurt a. M. 1984.

Volk, Hartmut: Ausschnittsdienste. In: Schulze-Fürstenow, Günther (Hrsg.): Handbuch der Öffentlichkeitsarbeit, Neuwied 1986 ff., VII, 11-16.

Weber, M.R.: Telefonmarketing. Das Telefon im Dienst des Unternehmens und seiner Kunden. Landsberg/Lech 1984.

Wedel, P. von: Messen. Vom Markt zum Marketing. Frankfurt 1977.

Weishäupl, Gabriele: Die Messe als Kommunikationsmedium unter besonderer Berücksichtigung der Öffentlichkeitsarbeit und Werbung einer Messegesellschaft. München 1980.

Wilken, Waldemar: Brücken zur Kirche – Public Relations der Kirche. Berlin 1967.

Wöhrle, Michael: Imagebildung als Ziel von PR-Prozessen. In: PR-Magazin 8/1987, 23-30.

Wöste, Marlene: Programmzulieferer für privaten Hörfunk in der Bundesrepublik. In: Schulze-Fürstenow, Günther (Hrsg.): Handbuch der Öffentlichkeitsarbeit, Neuwied 1986, IV, 1-18.

Wunden, Wolfgang (Hrsg.): Medien zwischen Markt und Moral. Beiträge zur Medienethik. Stuttgart 1989.

Wyckham, Robert G. und William Lazer und W.J.E. Crissy: Images and Marketing. Chicago 1971.

Zander, Gisela und Peter Michael Nelson: Werkzeitschriften. In: Schulze-Fürstenow, Günther (Hrsg.): Handbuch der Öffentlichkeitsarbeit, Neuwied 1986, VIII, 1-79.

Zürn, Peter: Vom Geist und Stil des Hauses – Unternehmenskultur in Deutschland. Landsberg 1985.

Institut für Angewandte Medienforschung
UNIVERSITÄT LÜNEBURG

IfAM-ARBEITSBERICHTE

1. Werner Faulstich und Andreas Vogel (Hrsg.):
   Sex und Gewalt im Spielfilm der 70er und 80er Jahre
   1. Lüneburger Kolloquium zur Medienwissenschaft.
   ISBN 3-89153-015-3

2. Carola Herzogenrath:
   Hans-Joachim Kulenkampff im deutschen Fernsehen: charakteristische Formen der Moderation
   Fernsehstars 1
   ISBN 3-89153-016-1

3. Projektgruppe Buch (Hrsg.):
   Instanzen des Buchmarkts in Lüneburg
   Lokalmedien empirisch 1
   ISBN 3-89153-017-X

4. Kirsten Villwock:
   Schimanski - in der Fernsehserie, im Kinofilm, im Roman
   Fernsehstars 2
   ISBN 3-89153-018-8

5. Jutta Lieb:
   Bibliographischer Überblick über Themenbereiche der Öffentlichkeitsarbeit
   ISBN 3-89153-019-6

6. Werner Faulstich:
   Grundwissen Öffentlichkeitsarbeit
   Kritische Einführung in Problemfelder der Public Relations
   ISBN 3-89153-021-8

1399508